近代史资料

JINDAISHI ZILIAO

● 总121号

近代史资料

中国社会科学院近代史研究所近代史资料编辑部编

中国社会科学出版社

图书在版编目（CIP）数据

近代史资料. 总 121 号/中国社会科学院近代史研究所
《近代史资料》编辑部编. –北京：中国社会科学出版社，
2010.7

　ISBN 978 – 7 – 5004 – 8943 – 6

　Ⅰ.①近…　Ⅱ.①中…　Ⅲ.①中国–近代史–史料
Ⅳ. K250.6

中国版本图书馆 CIP 数据核字（2010）第 137291 号

责任编辑　李尔柔
责任校对　宗　合
封面设计　毛国宣
技术编辑　王炳图

出版发行　中国社会科学出版社
社　　址　北京鼓楼西大街甲 158 号　　邮　编　100720
电　　话　010 – 84029450（邮购）
网　　址　http://www.csspw.cn
经　　销　新华书店
印　　刷　北京新魏印刷厂　　　　　装　订　广增装订厂
版　　次　2010 年 7 月第 1 版　　　 印　次　2010 年 7 月第 1 次印刷
开　　本　850×1168　1/32
印　　张　8.625　　　　　　　　　 插　页　2
字　　数　216 千字
定　　价　24.00 元

目　　录

抚 东 奏 稿 （一）

阎敬铭 著

编者按：《抚东奏稿》是山东巡抚阎敬铭于同治二年至五年间奏报的文件，内容涉及这一时期山东政治、军事、漕粮、田赋等各方面内容，是了解与研究晚清历史的重要史料。

阎敬铭，字丹初，陕西朝邑人，道光二十五年进士。咸丰十一年任湖北按察使，同治元年署布政使。是年九月丁忧归里。同治二年四月，擢署山东巡抚，三年正月实授，六年因病卸任。光绪八年起任户部尚书，九年任军机大臣，晋协办大学士，十一年授东阁大学士，十四年病免。十八年卒，谥文介。

咸丰十年捻军大举攻入河南、山东，大败清军。清廷抽调僧格林沁所部，赴山东镇压。而捻军于次年二月和同治元年二月，先后在金乡、菏泽等地，两次大败僧军。清廷于同治元年初任命被誉为"贤能第一"的阎敬铭署理山东巡抚，希望他能"徐图补救，以冀月异日新之效"。阎敬铭在鲁期间，镇压了各地反清斗争，围剿了太平军及捻军，大力整顿吏治，增加财政收入，以维持庞大的军费开支。《抚东奏稿》真实记录和反映了这一时期山东的政治经济情况。

《抚东奏稿》内容丰富，涉及范围广泛，按类编辑，共分为五部分。第一部分为典制事例、吏治民生；第二部分为褒奖、参劾；第三部分为词讼及各类案件的处理；第四部分为夏秋收成、雨泽粮价、灾赈蠲缓、地丁钱粮之征解、漕务、盐务以及关税、厘金等；第五部分为镇压各地人民反清斗争、太平军及捻军在山东的活动、黄崖山事件，以及粮糈、公牍批文等。其中有关钱粮、刑律、收成、雨泽、赋税及漕务等折片，是了解和研究晚清典章制度，尤其是山东地方财政经济状况的重要一手史料。

《抚东奏稿》原件存于近代史所图书馆，由《近代史资料》编译室标点整理。

第一部分

一、到任离任

1. 绕道赴任折　附件一片
同治二年四月初五日

奏为恭报微臣行至阜城县途次接奉谕旨，现在设法绕道前进，恭折仰祈圣鉴事：

窃臣于四月初四日酉刻，在阜城县途次准兵部火票递到议政王军机大臣字寄："同治二年四月初二日奉上谕：'前据阎敬铭奏，三月十二日起程赴东，当经谕令迅速赴任。复据毛鸿宾奏，臬司丁宝桢募足勇丁千名，于三月初八日由水路前赴湖北，改由陆路赴东。此时谅均已赴程在道矣。山东捻、教各匪，迭次肆扰，淄川县城为团匪刘德培等所踞；而东昌降匪复啸聚直隶、山东交界处所，肆意焚掠，军务处处吃紧。僧格林沁督师北上剿办，正当得手，而苗沛霖于该大臣离皖之后，又复纠众占据怀远县城，公然分道犯顺，不得不令僧格林沁权其缓急，移师南下。惟山东军务紧要，该省既无得力之兵，又无知兵之将，谭廷襄交卸在迩，尤恐呼应不灵，是僧格林沁一离，东省势将决裂。阎敬铭简署山东巡抚日久，尚未到任，该省设有疏虞，大局何堪设想。著凛遵迭次谕旨，兼程前进，接印任事，将一应事宜，赶紧布置妥协，迅速驰奏，先慰廑念。丁宝桢所募勇丁定能得力，昨已据启行，著即星速驰抵东境，遇贼即击，务将各股匪次第剪除，俾东省早就廓清，方为不负委任。将此由六百里谕知阎敬铭，并传谕丁宝桢知之。钦此。'"臣跪聆之下，焦灼莫名。

窃臣于三月十二日由临晋起行，霍州山中遇雨，寿阳山中大雪，每日力行数十里。初一日出获鹿山口，拟从栾城赴临清。探闻贼在西路游扰，并接山东藩司贡璜来函，知抚臣谭廷襄将由东昌移师而东，臣即由正定府东行；又以驿路迟缓，即径由无极、安平迅至德州入东境。于四月初四日行至阜城县途间，遇由景州逃难人民，车马络绎；并据景州牧致阜城县令函开，贼匪已至该州之南，相去不远。正在计议改路间，恭奉谕旨，更为心急。本日又据山东历城县令禀，闻抚臣谭廷襄进兵周村，僧格林沁攻打淄川贼匪，甚为得手。贼畏威乞降，僧格林沁未准，现在开挖长濠，以图歼灭。兹奉谕旨，命僧格林沁先其所急，统师南下，剿办苗沛霖一股。而东省无兵无将，臣并无素部之兵，赶至东省，只得就现有兵弁设法激励，即臬司丁宝桢到东，兵仅千名，难敷分布。淄川日久不下，刻在垂成之功，未便中止；且将刘逆擒获，则各匪亦易慑服。伏求圣恩，将僧格林沁兵将分留淄川，以全东省大局。臣即日设法绕路前进，至抚臣行营处所接印。并恭录谕旨，飞速行知臬司丁宝桢，赶程至东。所有臣绕路赴东缘由，谨恭折由驿具奏。

再，正在缮折间，复有自河东拓园镇逃难来人，并有绕递吴桥县驳回文报，是阜城东南两路现皆不通，而德州一带东境地方无从探悉，未知系何情形。臣急欲趱程，现仍探明，设法前进。谨附片具奏。

2. 接印任事日期折
同治二年四月初十日

奏为恭报微臣接受抚篆日期，叩谢天恩仰祈圣鉴事：

窃臣钦奉上谕，赏给二品顶戴，署理山东巡抚，即赴新任。当经恭折叩谢天恩，并将自山西临晋县起程日期及行次阜城情形，先后奏报。兹于四月初八日驰抵山东省城。初九日准前抚臣谭廷襄将巡抚关防、临清关监督关防、盐政印信并王命旗牌等件，委员赍送前来。臣即恭设香案，望阙叩头，祗领任事。

伏念臣赋性颛愚，受恩深重，自惭驽质，谬膺臬篆、藩条，新拜龙光，俾任齐疆鲁甸，仔肩益巨，感悃弥增。山东地方拱卫京师，水陆冲要。时值捻逆、教匪、土寇、盐枭不靖，边警频仍，将材缺乏，练兵筹饷，察吏安民，均属不易措手。至于营制、税务、漕河、鹾政、海防亦须随地随时如意整顿。臣渥荷隆施逾格，初任封圻，惟有恪供职守，殚竭愚忱，仰答高厚于万一。现将署中公事择要清厘，即当驰赴淄川军营，会同僧格林沁筹商一切，迅图克复，仰可略慰宸廑。所有微臣接受抚篆日期并感激下忱，理合恭折叩谢天恩，伏乞皇太后、皇上圣鉴。谨奏。

3. 军务渐次肃清恳准回籍终制折
同治二年九月二十五日

奏为东省渐次肃清，吁恳天恩俯准微臣回籍终制仰祈圣鉴事：

窃臣于同治元年九月，在湖北署藩司任内，丁本生父忧，奔丧至晋。衰绖之中，叠承恩命，擢署山东巡抚。维时臣以哀毁余生，迫切恳辞，未蒙俞允。仰荷四次温旨，谕旨以移孝作忠，责臣以安民戢盗。臣感戴圣明知遇之恩，未敢始终固执，迹涉畏葸。自维金革不避，虽未谙军旅，窃愿自附执干戈之列，勉竭驽骑；干犯名教，冒昧从戎，以求上答朝廷，稍宽罪戾。

自本年四月到任，军事方殷，团逆踞于淄川，教匪扰于兖郡，东昌降众势渐燎原；而山东营规久驰，将不知兵，昼夜焦思，运筹恐误。幸僧格林沁劲旅东来，先克淄城，旋靖邹、峄，移师堂、冠，并力驱除。臣虽驻军在外，实无寸尺之功，悚惭交集。前因督率无方，请从吏议，复荷恩纶，不加斥罢，格外优容。臣上无以慰宵旰之宸衷，下无以对凋残之百姓，徒亏名义，何补涓埃。此实臣自问自咎非敢饰词于君父之前者也。

臣智短才疏，于此可见。亦由自遭亲丧，弟又继亡，五内摧伤，心气日耗。军事孔棘，不敢言私，而中夜辗转，恒不能寐。追念服官京外将近廿年，莫遂一日乌养之私，既未能尽孝于生前，复未能尽礼于身后，何以为子，何以自容！今此四境已清，军旅已息，若犹忘亲恋栈，日久因循，实负我皇上以孝治天下之意，更惭名教。臣之获戾，百解莫辞。臣夙夜难安，因忧增病。惟有吁恳天恩，开臣署缺，俾臣回籍终制，稍伸罔极之恩。臣受特恩，不次擢用，终制事毕，即当泥首阙廷，求赏差使，断不敢自耽安逸，有外生成。臣不胜悚惶之至。谨将微臣因东省渐次肃清，恳请回籍终制缘由恭折具奏。①

4. 谢授山东巡抚折
同治二年十一月二十一日

奏为恭谢天恩事：

窃臣于同治二年十一月十九日准军机处寄到："十一月十七日奉上谕：'阎敬铭著补山东巡抚。钦此。'"钦遵。当即恭设香案，望阙叩头，祗谢天恩讫。

① "具奏"下有"伏乞皇太后、皇上圣鉴训示。谨奏。"十三字，以下各折类此者皆删。

伏念臣关西下士，农部末僚，咸丰十一年蒙显皇帝特简湖北
臬司，复奉恩命署湖北藩司。方惭报称未效涓埃。嗣于同治元年
九月丁艰卸任，又蒙特恩擢署东抚，责臣以金革毋避之义。自顾
菲材，深恐有负委任，吁辞未获。到东以来，仰赖天威，歼除群
丑，臣实无尺寸可录，以副恩施。况东省民瘼未复，捻迹时来，
吏治军情尚无起色，不加严谴，更沛恩纶，予臣实授。闻命之
下，倍切悚惶。臣惟有自矢朴诚，力求整饬吏治，以清乱源，肃
军规以备外患，次第举行，期收实效，庶以仰答鸿慈于万一。所
有微臣感激下忱，理合恭折具奏。

5. 谢兼兵部侍郎衔折
同治三年正月初九日

奏为恭谢天恩仰祈圣鉴事：

窃准吏部咨，以微臣蒙恩补授山东巡抚，应否兼兵部侍郎
衔，奏请钦定。奉旨："照例兼衔。钦此。"钦遵。移咨到臣，
当即恭设香案，望阙叩头，敬谢圣恩。

伏念臣关西下士，农部末僚，迭荷殊恩，洊膺疆寄，轻材抱
愧，短绠时虞，乃德政未布于青齐，宠命已承夫丹陛。掌九伐而
平邦政，许兼卿贰之衔；奏八事以赞戎机，益切堂廉之慕。臣惟
有实心实力，矢慎矢勤，择吏以肃官方，尊美屏恶；练兵以防外
侮，除暴安良，以仰报圣主高厚生成于万一。所有微臣感激下
忱，理合缮折恭谢天恩。

6. 请假一月并请派藩司兼护印务片
同治四年十二月十二日

再，臣素病怔忡痰喘，去岁秋闱监临，发作数日，医治渐
痊。本年春夏，时发时愈，勉力办公。七月，左腋生疮，气血复
亏。秋冬以来，旧病发动不止。至十一月，逐日增剧，怔悸神

散，加以泄泻，经旬不寐，痰喘不休，半月以来，两足亦为浮肿。医者谓心血亏耗，肝脾两伤，以致正气不能贯注。连服补剂多时，并未见效。近日公牍函札，每不能自行动笔，致多积压。僚属不能多见，见者亦不能迎送多言。步履蹒跚，精神瞬晕，即日行事件办理，亦觉难周。咸谓气体大亏，非安心调理，难期痊可。现届立春冰泮，河防稍松，贼踪稍远，各路防军布置已妥。臣拟于本月十九日由兖州力疾回省，仰恳圣恩赏假一月，并请旨敕下藩司丁宝桢暂行兼护巡抚印务，俾臣得专意疗治，以期病痊，以重公事。谨附片陈明，伏乞圣鉴训示。谨奏。

7. 谢赏假并报回省交卸日期折
同治四年十二月二十五日

奏为叩谢天恩，恭报回省交卸日期奏祈圣鉴事：

窃臣于同治四年十二月十二日，在兖州行次钦奉上谕："阎敬铭奏力疾回省，恳恩赏假等语，著赏假一个月，在省调理。其巡抚印务，即著丁宝桢暂行兼护，紧要事件，仍由阎敬铭办理。钦此。"跪聆之下，感激莫名。遵于二十三日抵省，二十四日交卸，将山东巡抚暨临清关、盐政各关防、印信，并王命旗牌，以及书籍案卷等件，一并移交藩司丁宝桢，敬谨点收兼护。臣惟有静心调理，赶服养心补气之剂，以冀及早就痊。如遇紧要事件，仍当熟筹妥办，仰报高厚。所有感激下忱及回省卸事日期，理合恭折叩谢天恩，伏乞皇太后、皇上圣鉴。谨奏。

8. 请开缺回籍调理折
同治五年正月十九日

奏为微臣假期已满，病势有增无减，仰恳恩准开缺回籍调理，恭折奏祈圣鉴事：

窃臣于同治四年十二月十【二】日钦奉上谕："阎敬铭著赏假

一月调理，巡抚印务著丁宝桢兼护等因。钦此。"当将交卸日期奏明在案。一月以来，屡延数医，多方诊治，日服理脾平肝养心补气之剂，虽泄泻痰喘稍见小效，而怔忡不寐瞬晕各病，日甚一日；且前仅两足浮肿，近则牵连腿痛，医者皆云土衰不能胜木，血亏不能养肝，内风冲动，中气虚弱。近日寅僚来视疾者，勉强延见，行步上下皆须扶倚。实缘赋性躁急，心与病争，精神更为恍惚。

伏念臣以樗栎庸材，叨蒙文宗显皇帝特达之知，畀任鄂臬，我皇太后、皇上御极以来，擢署鄂藩，简任东抚，三年以来，愆尤交集。历蒙圣恩宽贷，凡所疏陈，无不仰荷圣慈，恕其愚妄，渥被殊恩，即捐麋顶踵，亦难酬报，何敢因犬马微疾，辄思偷安。特以东省政繁时艰，微臣性急念躁，心愈焦灼，病愈加增。若勉强恋栈，则是情同欺罔；设有贻误，负罪更深。再四思维，万不得已，仰恳天恩，俯准臣开缺回籍，俾得从容调理，庶可望痊。所有山东巡抚员缺，并祈圣恩迅赐简放，以重职守。臣年五十，尚非衰朽，如得安心医调，仰蒙福荫，渐就霍复，臣具有天良，必即泥首阙廷，求赏差使，不敢自耽安逸，上负生成。谨据实沥陈，伏祈皇太后、皇上圣鉴训示，无任惶悚企祷之至。

再，折封系借用护抚臣丁宝桢印信，合并声明。谨奏。

同治五年正月三十日奉到回折："军机大臣奉旨：'阎敬铭本日已有旨降为三品顶戴，仍留山东巡抚之任，再行赏假两个月，安心调理，毋庸开缺。钦此。'"

9. 谢赏假两月仍留山东抚任折
同治五年二月初七日

奏为恭谢天恩仰祈圣鉴事：

窃臣前因病势有增无减，具疏恳恩开缺。兹于本年正月三十日恭奉批折："军机处奉旨：'阎敬铭本日已有旨降为三品顶戴，仍留山东巡抚之任，著再行赏假两个月，安心调理，毋庸开缺。

钦此。'"又接阅邸抄："恭奉上谕：'吏部奏，议革职留任山东巡抚阎敬铭荐举不实，请照例革职等语。阎敬铭著加恩降为三品顶戴，仍留山东巡抚之任。钦此。'"谨即望阙叩头，祗谢天恩讫。

伏念臣材本庸愚，性尤急躁，自蒙简任东抚以来，愆尤交集，负疚万端，历荷圣慈恕臣之所不能，勉臣之所不逮，曲宥矜全，有加无已。乃臣昏瞆无知，重兹罪戾，抚膺自责，辜恩实深，仰荷圣德宽仁，不加严谴罢斥，仅从薄惩，仍留本任，并赏假两月，俾臣安心调理。闻命之下，感激涕零。伏查臣病未瘳，精神恍惚，肝脾亏伤，腿足疼痛，自去岁秋冬，日形加重，深虞丛脞失职，故敢沥恳陈请。兹复渥蒙逾格恩施，臣即顶踵捐糜，亦难酬报万一。惟有刻意绳愆，勉期自励，并即设法治疾，冀得速痊，庶竭犬马之愚诚，以图仰报天地高厚。所有微臣惶悚感激下忱，理合恭折具奏，伏祈皇太后、皇上圣鉴。

再，折封系借用护抚丁宝桢关防，合并声明。谨奏。

10. 谢赏还二品顶戴折
同治五年五月十六日

奏为恭谢天恩仰祈圣鉴事：

窃臣于本年十月初七日具奏肥城黄崖山匪徒滋事，督兵剿灭一折，于十月十三日奉到回折："奉旨：另有旨。钦此。"同日，准军机处寄："奉上谕：阎敬铭奏肥城县匪徒滋事督兵剿灭一折，办理迅速，甚属可嘉。阎敬铭著加恩赏还二品顶戴各等因。钦此。"又同日，准军机处寄奉上谕："匪首张积中以职官据寨叛逆，该地方文武员弁平日漫无觉察，实难辞咎。此次该抚督兵剿办，尚属迅速。第恐余党伏匿，仍思勾结滋蔓，断不可含混了事。此外有无潜伏未发匪徒，著该抚严饬各属，随时留心查办，倘有讳饬不报者，即著随时严参各等因。钦此。"仰见圣恩优渥，指示周详，伏读之下，感悚万状。谨即恭设香案，望阙叩头，祗谢天恩讫。

伏查黄崖匪变，事起仓皇，仰赖天威，立时歼灭，斯实威福遝宣所致。微臣身膺疆寄，不能觉察于前，消弭于后，直至叛状昭著，始用兵威，负疚万端，扪心自责。乃蒙宽典，不予谴惩，转荷加恩赏还顶戴，闻命自天，汗颜无地。现查肥城一带均已安静，该匪余孽均已就地歼除，流民归耕，安堵如故。藩司丁宝桢业令回顾省防，以镇人心。至该匪张积中素以诗书售其邪说，并以货殖鼓弄愚民，故受惑多徒，敢于倡乱；直至揭竿煽变，而众论犹觉纷纭。现幸首恶已诛，罪状昭著；附恶徒众，均已就歼，众心暂觉安帖，地方已为静谧。臣现一面大出晓谕，通告各属，宽免受惑之众，以安群疑；仍一面密饬各属，密查在逃余党，以绝根株。倘该地方官仍前聋聩，惟有立从参办，期安闾阎，以纾宸廑。至此外有无伏匪，更当严饬各属随时密查，以期消祸未萌，除恶务尽。臣受恩深重，报称毫无，惟期竭力尽心，御外安内，庶仰报鸿慈于万一。所有微臣感激下忱，理合恭折具奏。

11. 病势增剧请开缺调理折
同治五年十月二十九日

奏为微臣假期已满，病势增剧，力难支持，吁恳天恩俯准开缺调理，恭折奏祈圣鉴事：

窃臣于九月二十七日钦奉谕旨："阎敬铭著赏假一月，在营调理等因。钦此。"查臣于九月二十一日具折请假，是日下午捻股即突至运岸，堵剿数日，捻氛稍退。旋有黄崖之变，内外交讧，事在仓猝，不敢不舆疾视军，力赴事机。而一月以来，不惟未能调养，焦虑奔驰，较前倍甚，虽日夜服药，病势愈剧。现在怔忡瞬晕，日形沉重，时时大发，两手足心汗出如流，营弁皆来环视，臣亦极为自危，经旬不寐，左腿不仁，行步艰难。医者谓心气极亏，肝气过损，血不能养，气几欲脱，即腿疾亦由血不荣筋，非尽风湿所致。迩来将弁面陈要事，皆至病室，且有不能接见之时，精神困惫，极难支持。

伏念臣才质庸愚，过蒙恩遇，黾勉从事，强策驽骀。原以时事多艰，思效涓埃，仰答天地高厚之恩，故以久病之躯，竭蹶图维，藉资医药，已历岁时，无如病情日剧，有负生成。臣办贼无功，安民无策，极自知上负圣恩，夙夜惶惧。而东省现在军务地方，极关紧要，臣病已深，不惟不能巡视营垒，稽查将弁，并文檄案牍不能阅办。军事非可卧治，万一稍有贻误，负咎辜恩，益增非戾。万不得已，仰恳天恩俯准臣开缺调理，俾得安心医治，或可痊愈。现在贼氛无定，所有山东巡抚员缺，恳祈圣恩迅赐简放，以重职守。如新任之员或在远道，并敢求恩命简员先行专署，接印任事，办理目前军务。臣如仰蒙福荫，或得就痊，不至遽填沟壑，仍当勉效犬马，上报主恩。所有微臣吁恳开缺调理缘由，理合附驿恭折具奏。

12. 谢赏假三个月折
同治五年十一月初八日

奏为恭谢天恩仰祈圣鉴事：

窃臣于本年十一月初五日奉到回折，准军机处寄："奉上谕：'阎敬铭奏因病恳请开缺一折。阎敬铭著赏假三个月，安心调理。山东巡抚著丁宝桢暂行署理。钦此。'"仰蒙皇上恩施格外，至再至三，感激涕零，莫可名状。谨即恭设香案，望阙叩头，祗谢天恩讫。

伏思臣轻材薄质，才识庸愚，猥蒙简畀，谬膺封圻，历任三年，毫无报称，愆尤交集之时，更疾病相乘之日，仰蒙赏假在营调理，矢营屏之下悃，实焦急之难名。惟念病情日重，力疾从事，恐致贻

误，是以沥情吁恳恩施，准臣开缺。乃蒙皇上逾格鸿慈，复赏假三
个月，俾臣回省安心调理。闻命自天，衔感无地，自顾何人，频邀
异数，凡圣主有加无已之隆施，实微臣捐顶糜躯所难报。所有拟行
回省交卸缘由，除由军报具奏外，一俟防务布置妥贴，即于初十日
力疾回省，交卸后，当赶紧医治，冀就痊愈。倘叨慈庇，得荷生成，
当再专折销假，以遂犬马报效之忱。所有微臣感激下忱，理合缮折，
叩谢天恩，伏乞皇太后、皇上圣鉴。谨奏。

13. 交卸抚篆日期折
同治五年十一月十六日

奏为微臣交卸抚篆日期，恭折仰祈圣鉴事：

窃臣因病势增剧，奏请开缺，奉上谕："阎敬铭著赏假三个
月，安心调理，山东巡抚著丁宝桢暂行署理。钦此。"遵即缮
折，叩谢天恩具报。十一月初十日自东平起程回省，并钦奉温谕
在案。兹于本月十二日力疾抵省，因修筑石圩工程尚未履勘，随
即扶掖观览，严饬在工人等如式妥速办理。回署后将一切刑名钱
谷事件文卷，择要赶紧清厘，随于十六日派文武各员将山东巡抚
兼理盐政、临清关监督各关防印信等件，赍送署抚臣丁宝桢接收
暂署。现在延医加紧调治。倘叨福庇，得以痊愈，当仍专折销
假，不敢稍耽安逸，自外生成。所有微臣交卸抚篆日期，除循例
题报并分咨外，理合恭折具奏。

二、典制事例

14. 秋审届期请旨饬令两司代勘片
同治二年四月十八日

再，查山东历办秋审，例限四月间提犯至省，由抚臣亲勘具
题。如遇抚臣公出，历系请旨交藩、臬两司代勘。本年应入秋审

各犯，先经署臬司呼震造册呈送，由前抚臣谭廷襄核定实缓，移交到臣。此时各属解省人犯，将次到齐，距提勘之期已近。臣因赴淄川办理军务，未及亲勘，应请援照历届成案，请旨饬藩司贡璜、署臬司呼震代勘，以免迟误，仍由臣复核实缓，照例具题，以昭慎重。为此附片具奏，伏乞圣鉴。谨奏。

15. 秋审人犯请免提勘折
同治五年三月十二日

奏为现办防剿，本年秋审人犯，援案请免提勘，恭折具奏仰祈圣鉴事：

窃照东省办理秋审，历系四月内提犯至省，审勘具题。同治四年臣因筹办防剿，曾经奏请将通省秋审人犯均免解勘，奉旨允准。兹届本年勘办秋审之期，乃豫捻复又窜入东境，省西各府州堵剿固甚吃紧，即省东各府属防范亦均戒严。臣现在省外督兵，既无暇兼顾及此；而各处道途多阻，解犯亦疏脱堪虞，察看情形，势难照常解勘。所有本年秋审人犯，应请援照上年成案，免其提勘，仍由司道等会核实缓，依限造册，由臣复核具题，庶人犯得免疏虞，而秋审仍无贻误。据藩、臬两司会详前来。为此恭折具奏。

16. 同治元年大计展期举行片
同治二年十一月初三日

再，东省应办同治元年大计，前因军务吃紧，不遑兼顾，经前抚臣谭廷襄两次奏展，奉旨允准。现在地方渐就肃清，应即举办。惟臣自四月莅任后，即驰赴淄川，七月间回署，十余日即往东昌。臬司丁宝桢五月间到任，当即出省。均各因军务倥偬，通省官员尚未能遍加查访。案关激扬大典，未敢草率从事。容臣回省后，即行会同藩、臬两司，切实面商核办。合无仰恳恩施俯准将山东省应办同治元年计典，展至来年三月间题报，以昭慎重。理合附片奏闻，伏乞圣鉴训示。谨奏。

同治二年十一月十三日奉到回折："议政王军机大臣奉旨：'著照所请，该部知道。钦此。'"

17. 同治元年军政举劾展期举行片
同治二年七月三十日

再，同治元年军政，前抚臣谭廷襄因督师出省，奏准展至本年察看情形，再行办理。兹查淄川虽已攻拔，省东一律肃清，而兖州、东昌军务尚未葳事，抚镇各营将弁从征调防者十居其三，臣与兖、曹两镇亦皆带兵防剿，仍难照常调考依限举行。合无仰恳天恩俯准将山东此次军政展至军务告竣，将弁撤回归伍，再行举办。如有庸劣不职之员，仍当随时纠参，以肃营伍。为此附片陈明，伏乞圣鉴。谨奏。

同治二年八月十四日奉到回折："议政王军机大臣奉旨：'著照所请，兵部知道。钦此。'"

18. 今岁补行元年军政举劾较少由片
同治三年十一月二十九日

再，查山东每届军政，历系荐举三四员，参劾亦如之。今岁补行同治元年军政，臣于通省水陆营汛员弁自副将以至千总，秉公考察，计应荐举者二员，应参劾者亦止二员。盖因军兴以来，各营将弁，或出师外省，或军营升补，多未回营任事，合例人员不敷定额，且其才技优长者业经汇案奏保，老弱不职者亦皆随时参革，以致举劾皆不能如数。除恭疏具题外，所有军政举劾较少缘由，理合附片具奏，伏乞圣鉴。谨奏。

19. 阅武事宜俟军务告竣再举行片

同治五年三月十九日

　　再，臣接准兵部咨开："同治五年二月初一日奉上谕：'本年轮应查阅山东营伍之期，著即派阎敬铭认真简校，如有训练不精，军实不齐，即将废弛之将弁据实参奏，务当加意整顿，毋得视为具文等因。钦此。'"仰见皇上整饬营伍之至意。自应钦遵，认真查阅。惟现值豫捻窜入东境军务吃紧之时，臣筹办剿防，既不能依限校阅，且各营兵弁亦多征调离营，更未能逐一考核。所有东省本年阅伍事宜，合无仰恳天恩俯准，俟军务告竣，防兵归伍，再行分别查阅，以昭核实。臣仍严密察访，如有废弛之将弁，即当随时据实参办，断不敢稍事姑容。理合附片奏闻，伏乞圣鉴训示。谨奏。

20. 同治二年春季委署各县缺片

同治二年五月初十日

　　再，前准部咨："嗣后各省州县缺出，先委正途一人，次委劳绩一人，再将各项试用人员轮委一人。于应署班内，统按出缺先后，察看人地相宜人员，酌量委署，毋庸计其科分名次，并试用年限。每届三月汇报一次"等因。当经前抚臣谭廷襄，将同治元年冬季分析出各缺，奏报在案。兹复据藩司将同治二年春季分析出知县各缺，并委署各员班次衔名，具详前来。除册咨部外，理合附片陈明，伏乞圣鉴。谨奏。

21. 请敕部签分乙丑科即用知县来东片

同治四年三月初十日

　　再，查即用知县一项，自部定新章，疏通正途以后，得缺较多，而近年分发到东省，每科不过四五员。刻下在省当差即用人员殊少，如遇应署补各缺，不敷委用。据藩、臬两司会详请奏前来，臣复查无异。兹届乙丑科会试之期，榜发后，将即用知县分发各省，相应请旨敕部签分十员来东，以资差委。除咨吏部查照外，理合附片奏闻，伏乞圣鉴。谨奏。

同治四年三月二十三日奉到回折："军机大臣奉旨：'著照所请，吏部知道。钦此。'"

22. 请将知县军功候补与正途即用轮间补用折
同治五年十一月初八日

奏为请将知县序补班次军功候补与正途即用轮间补用，以疏正途而杜流弊，恭折具奏仰祈圣鉴事：

窃查知县序补章程，凡升调遗病故休各项缺出，向以各项人员轮补，惟丁参革之缺，则专归军功候补班人员酌量补用。臣查军功候补人员，冒镝冲锋，得保班次，核其劳绩，原应与正途并重，故序补独为一班，原示优待武功之意。但查近来知县出缺，惟参革之缺为多，而进士即用一班，仅与各项劳绩候补人员相间轮补，不能补丁参革之缺。故军功候补人员得缺独易，较之进士即用之班尤为捷速。近年迭奉谕旨，疏通正途，历次臣工条陈，均以为请。今臣详为核校，觉进士即用之班，仍不如军功候补班之优，故拟量为变通，以昭平允。

又，查军功人员，向系酌量补用，不按名次。近年迭奉谕旨，如有州县不能称职，由该督抚随时甄别参革，以参革之缺，仍专补军功一班，更虑有迁就之弊。

又，查新定章程，必系攻克城池、斩擒要逆军功，方准保归候补班用。定例既严，以后军功人员到省，必日见其少。若必系此项人员方准补丁参革之缺，亦虑有悬缺待人之时。臣愚以军功与正途两班，原属不分轩轾。现军功人员专补一班，而进士即用之员仍与各班间补，殊觉未协，拟请仍照即用班次与各项劳绩候补班间补之法。嗣后凡知县遇有丁参革两项缺出，先补军功候补班一人，再补进士即用班一人，相间轮用。如军功班人地或不相宜，准以他项候补班一体拣补，庶乎流弊可杜，而正途亦较疏通。臣体察数年，似应酌改。愚昧之见，是否可行，伏祈敕部核议，以为定章。为此恭祈具陈。

23. 裁撤东省干河厅员折
同治二年七月十五日

奏为裁撤东省干河各厅员缺，以节糜费奏祈圣鉴事：

窃查河南省裁撤干河各厅案内，钦奉上谕："山东所属之曹河曹、单二厅，著山东巡抚酌量办理等因。钦此。"遵查河道既已干涸，各员无事修防，自应一律裁撤，以归节省。所有东省曹河同知并所属之县丞、主簿各一缺，曹、单通判并所属之县丞、主簿各一缺，又曹考通判所属之曹县巡检一缺，以上七员，均系专管河工，并无地方之责，应请一并裁汰。现任撤回各员，照例归即用班补用，各辖工段汛地，即归并地方官经管，所有廉俸役食，由藩司在于东省地丁耗羡项内提扣，报部候拨。据布政司贡璜、兖沂曹济道卢朝安会详请奏，并声明干河滩地前经饬委曹河同知吕伟峰赴曹、单两县会查勘丈，现在仍令该员一手经理，俟复到再行核办等情前来。理合会同署河东河道总督臣谭廷襄恭折具奏。

再，东省额设黄河武营、武汛，先经奉旨裁撤，合并陈明。

同治二年八月初三日博平行营奉到回折："议政王军机大臣奉旨：'依议。该部知道。钦此。'"

24. 东昌府缺出改为由外题补折
同治二年十二月初九日

奏为府缺今昔情形不同，遵旨酌拟变通，以资治理而求实效仰祈圣鉴事：

　　窃臣于十一月初十日钦奉上谕："东昌府一缺，近日甚关紧要，应否归地方拣员调补，著阎敬铭会同谭廷襄妥议具奏等因。钦此。"仰见圣慈洞察，廑念东邦之至意。

　　臣查东昌府一缺，本系应归部选，道光十七年十月因京员期满留工，无缺可补，经吏部议准原任河道督臣栗毓美奏请以河南怀庆、山东东昌作为留工候补知府应补之缺；又于咸丰七年十二月准吏部咨：议复原任河道督臣李钧奏请将东昌、怀庆二府，无论何项缺出，将河工候补知府补竣后，再行由部铨选，并声明如于截缺期内，并未留缺及留缺在截缺之后者，仍不准扣留，以符例案各等因，咨行在案。此东昌府缺本属归选兼准奏补河工人员之原委也。

　　臣查东昌府地滨临运河，前因河工学习京员无缺可补，奏明专以此缺请补河工人员，然遇有升迁降调等项事故，奉旨后即已由部开缺归选，外省不及扣留，即扣留到部，多在截缺之后。卷查成案，自道光十七年奏准以后，河工人员得补斯缺者甚属寥寥。是名为题补河工人员，实则仍归部选。今则东昌一府，修防事简，而连年地方多故，所属莘、堂、冠、馆及接界朝、濮等处，几成盗贼渊薮。现虽寇乱削平，而剔除伏莽，安抚疮痍，必须该管知府熟悉情形，宽猛兼济，方能妥筹善后，弭患未形，繁剧十倍于前，似非部选初任人员及未谙地方利弊者所能胜任。臣与谭廷襄往来函商，兼权缓急，拟请将东昌府一缺改为题调要缺，由外拣员奏补。惟地方与河务不容偏重，现在地方吃紧，分发河工京员亦已奏停，将来南运疏通，则督率宣防，又为所急，自应远筹熟计，免致一废难兴。仍拟遇有缺出，拣员酌量先补地方一人，再补河工一人，河工无人，即专用地方人员，庶于通变之中，仍可不失旧制。至部选之缺，改为由外题补，例应于本省题调要缺内酌改简缺互换。

　　臣查山东知府十缺，济南、泰安、兖州、沂州、登州、青州六府均系请旨之缺，东昌府专补河工，武定、莱州两府均系部选之缺，惟曹州一府系属题调缺分。第曹州亦为难治之区，且先系例应请旨简放要缺，道光二十四年经前抚臣崇恩奏准改为由外拣员题补。是曹州一缺既难改简，此外实属无缺可更。伏思部定缺分，或由外补，或归内选，成法昭然，原以杜轻易旧章之渐。惟事当窒碍，贵求变通。东昌一郡情形，时烦宸虑。臣身任封圻，通筹大局，期于地方有益，并非事后奏改一二缺分，预为属员升进之阶。合无仰恳逾格天恩，俯准东昌一府改为由外提补要缺，仍兼酌河工人员，似于治理不无裨益。

　　所有东昌府缺近日情形紧要，遵旨妥议缘由，谨会同臣谭廷襄合词恭折陈奏。

25. 福山县改为繁缺折

同治五年十月十六日

奏为简缺知县请旨酌改繁要，以资治理，恭折奏祈圣鉴事：

　　窃照东省州县，凡题调要缺，统归酌补，其中简之缺，则系按班请补。惟今昔情形互异，有名为中简而实同繁要者。查登州府属之福山县，本系海滨简缺。现在所辖烟台为中外通商码头，华洋杂处，人烟稠密，海舶连樯，而至上岸交易互市，最易滋事。东海关监督常驻于此，弹压抚绥，均关紧要，实为沿海繁难要缺，必得精明干练之员，方资控驭，断非初任轮选轮补者所能胜任。惟有因地因时变通办理，将福山县知县一缺改为繁要，以重地方。据藩司丁宝桢兼署臬司卢定勋筹议会详，并声明改易缺分，例应繁简互换。现在东省要缺，逐一查核，无可改简等情请奏前来。臣复加访察，确系实在情形。

　　查例载："大小各缺，不得妄请更改。如实因繁简不符，须于题调要缺内，酌量改简互换"等语。辰下东省并无可以改简

之缺，而福山实属繁要，未便拘泥成例，转致贻误。相应请旨将
福山县改为繁缺。嗣后知县缺出，拣择干练之员酌补，实于海疆
夷务大有裨益。臣为慎重地方起见，理合恭折具奏。

同治五年十月二十六奉到回折："军机大臣奉旨：'吏部议
奏。钦此。'"

26. 密陈东省本年镇司道府各官考语折
同治三年十二月十九日

奏为详核东省镇司道府各官考语，开单密陈，恭折仰祈圣鉴事：

窃查各省镇司道府等官，例于年终由督抚出具密考陈奏。臣
仰沐圣恩，任事东抚，志图报称，勉竭愚诚。惟知人非易，察吏
良难，谨饬者迂拘鲜通，便捷者浮华不实，表里难期如一，才德
少有兼全。况东省为屏翰重地，吏治经隳坏多年，不认真考核，
无以挽回风气；若仍令粉饰，何由振刷精神。顾欲除积重难返之
势，必先求贯心任事之员。臣自去冬军务告靖，回驻省垣，年余
以来，详加考察，或于接见时觇其才识，或于出阅时验其设施，
或于详禀事宜亲加批阅，或即舆情探访，互考声名。大抵有为先
期有守，舍短仍欲取长，秉公鉴核，未敢避嫌避恕，苦口劝诫，
勉以实事实心。兹值年终，谨据实出具考语，密缮清单，恭呈御
览。臣仍随时考察，如有改行易辙之员，即行据实参劾，不敢徇
庇。理合恭折具奏。

同治四年正月初三日奉到回折："议政王军机大臣奉旨：
'知道了。单二件留中。钦此。'"

27. 署东昌府曹丙辉循例甄别片
同治三年八月初一日

再，前准吏部咨："嗣后道府州县，无论何项劳绩，归入候
补班人员，均以到省之日起，扣足一年，由督抚详加甄别，分别

繁简补用等因。奉奏谕旨：'依议。钦此。'"钦遵在案。兹查署
东昌府候补尽先补用知府曹丙辉，江苏举人，由部曹留于扬州军
营，迭次保举，洊升今职。咸丰七年分发到东，因丁母忧回籍。
十年起复回东，同治元年引见，四月领照到省，核计早满一年之
限。据藩、臬两司会验出考，具详请奏前来。臣验看得该员曹丙
辉，朴实勤明，精详稳练，堪以繁缺知府补用，经臣专折奏补东
昌府员缺在案。除将履历清册咨部查核外，所有验看甄别缘由，
理合附片陈明，伏乞圣鉴。谨奏。

28. 道员张文林循例甄别折

同治三年八月二十五日

奏为保留候补道员一年期满，循例验看甄别，恭折奏祈圣鉴事：

　　窃照前准部咨："嗣后道府州县，无论何项劳绩，归入候补
班补用人员，均以到省之日起，扣足一年，由督抚详加甄别，分
别繁简补用等因，奏奉谕旨：'依议。钦此。'"钦遵在案。兹查
候补道张文林，现年六十岁，河南举人，大挑一等，引见奉旨以
知县用，签掣山东，道光二十四年五月到省。历署泗水、峄、滕、
泰安等县，拿获邻境迭劫盗犯，保举遇缺尽先补用。三十年题补
汶上县。咸丰三年补行大计，保荐卓异，奉旨送部引见。四年调
补滕县。遵例报捐同知，留于山东补用。六年，代理曹州府印务。
九年，经钦差大臣督办安徽军务袁甲三奏调军营差委。十年，克
复临淮案内保举，奉旨著免补本班，以知府仍留原省归候补班补
用。十一年，办理营务出力，赏戴花翎。回东催提军饷，旋即委
赴济宁办理钦差大臣亲王僧格林沁粮台事务。同治元年，捐双月
道员，归部选用。二年，拿获巨捻出力保举，奉旨："以道员留于
山东补用。钦此。"该员于同治二年三月十九日留省，扣至三年三
月十九日已满一年之限。据藩、臬两司会详请奏前来。臣验看得
该员老成稳练，堪胜繁缺道员之任，应请照例补用。除将履历清

册咨部外，所有保留候补道员张文林一年期满验看甄别缘由，理
由恭折具奏。

29. 甄别军功保举候补州县各员折

同治三年十一月二十九日

奏为甄别军功保举候补州县人员，以清吏治，恭折仰祈圣
鉴事：

窃准吏部咨："奏定章程，凡劳绩保举归入候补班人员，
令督抚认真考核，或改补、降补"等因。兹查有保举候补知州
章棣，人尚安详，文理未能深畅。该员系由候补布政司经历保
升，请仍以原官布政司经历留东归候补班尽先改补。保举同知
衔候补知县卢汶清，人本平庸；保举同知衔候补知县邹荫广，
才未老练；保举候补知县龚逢诏，才浮识浅。以上三员，年力
尚皆富强，均请以府经历、县丞留东归候补班降补。谨据实甄
核，恭候谕旨遵行。其余各员即照试用人员之例，随时咨部
办理。

30. 甄别教佐各官不及额数循例办理折

同治四年正月十九日

奏为甄别教佐各官不及额数，循例据实奏闻仰祈圣鉴事：

窃照定例教佐各官年终甄别足额者，照案咨部，如无衰庸恋
缺之员，该督抚将无可参劾缘由切实具奏，历经遵办在案。

东省教职二百十一员，应参五员；佐杂一百八十九员，应参
四员。同治三年分，教职劾去四员，佐杂参革二员，均不敷额。
臣复督同藩司详加察访，现任教佐内，实无衰庸恋缺应行甄别之
员；如有续行查出始勤终惰、庸劣失职者，随时据实参劾，以符
旧制。除咨吏部外，理合恭折具奏。

31. 新任学政阅文人数片
同治三年十月三十日

再，新任学政阅文幕友人数，例应奏闻。今新任山东学政赵佑宸，所延阅文幕友系安徽举人王大钥、浙江举人单恩溥、江苏贡生吕保椿、浙江贡生丁养元、赵我棠。据称均系品学兼优，足资襄校，照例咨会前来。臣复查无异。除仍随时稽察，不敢稍涉徇隐外，理合附片奏闻，伏乞圣鉴。谨奏。

32. 曹州府知府来秀请展期引见片
同治三年八月初一日

再，前准吏部咨开："凡题补、升补未经赴部引见各员，该督抚于接到此次新定章程后，限三个月给咨赴部。如再逾限不行赴部，即将本员照卓异人员赴部迟延例议处"等因。当经照录转行催调在案。

兹查有曹州府知府来秀，于咸丰十一年间题补斯缺，例应给咨赴部引见。惟该府界连直、豫，匪踪出没无常，连年黄水为灾，绥辑尤非易事。该员到任两年，安抚降众，搜捕土匪，督修民埝，拯救灾黎，事事尚为得力。现在濮范黄流异涨，豫、皖逆氛未靖，军务、河防，一切均关紧要，未便遽易生手。据藩司贡璜详请奏展前来。合无仰恳天恩俯准该员暂缓引见，俟邻氛安靖，水患牧平，再行给咨，以符定制。理合附片陈明，伏乞圣鉴训示。谨奏。

同治三年八月十四日奉到回折："议政王军机大臣奉旨：'著照所请，该部知道。钦此。'"

33. 抚标中军参将绪承请暂缓引见片
同治五年七月二十九日

再，武定营游击绪承，经前兼护抚臣丁宝桢奏奉谕旨，准其升补抚标中军参将。准兵部咨，以该员引见已满三年，行令给咨归入卓异，并案赴部引见后给札赴任，再行开其底缺。臣因贼匪东窜，防剿吃紧，该员熟悉情形，已先调署斯缺，办理省防，咨部暂缓该员引见，先给署札。兹准兵部以该员督兵防剿，准俟防务稍松，再行给咨送部。至先给署札与奏定章程不符，咨令奏明办理。

伏查东省防务现仍未敢稍松，该员办理省防正资得力，未便更易生手，致滋贻误。合无仰恳天恩俯念东省防务紧要，准予升补抚标中军参将绪承暂缓赴部引见，并请勅部先给署札，开其武定营游击底缺。所遗之缺，东省现有军功尽先应补人员，容臣拣员请补。理合附片奏陈，伏乞圣鉴训示。谨奏。

同治五年八月十二日奉到回折："军机大臣奉旨：'著照所请，该部知道。钦此。'"

34. 新任藩司丁宝桢、臬司恩锡暂缓陛见片
同治三年十月十六日

再，新任藩司丁宝桢、新任臬司恩锡，均经接篆任事，具折恭谢天恩，陈请陛见。兹于十月初四日藩司丁宝桢奉旨："着来见。钦此。"臬司恩锡奉旨："着俟丁宝桢陛见回任后，再行来见。钦此。"自应钦遵办理。惟臣自去冬回省，商同前藩司贡璜，督饬局员核算各州县多年未结交代，破除情面，不遗余力。据报截至本年九月底止，业经结算五百二十余案，未结者尚有五十余案。现值藩司新旧交卸，尤应一气赶办，不容稍事松懈，已勒限于封篆前概行一律办结完竣撤局。又因催征下忙万分吃紧之际，新藩司未克分身。惟有恳恩先令臬司陛见。而现在正开武闱，两司分校技勇，请俟揭晓后，清厘要案，即令臬司交卸起程。如蒙俞允，约计该臬司入京当在十一月间，回任须至腊月。其时藩库会计，通岁出纳款项，甚属殷繁，未便更易生手，应请

于开春之初，即催丁藩司赶紧入都。理合附片奏闻，伏乞圣鉴训
示。谨奏。

同治三年十月二十七日奉到回折："议政王军机大臣奉旨：
'著照所请，恩锡即先行来京陛见。丁宝桢俟明春再行来见。片
内用丁藩司字样，殊属疏忽，阎敬铭著交部察议。钦此。'"

35. 曹州镇总兵保德暂缓陛见片
同治四年十二月十八日

再，曹州镇总兵保德，于同治二年正月二十四日，在东昌
军营接印任事，嗣东昌肃清，带兵回曹。计自到任之日起，扣
至五年正月二十四日，三年期满，例应奏请陛见。惟曹属界连
三省，为东省西南边陲，现在南匪未平，防务吃紧，合无仰恳
圣恩俯念地方紧要，准予该镇暂缓陛见，俟防务稍松，再为
奏请。

至总兵到任，例应于三年内通阅标属各协营官兵，专折奏
报。现据该镇咨称，履任之初，在东昌军营，迨撤防回曹，凡各
协营官兵，或出师外省，或调派防堵，存营无多，是以未能通
阅。理合附片陈明，伏乞圣鉴。谨奏。

同治五年正月初一日奉到回折："军机大臣奉旨：'著照所
请，该部知道。钦此。'"

36. 到任三年应行陛见片
同治五年三月二十八日

再，臣于同治二年蒙恩简用山东巡抚，是年四月初九日到
任，迄今瞬届三年。奉职无状，每蹈愆尤，屡荷圣慈，曲加宽
贷。正拟届期吁请展觐，俾将应办切要诸务，凡臣识虑所不周敷
陈所未当者，皆得面聆训诲，庶有禀承。乃捻氛复行窜扰，微臣
力疾出省，勉筹防剿。值此军事孔棘，未敢遽请诣京，致离职

守；而翘望阙廷，实不胜瞻仰企恋之至。所有微臣届期应行请觐
及依恋下忱，理合附片陈闻。

37. 拣员请补要缺知县折
同治三年三月初八日

奏为拣员请补要缺知县，以重地方，恭折奏祈圣鉴事：

　　窃照冠县知县朱瑞果，因教匪滋扰，经前抚臣谭廷襄奏参革
职，准部知照，以咸丰十一年五月十九日作缺。所遗冠县知县员
缺，系冲繁难兼三要缺，例应在外拣员调补。查例载："州县应
调缺出，于现任人员内拣选调补；如无合例堪调之员，始准以候
补即用人员题补；候补即用无人，亦准于现任人员内拣选升补"
等因。前以即用知县侯甲瀛请补，尚未接准部复。该员现丁母
忧，所遗冠县知县员缺，仍应以咸丰十一年五月十九日作缺，拣
员请补。

　　查该县幅员辽阔，民情强悍，讼狱繁多；且失守之后，迭
被匪扰，弹压抚绥，在在均关紧要，非诚实老练、熟悉地方情
形之员，难期胜任。随与藩、臬两司于通省现任知县内逐加遴
选，非现居要缺，即人地未宜，实无合例堪调之员；其候补即
用与现任应升人员，亦均与此缺不甚相宜。惟查有署理冠县知
县、委用大挑知县孙善述，现年四十一岁，贵州举人，咸丰三
年大挑一等引见，奉旨："以知县用。钦此。"签掣山东，七月
二十七日到省。四年四月委署莘县知县。五年二月，遵筹饷例
报捐本班尽先，加同知衔。六年二月，因前在莘县防堵出力，
经前抚臣崇恩保奏，奉旨："著归本班尽先前补用。钦此。"是
年十月补授陵县知县，七年二月十三日到任。十二月二十五
日，闻讣丁父忧，卸事；九年九月初二日，接丁继母忧，扣至
十一年十二月初二日服阕。因原籍被匪窜扰，无籍可归，在部
呈明，准予起服〔复〕。于同治二年二月十一日到省，经前抚

臣谭廷襄奏明署理冠县，三月十四日到任。该员才力明断，职守勤能，以之请补冠县知县，实堪胜任。惟出缺在先，该员起复回东在后，且系委用大挑知县，请补要缺，与例均有未符。第该员于上年军务倥偬之际，署理此缺，所有筹防督剿、除莠安良及稽查逆产、举办保甲等事，无不认真经理，悉中机宜。现在地方乂安，民心悦服，其政治实已著有成效，人地实在相需，不敢泥于成例。据藩、臬两司会详请奏前来。合无仰恳天恩俯念员缺紧要，准以孙善述补授冠县知县，实于地方有裨。如蒙俞允，该员系委用大挑知县请补知县，衔缺相当，毋庸送部引见，亦毋庸声叙参罚。为此恭折具奏。

同治三年三月十九日奉到回折："议政王军机大臣奉旨：'吏部议奏。钦此。'"

38. 冲繁难知县要缺请仍照前奏拟补折
同治三年六月二十八日

奏为冲繁难兼三知县要缺，请旨仍照前奏拟补，恭折仰祈圣鉴事：

窃照冠县知县一缺，经臣奏请以委用大挑知县孙善述补授，吏部奏驳："出缺在先，该员服满到省在后，不在例准声明之列，应另行拣员调补。"并将臣照例议处等因。奉旨："依议。钦此。"自应钦遵办理。

惟查冠县为东昌府之西鄙，与直隶地面犬牙相错，最易藏奸。上年盗贼蜂起，冠县实为匪薮。现甫经平复，民情极为难治，缓则养痈，急则生变，抚绥弹压，必须才识优长，始中窍要。且自失守之后，钱漕蠲缓，民力困苦，优缺变为瘠区，履任者均望而却步。惟该员孙善述于上年军务倥偬之际，委署此缺，筹防督剿，以及承办善后事宜，无不认真经理，井井有条，擒拿匪徒，惟该员捕获最多。是其才力明断，职守勤能，实已著有成效。现在东省虽已肃清，仍虑沿边州县伏莽未除，必须随时严饬搜捕，除莠安良，粮赋亟宜加意整顿，未便拘泥成例，更易生手，转致前功尽弃。臣实为要缺需才起见，惟有仰恳天恩俯准仍照前奏，以委用大挑知县孙善述补授冠县知县，实于地方大有裨益。理合恭折具奏。

39. 省会知县员缺请旨补授折
同治三年三月二十六日

奏为省会知县员缺紧要，遴员请旨补授，以重地方，恭折奏祈圣鉴事：

窃照历城县知县张楷枝升补高唐州知州，部文知照，应以同治元年八月二十五日作为开缺日期，所遗历城县知县员缺，系冲繁难兼三要缺，例应在外拣员调补。当因拣员未定，咨部展限在案。

查例载："州县应调缺出，于现任人员内拣选调补；如无合例之员，始准以候补即用人员请补"等因。伏查历城县为省会首邑，五方杂处，政务殷繁，且时有发审案件，非朴诚干练之员，弗克胜任。臣督同藩、臬两司，于通省知县内逐加遴选，非现居要缺，即人地未宜，实无合例堪调之员。兹查有候补知县陶绍绪，现年四十六岁，四川安岳县人。道光甲辰科举人，庚戌科进士，改翰林院庶吉士，咸丰三年补行散馆，以知县用，选授高密县知县，是年十月十九日到任。五年，代理长山县知县，捐加同知衔。六年，调署乐陵县知县，仍回高密县任。嗣经升任抚臣文煜保举卓异，调补益都县知县。十一年，因满营官兵与南捻接仗失利，经前署抚臣清盛以救援不力，奏参降调卸事。同治元年，奉旨饬查该员在东官声，经前抚臣谭廷襄查明，平日居官循声卓著，据实复奏。奉上谕："陶绍绪著即送部引见。"该员于二年三月二十七日引见，奉旨："陶绍绪著开复原官，仍发山东以知县补用。钦此。"四月二十七日到省。

　　该员廉能卓著，悃愊无华，历任长山、高密、益都等县，颇有政声。历城县为省会首区，得一崇实黜华之员补授斯缺，于吏治民风均有裨益。惟出缺在先，该员开复到东在后，与例实有未符；而人地实在相需，不敢拘泥成例。据藩、臬两司会详请奏前来。合无吁恳天恩俯念员缺紧要，准以候补知县陶绍绪补授历城县知县，以重地方。如蒙俞允，该员系候补知县请补知县，衔缺相当，毋庸送部引见，亦毋庸声叙参罚。理合专折具奏。

40. 省会知县要缺请旨仍照前奏拟补折
同治三年六月二十八日

奏为省会知县要缺，请旨仍照前奏拟补，恭折仰祈圣鉴事：

　　窃照历城县知县员缺，经臣奏请以候补知县陶绍绪补授，吏部奏驳："出缺在先，该员开复在后，虽于折内详细声叙，惟不在例准声明之列，应另行拣员调补。"并将臣照例议处等因。奉旨："依议。钦此。"自应钦遵办理。

　　惟是用人之法，必须因地因材，斯官无弃人，亦政无废事。东省吏治之坏，已非一日。凡工于应对周旋，善于伺应趋承者，辄谓才能，省会缺出，每多调补，驾驭稍疏，其聪明才智悉越范围，而莫之或遏。甚至机械之巧，相习成风，无所底止。臣愚以为须择悃愊无华者为之倡率，庶各属皆有所矜式，风气亦渐可挽回。

　　查得候补知县陶绍绪，由翰林院庶吉士散馆以知县用，历任高密、长山、乐陵、益都等县，循声卓著，舆情爱戴。嗣因公被参降调，经前抚臣谭廷襄据实复奏，奉旨开复原官，仍回山东。臣察其读书明理，守正不阿，毫无官场时习，是以奏补历城县知县。部臣驳饬，原因职掌铨衡，必当恪遵成例，而因材器使，因地制宜，臣既经灼见真知，不敢稍事拘泥。现准部复："御史贾铎条陈整顿吏治案内，奏请嗣后首府首县缺出，应令该督抚于通省正途人员内拣选调补。奉旨：'依议。钦此。'"东省正途固不乏人，或现任剧区，碍难更易生手，或未经明试，不便骤居繁要。惟该员陶绍绪在东服官多年，崇实黜华，廉能懋著，堪膺是选。仰恳天恩俯赐仍照原奏，准以候补知县陶绍绪补授历城县知县，以重员缺而肃官方。理合恭折具奏。

41. 拣员调补沿河要缺知县折
同治三年八月二十五日

奏为拣员调补沿河要缺知县，恭折具奏仰祈圣鉴事：

窃照鱼台县知县赵溶升补莒州知州，准部知照以同治三年五月初一日作缺，所遗系冲繁难兼三沿河要缺，例应在外拣员调补。该县壤接江南，久为匪徒出没之区，现虽地方肃清，而搜除伏莽，安抚疮痍，均关紧要。遂与藩、臬两司在于通省现任知县内详加遴选，非现居要缺，即人地未宜。惟查有莱州府属即墨县知县李淦，现年三十七岁，直隶保定府满城县人，由附贡生遵例报捐知县，捐免保举，指省山东引见。奉旨："著照例发往。钦此。"咸丰五年十二月到省。七年，捐分缺间补用，委署东阿县知县，题补今职。十年六月初二日到任。该员年壮才明，办事勤练，经征地丁钱粮，历年全完，一切事宜悉臻妥协，以之调补鱼台县知县，实堪胜任。据藩、臬两司会详请奏前来。

臣查现准吏部议定新章："凡保题升调人员，如有承审盗案经征钱粮已起降调革职参限者，概不准其升调；其有缺系繁要，人地实在相需，亦应据实陈明"等因。该员李淦在即墨县任内，并无承审未完案件及钱粮已起降调参革处分。惟承缉凶犯王沅见等一案，三参限满已起四参。而人地实在相需，合无仰恳天恩俯念员缺紧要，准以即墨县知县李淦调补鱼台县知县。如蒙俞允，该员已销试俸，衔缺相当，毋庸送部引见。任内一切因公处分，例免核计。应完参罚银两，饬令按限完缴。所遗即墨县员缺，东省现有应补人员，俟奉文后，另行拣员请补。为此恭折具奏。

同治三年九月初八日奉到回折："议政王军机大臣奉旨：'吏部议奏。钦此。'"

42. 泗水知县任澍林留省遗缺另员请补片
同治三年三月初八日

再，新选泗水县知县任澍林，领凭到省，本应饬令赴任。惟查该县附近白莲池，从前教匪肆扰，民间受害极深，现虽渐就肃清，而疮痍甫复，抚驭为难，须朴诚练达之员，方免贻误。该员任澍林，由典史捐升知县，初膺民社，治此凋残，深虞诸事丛脞，据藩、臬两司详请留省，另补前来。臣复查系为慎重地方起见，相应请旨，将任澍林留省，俟有相当缺出，酌量补用。所遗泗水县知县员缺，东省现有应补人员，另行拣员请补。除咨部查照外，理合附片陈明，伏乞圣鉴。

43. 武定知府暂行留省仍令张鼎辅署理片
同治三年八月二十五日

再，新选武定府知府李熙龄领凭到省，本应饬令赴任。惟武定府各属数年以来，枭匪鸱张，盐务隳坏。去冬因前任知府蔡步镛缉匪未能得力，经臣撤任调省，奏委候补知府张鼎辅署理。该守于本年春初到任，力求振作，督同候补知县张继武、带勇游击王正起，认真缉捕，计擒获积年巨枭首恶数十名，并阻截海丰县海口关东私盐来路，半载有余，枭匪敛迹，盐务实有起色。现因该匪等不在本境滋事，或赴直境抢劫，或逃后复行潜回，臣檄令该守正在设法围拿。是武属匪徒虽暂安缉，实未净纯根株。知府职任统辖，骤易生手，必至尽弃前功。新选知府李熙龄曾任武定府，老成安详，惟于除暴捕枭，整顿镇压，恐难悉合机宜。应请将该守李熙龄留省差委，仍责令张鼎辅力为办理，以靖间阎。据藩、臬两司会详前来。经臣复查系为慎重地方起见。除咨部查照外，理合附片陈明，伏乞圣鉴。谨奏。

44. 催令新授登州镇标水师营官员等来东任事片
同治三年十一月十五日

　　再，查前准兵部咨："山东登州镇标文登协外海水师副将员缺，奉旨以副将尽先补用之广东龙门协右营守备刘蒋华补授。又登州镇前营外海水师游击员缺，奉旨以广东大鹏协中军都司李扬威补授。又登州镇标后营外海水师守备员缺，奉旨以福建水师提标右营千总陈荣芳补授。钦此。"当经分别咨行遵照在案。兹准江宁将军富明阿、两广总督毛鸿宾、福建巡抚徐宗幹先后来咨，刘蒋华由江苏管带师船回粤，交代清楚，请咨赴部。李扬威俟接署有人，即给咨赴部。陈荣芳因丁母忧，已咨部照例退回千总本任，另行掣补各等因。

　　伏查山东登州镇标水师三营，计将弁九员，遇有事故升迁，因陆路营员于海洋情形未能熟悉，历系水师员升递相署理，今则积至三缺，别有差遣，无员可委。臣日盼实任各员早日到任，俾免贻误。虽目下北风司令，洋面无事，然来年南省重运经临，防护甚关紧要。计此时刘蒋华早可抵粤，李扬威亦可交缺，相应请旨敕下两广督臣照例给咨，饬令山东文登协外海水师副将刘蒋华、山东登州镇标前营外海水师游击李扬威赶紧赴部引见，领札赴任。并请敕部将山东登州镇标后营外海水师守备员缺另行掣补，速饬掣补之员赶紧到任，以专责成。臣为慎重海防起见，理合附片具奏，伏乞圣鉴。谨奏。

45. 水师总兵出缺请旨迅赐简放折

同治四年三月初十日

奏为水师总兵因病出缺，请旨迅赐简放，并请饬催已补水师副将、游击之员，速赴新任，以重职守，恭折奏祈圣鉴事：

窃据登州镇标中营游击傅万清等禀报，登州镇总兵李懋元，于本年二月二十六日早晨陡患中风之症，不能言语，医治无效，至申时因病出缺等情。所遗该镇印务，应先委员接署。查东省外海水师三营，文登协水师副将刘蒋华、前营水师游击李扬威，系广东水师将备，奉旨补授斯缺。臣于上年十一月奏请催令赴任，迄未到东。惟有后营水师游击现署文登协副将施元敏，熟悉情形，人尚稳练，堪以委令护理。其文登协印务，即委该协中军守备冯太隆暂行兼护。臣已分檄饬遵。

所有登州镇总兵一缺，水师兼辖陆路，离省千里，转瞬江苏海运漕舡连樯北上，一切防护事宜，惟资该镇就近督办。相应请旨，迅赐简放，饬令赶紧赴任，以重职守。并请旨敕下两广督臣迅催文登协水师副将刘蒋华、前营水师游击李扬威，速赴新任，以专责成。为此恭折具奏。

46. 试用知县罗衍畴呈请改就教职折

同治二年七月十五日

奏为试用知县呈请改就教职，恭折奏祈圣鉴事：

窃据藩司贡璜详据试用知县罗衍畴禀称，该员籍隶河南汝州直隶州，道光丙午科举人，同治元年壬戌科会试后，大挑一等，以知县用，签掣山东试用，四月初五日蒙钦派王大臣验放，五月初一日领照，二年三月十一日到省。理宜当差报效，惟自揣才力难膺民社，呈请改教回籍候选等情。

查该员罗衍畴系举人出身，文理尚优，既据自揣才力不胜知县之任，呈请改就教职，核与定例相符，相应请旨将试用知县罗衍畴以教职归部照例选用。为此恭折具奏。

同治二年八月初三日博平行营奉到回折："议政王军机大臣奉旨：'著照所请，吏部知道。钦此。'"

47. 查明应袭世职汇案请旨折
同治二年七月三十日

奏为查明应袭世职，汇案请旨承袭，恭折具奏仰祈圣鉴事：

窃照阵亡殉难官绅子孙承袭世职，例应半年汇奏一次，历经遵办在案。兹查同治二年正月起至六月止，据各属陆续详送刘长荣等十名，均应承袭云骑尉世职，前抚臣谭廷襄与臣逐案查核，均属相符。当将年已及岁之刘长荣等六名饬司代验出考，发标学习，年未及岁之李德英等四名，饬俟及岁时发标学习，统以奏准承袭之日，分别作为收标支俸日期，以符定例。理合将各该世职姓名、年岁、籍贯敬缮清单，恭呈御览。除将宗图册结汇总咨部外，为此恭折具奏。

同治二年八月十四日奉到回折："议政王军机大臣奉旨：'兵部知道。单并发。钦此。'"

谨将应袭云骑尉世职姓名、年岁、籍贯敬缮清单，恭呈御览。

刘长荣年三十九岁，历城县人。孔昭端年二十八岁，城武县人。孙建功年二十五岁，巨野县人。张际云年二十五岁，历城县人。楚同心年十九岁，菏泽县人。陈开勋年十八岁，历城县人。李德英年十六岁，历城县人。戴振朝年十四岁，郓城县人。高廪丰年十四岁，胶州人。张福印年九岁，胶州人。

48. 山东乡试请旨依限举行折
同治三年五月三十日

奏为本年山东乡试，请旨依限举行，恭折具奏仰祈圣鉴事：

　　窃臣前准部咨："本年甲子科乡试，各省能否依限举行，奏奉谕旨，饬令体察情形，先期驰奏"等因。

　　伏查山东军务已平，此时全境肃清，考官来东，无须绕道。多士怀才欲试，志切观光，自应依限举行乡试，以广登进。至青州、德州驻防愿试翻译之生，不敷中额，未能考试。

　　据在省司道会详前来，除咨部外，谨会同山东学政臣尚庆潮合词恭折具奏。

49. 乡试房考照例遴选即用分发人员折
同治三年六月二十八日

奏为乡试房考，现任州县不敷调取，照例遴选即用分发人员一并考充，恭折具奏仰祈圣鉴事：

　　窃照山东乡试，例用内帘房官十二员，向于科甲出身现任州县内先期调取考充，因恐文理荒疏，复多调十余员校试拣选。本年甲子科乡试应调房官，自应照旧办理。惟此时西北、西南一带州县，或编查保甲，或搜捕余匪，以及一切善后事宜，均关紧要，有未便照常调取之处。惟有查照定例，于即用分发人员内遴选，与实缺人员一体校试，将文理较优者派充内帘房考，稍次者无论现任、即用，均派充外帘差使，以昭慎重。据藩司贡璜具详请奏前来。除批饬遵照外，理合循例恭折具奏。

50. 乡试入闱监临日期片
同治三年八月初一日

　　再，各省乡试，例应巡抚入闱监临。今科山东乡试应办场务，臣已循照旧章，饬属预备，并将地方紧要事宜，先期清理，遵例于八月初六日入闱监临，督同提调、监试等官，认真弹压稽查，以昭严肃。臣入闱后，署中日行事件及解审命盗等案，照例饬委藩司代行代勘。所有臣入闱监临日期，理合附片奏闻，伏乞圣鉴。谨奏。

51. 出闱日期片
同治三年八月二十五日

再，今岁甲子科山东乡试，臣遵例入闱监临，前经附片奏闻在案。臣自入闱后，督同提调、监试等官，认真稽查，严行弹压，三场完竣，诸臻安谧。将试卷誊录，封交内帘官分校。臣于八月二十五日出闱。所有出闱日期，理合附片具奏，伏乞圣鉴。谨奏。

52. 查明乡试未第老生请予恩施折
同治三年九月二十七日

奏为查明乡试未第老生，循例吁恳恩施，恭折奏祈圣鉴事：

窃照各省乡试，如八十、九十以上老生，三场完竣，未经中式，例准查明年岁，奏请恩施。今岁甲子科山东乡试未第老生，除壬戌等科钦赐副榜现年未届九十岁者照例扣除外，查有现年九十以上之贡生李敦礼等十二名、八十以上之附生朱鸿渐等二十三名，均系三场完竣，榜发未经中式。查阅原卷，文理尚通，移咨学臣并行司，核对各该生入学年分并应过乡试次数，均与现在年岁相符。据藩、臬两司复核，具详前来。

臣查贡生李敦礼等、附生朱鸿渐等，积学青年，早采芹于泮水；穷经白首，未折桂于蓬山。兹又扶杖观光，阅九日而精神勿懈；且其拈毫献艺，历三场而翰墨无疵。鹗荐仍虚，鸿恩宜被。为此循例恭折具奏，敬缮各该生姓名、年岁清单，祗呈御览。

同治三年十月十一日奏到回折："议政王军机大臣奉旨：'礼部查议具奏。单并发，钦此。'"

谨将同治三年甲子科乡试未第老生姓名、年岁，敬缮清单，恭呈御览。

李敦礼，定陶县副贡生，现年九十三岁，咸丰戊午科钦赐副榜。陈常，昌邑县副贡，现年九十二岁。任圣基，鱼台县副贡，现年九十一岁。陈勤廷，平阴县副贡，现年九十一岁。均于咸丰乙卯科钦赐副榜。靳春泰，聊城县岁贡，现任阳信县训导，现年八十岁。柴士昌，寿光县附生，现年九十三岁。李玉书，益都县附生，现年九十二岁。李肇修，新城县附生，现年九十一岁。孟兴和，益都县附生，现年九十一岁。孙公侨，登州府学附生，现年九十一岁。刘伯风，鱼台县附生，现年九十一岁。唐胜之，昌邑县附生，现年九十岁。朱鸿渐，郯城县附生，现年八十四岁。王凝芬，曹县附生，现年八十四岁。张良弓，曹县附生，现年八十三岁。褚逢昌，临朐县附生，现年八十三岁。朱文奎，潍县附生，现年八十三岁。王廷彦，沾化县附生，现年八十二岁。张懋，巨野县附生，现年八十二岁。韩思问，聊城县附生，现年八十二岁。刘汝典，馆陶县附生，现年八十二岁。刁士甲，黄县附生，现年八十二岁。贾骏声，益都县附生，现年八十一岁。赵楚翘，寿光县附生，现年八十一岁。陶九龄，临清州廪生，现年八十一岁。王子美，济南府学附生，现年八十岁。赵珠，长山县附生，现年八十岁。杨廷佐，新城县附生，现年八十岁。陈靖域，莱芜县附生，现年八十岁。鹿鸣燕，商河县附生，现年八十岁。孔继言，四氏学恩贡，现年八十岁。王启岩，寿光县附生，现年八十岁。吴安文，寿光县附生，现年八十岁。陈赓陶，潍县附生，现年八十岁。江儒南，金乡县增生，现年八十岁。

53. 前河道总督潘锡恩重遇鹿鸣就近与宴折
同治五年九月二十七日

奏为耆臣重遇鹿鸣，循例具闻，吁恳天恩准在就养省分与宴，以光盛典仰祈圣鉴事：

　　窃据布政使丁宝桢详称：前任江南河道总督潘锡恩，现年八十二岁，籍隶安徽泾县。嘉庆丁卯科江南乡试中式举人，辛未科进士，改庶吉士，授职编修，洊升至江南河道总督，因伊子山东候补道潘骏文迎养来东。明年丁卯科乡试，距该员中式之年，正值花甲一周，与重宴鹿鸣之例相符。兹据该员同乡官署莱州府知府宴方琦等呈恳就近在东省与宴等情，具详情具奏前来。

　　臣查定例三品以上大员，重遇鹿鸣，应行专折奏请。兹潘锡恩曾任河道总督，缘事革职，因捐输京仓米价银两，经臣具奏，奉旨交部议奏，赏还原衔。该员年逾八秩，躬历五朝，荐进崇班，独臻上寿。缅六十年登科之记，苹野重赓；慰一千里恋阙之忱，兰陔就养。允作东筵弁冕，为圣世之休征；重邀北阙丝纶，垂儒林之盛事。相应循例奏闻，吁恳天恩俯准前任江南河道总督潘锡恩就近在东省与宴，以光盛典。除饬取履历册结咨部并移咨安徽抚臣外，为此恭折具奏。

54. 山东商籍乡试援例变通办理折
同治二年十二月初九日

奏为山东商籍乡试，援例请旨变通办理，恭折具奏仰祈圣鉴事：

　　窃照山东省商籍乡试例应另编卤字号，归于定额之内，按五十名取中一名，不得过二名；如有因人数过少，不敷取中，情愿改归本籍者，准其呈明改归。但学额旧系八名，自乾隆四十四年奏减四名，附入济南府学，必岁科十三次，时阅二十年始足五十名之数，其间丁故老病，不知凡几。该士子等向因人数过少，不敷取中，或捐贡应试北闱，或呈明改归原籍，而另编卤字号之例，从未举行。近来商力消乏，其能赴北闱、归原籍者，十不获一，往往以青衿终老。兹据引票纲总商人刘耀台等呈，请援照浙江商籍乡试散入民卷取中之例，变通办理，由署运司恩锡会同藩司贡璜核明详情具奏前来。

　　臣查科场条例，浙江商籍各生乡试散入民卷取中，不另编卤字号，山东商籍事同一律。今童试之人数并不见少，只因不敷中额，未能观光，自应援例变通，以免向隅。合无仰恳天恩俯准将山东省商籍乡试毋庸另编卤字号，一体散入民卷，凭文取中，即自甲子科为始，以广登进而惠士林。谨会同山东学政臣尚庆潮合词恭折具奏。

同治二年十二月二十日奉到回折："议政王军机大臣奉旨：'礼部议奏。钦此。'"

55. 前河道总督捐备军饷加广文武学额折
同治三年五月初二日

奏为查明原任河道总督捐备军饷银数，恳恩加广本籍聊城县文武学额，恭折奏祈圣鉴事：

窃臣据陕西道员杨绍和禀称，该道故父杨以增，前在江南河道总督任内，于咸丰二年捐备军饷银一万两，十月二十三日奉上谕："著赏戴花翎。"又于三年捐备军饷银二千两，八月二十三日奉上谕："著交部从优议叙。"又于四年率属倡捐饷银二千两，五月二十五日奉上谕："著交部议叙。钦此。"共计捐银一万四千两，请照例加广本籍聊城县文武学额等情。行据藩司贡璜查明，山东省捐输军饷等项银两，经前抚臣于咸丰十年汇案奏准，加聊城县文武学定额各二名。今杨以增于江南河道总督任内，三次捐备饷银一万四千两，均经奏奉谕旨奖叙有案，应请以一万两加文武学定额各一名，以四千两加一次广额各二名，核与奏定章程相符，亦未逾于原额之数，造册详请具奏前来。臣复核无异。合无仰恳天恩俯准加聊城县文武学定额各一名，一次广额各二名，以广登进而昭激劝。除册咨部外，谨会同学臣尚庆潮恭折具奏。

同治三年五月十七日奉到回折："议政王军机大臣奉旨：'该部核议具奏。钦此。'"

56. 昌邑县绅民续捐团练经费请加广学额折

同治五年九月初一日

奏为昌邑县绅民续捐团练经费，请旨加广文武学额，以昭激劝，恭折奏祈圣鉴事：

窃照昌邑县绅民，自咸丰三年以后，捐助军饷团费，并筹饷例内捐输，共银八千三百六十二两六钱四分九厘。前升抚臣文煜于咸丰十年间汇案奏请加广该县文武学额各四名一次，声明余银三百六十二两零，归入续捐并计，经部复奏，奉旨："依议。钦此。"嗣据该县绅士在籍礼部主事张殿栋等呈报，该县团练随同官兵防剿逆捻，制造枪炮器械，支发勇丁口粮，自咸丰十年起至十一年十二月止，续捐经费共用银五万九千八百零八两。因捐户所捐银数零星，不敷议叙，由县造册详经臣咨准户部，以该绅民急公好义，令臣酌核办理，当经转饬核议。兹据布政使丁宝桢查明，该县续捐团练经费，连上届余银并计，共银六万一百七十两零，详请具奏加广学额前来。臣复核无异。

查户部奏定章程，一县捐银一万两，加文武学定额一名，以十名为限。今昌邑县绅民捐团练经费银六万余两，核与加广文武学定额章程相符。合无仰恳天恩俯准加广该县永远文武学额各六名，以昭激劝。尚有余剩银一百七十两零，应俟该县续有捐输，再行并计办理。除分咨户、礼、兵三部知照外，谨会学臣赵佑宸合词恭折具奏。

同治五年九月十四日奉到回折："军机大臣奉旨：'该部核议具奏。钦此。'"

57. 查禁私铸小钱折

同治二年十二月十九日

奏为查禁私铸循例，恭折奏闻仰祈圣鉴事：

窃照私铸小钱及搀和行使，历经严饬查拿，按年取结奏报在案。东省各属素鲜私铸，自勒限饬属密访查拿收缴之后，咸知畏法。同治二年分通省查无前项情弊。据藩、臬两司会详前来。臣复查无异。除仍批饬严檄各该地方官随时查禁，勿因现在并无犯案稍涉松懈，以防流弊而重圜法，并将印结咨部外，所有同治二年查无私铸缘由，理合循例恭折具奏，伏乞皇太后、皇上圣鉴。谨奏。

58. 护送琉球国贡使出境片

同治三年十一月二十九日

再，本年琉球国使臣赍贡晋京，前准闽省咨会，经臣遴委沿途文武官弁，先期驰赴交界处所，会同地方官迎探护送。据报于十一月初四日，经闽省委员伴送入境，又经臣严饬妥为照料，按站迎护去后。兹据续禀，已十一月二十二日护出东境，由直隶委员接护北上等情前来。除仍饬随时迎探，俟该使臣等回南一体接护外，理合附片陈明，伏乞圣鉴。谨奏。

三、吏治民生

一、一般情形

59. 赴泰兖沂曹济地方察看折

同治三年四月十五日

奏为恭报微臣出省赴兖、沂、曹一带察看地方情形，恭折由驿具奏仰祈圣鉴事：

窃臣于去冬自东昌回省时，拟俟今春赴兖、曹、沂一带，访察吏治民情，巡视山川形势，并拟亲赴白莲池地方，察看该处地势是否尚需添设官弁，曾经奏闻在案。

到省以来，臣日与藩、臬两司清厘诸务，并即将奉旨查办各案逐一清结，所有一切应办各事稍有头绪。现闻豫省贼氛散漫，亟宜巡阅边防，庶知民情地势，以期布置得宜，藉以察看官吏。而曹、沂各属，去岁原系剿抚兼施，尚恐民心不静，白莲池地方是否尚须添设官弁，均宜察看情形，先事筹画。兹于本月十五日，臣亲带办理营务各员，轻骑减〔简〕从，从泰安先赴沂州，再由兖州、济宁、曹州一带，沿边亲自履勘，随时将情形奏祈圣鉴。

臣出省后所有署中日行事件，同解审命盗等案，即委藩司代行代勘，紧要事宜仍由臣行次办理。谨将臣出省日期，恭折由驿具奏。

同治三年四月二十日奉到回折："议政王军机大臣奉旨：'览奏均悉。东省吏治民风之坏，几有积重难返之势。该抚既出省察看情形，务须实力整顿，却又不可操切从事，去其太甚，随时随事徐图补救，冀收月异日新之效，方为不负委任。钦此。'"

60. 察看泰兖沂曹济地方情形并筹善后折
同治三年五月二十一日

奏为微臣出省周历泰、沂、兖、济、曹各属地方，谨将察看情形并筹办善后事宜及回省日期，恭折奏祈圣鉴事：

窃臣前因兖、沂、曹各属地方甫静，被兵被水，民气未苏，且与豫省、江省接壤，边防尤宜预为布置，以及白莲池山场僻险，是否尚需添设官弁，并黄河改道东境，宜妥筹堵御，均须亲身阅看，方能定议，曾经奏闻在案。

臣遵于同治三年四月十四日由省起程，先赴泰安恭赍香供，敬谨如期登山，祭后即日由泰抵沂。沿途留心察访，泰属迭被贼扰，屋鲜盖藏，尚幸麦熟在田，民心较为安谧。沂属原为幅、棍各匪伏匿出没之区，小民荡析离徙，受患最烈。蒙阴一县，山田莘确，本为穷瘁。自蒙阴以抵兰、费，迤北之境，尚有居民，虽能耕种及时，询以牛种无存，称贷而耕，情形已为可悯。迤南之境，半皆逃亡，田产蒿莱在野，屋舍为墟。询皆或为匪扰之场，或为贼麇之薮，流民四散，近能归业者仅有十之二三；且因荡烬之余，欲耕无具。以及郯城边界，百里而遥，途无行辙，野少居人，惨不忍视。至于匪徒踪迹，自去岁兼施剿抚，伏莽虽除，而逃匿徐州边境，以及归入江北各路军营，闻尚不下二三千人。近虽渐有逃回，亦皆震怵兵威，不敢生事，但狼子野心，终难久恃。臣前经密饬沂州府知府文彬，督饬知县王成谦、长庚等，实力搜捕。据经搜斩捻恶素著者前后已有百余，臣近临查验，均觉所报不虚，且该处勇丁尚觉缓急可恃。当面饬知府文彬等，随时查拿惩治，务须宽猛并济，以期安堵。此察看沂属之情形也。

由沂赴兖，经峄、滕、邹、泗之境，焚扰情形，约与沂属南境相似，民人亦鲜复业，田土亦多荒芜，惟余匪较之兰、费、郯城大半肃清，当以抚恤为急，臣已严饬各地方官，妥筹办理。

至白莲池地方，教匪啸聚数年，重烦兵力，其中险要之形，非目睹难以周悉。到邹境时，臣即亲赴查勘。该地北接泗水，东抵费县，南界滕县，西则邹境之地为多。四围皆山，惟西面一径可通车马，行至田旺寨口，仅足容骑。其贼徒踞为巢穴者，如辛庄、枣林、凤凰山、红山等处，冈岭环抱，自成一区，其中多系旷土。该处逆产，业经地方官勘明，分别标记，而弥望榛荆，绝无居者。询据地方官禀称，迭经出示召佃，奈本地居民逃亡甚众，应募寥寥，外来无籍游民，更恐徙入其中，或复麇集生事。现已陆续有具结认领之人，因牛种无出，房舍平毁，作息为难，所以至今尚未开垦。臣当即迅饬各该地方官，筹给牛种，委员专司劝募，以广招徕。其险要形势，既在乱山之中，且非孔道所经，若不设官抚压，诚恐复为逋逃聚薮，但地面不甚宽廓，无须添设多员。臣查邹县与白莲池最近，该县县丞一缺，向驻县城，职分甚简，拟请改设该处，再将界河汛千总一缺，一并移设白莲池。有此文武二处衙门，足资弹压。一切改设事宜，臣饬司详议章程，谨再奏闻。此察看兖属及白莲池之情形也。

臣复由兖赴济，由济赴曹，并至单县之马良集，与江南砀山接壤地界。其地皆平原旷野，是以捻踪阑入，无可堵截，居民筑圩自固，尚少流离。至定陶、城武、郓、钜、菏泽等处，黄水漫流，时虞浸灌。大约曹州一属，受兵之祸浅，受水之祸深。缘十年、十一年间，捻患方炽，郓、钜、定陶民情浮动，均已树旗为贼，遍地匪踪，迨僧格林沁大军抵济，始皆一律帖服。倡乱之始，既苦民贼不分，近皆束手为农，更难穷加搜治。其桀骜不驯之俗，正宜防患于无形。惟有严饬各属，随地随时以施钤束。

至于黄流为患，臣接见各官，详加查访。连年之水，系由直境入东，自西南斜趋东北，濮州直当其冲，由濮而范，又东北过寿张境，至张秋穿运，注于大清河入海。今年上游决口，大溜移而西行，自直境长垣，直灌开州。因开州之南，旧有金堤旧址，地势稍高，得以御水，故水势仍复分流东，折驶灌濮城。若使来源太旺，万一直冲而北，大决藩篱，恐将改道北流，冲及开州、清丰、南乐，接连山东之观、朝、莘、聊等境，灌入临清，陆地千里，尽成水国，其患不可胜言。故以今日河势论之，河流由北【而】东，不过漫溢之患，其患小；河流由西而北，虑成冲决之患，其患大。臣查濮州地当黄水之冲，直灌城垣，势难与水争地，现议迁徙于旧城干涸处所，以为州治。惟自开州迤接东境，观、范以次，金堤一道，堤形尚存，原以御河北流，为当时旧迹，补修兴筑，实为要策。臣现经委员前往确查情形，拟俟伏汛后详筹办理，再行奏祈圣鉴。此察看曹属及黄河水势之情形也。

臣查各属地势，沂属多山，地瘠民贫，田多荒废；兖属次之，曹属又次之。各属民情以曹州为难治；沂州次之，兖州又次之。目前惟以急行安抚灾黎，俾施耕种，最不可缓；而兖、沂民力凋残，实难急切奏效，惟有宽筹项款，预借民间牛具籽种之资，或可稍为鸠集。臣即先筹闲款，迅速办理，以副宸廑。

至豫、江交界，地势平坦，无险可扼，欲重边围，惟有厚集兵力。现闻豫省发、捻均逼南趋，情形稍缓；倘若乘隙东犯，就现在驻扎单、峄各勇营兵力，实觉单微，恐难扼要堵截。臣当再饬一军前往协防，以期有备无患。

再，署莒州知州姚观峒、署日照县知县徐星焘，人地不宜，已即撤省。郯城、韩庄各汛弁，借端生事，亦分别责革。至各属复业处所，麦收实在中稔以上，藉甦民困，堪慰慈怀。

臣于五月二十一日回驻省垣，合并声明。所有察看各属及办理情形，理合由驿具奏。

61. 东省吏治大概情形片
同治三年五月二十七日

再，臣于本年四月二十日，在新泰县行次，接到恭报微臣出省一折钦奉批谕："览奏均悉。东省吏治民风之坏，几有积重难返之势。该抚既出省察看情形，务须实力整顿，却又不可操切从事，去其太甚，随时随事徐图补救，以冀月异日新之效，方为不负委任。钦此。"

仰见皇太后、皇上于察吏安民之中，寓救敝补偏之意，训诲备至，鉴照无遗，伏读之余，倍生感奋。窃念臣到东后，细察吏习民隐，诚如谕旨指示，已成积重难返之形。日夜焦思，振起乏术，即拟详细具陈，仰求训饬。但未究其致治之本与拯救之方，又不敢以无补空言，上廑圣虑。近以驻省五月，日事讲求，稍知大略，加以巡历泰、沂、兖、济、曹五属，沿途察访，不无一隙之明，谨将大概情形，先为我皇太后、皇上陈之。

窃以东省民风疲敝，聚众抗粮，拒官滋事，固由民习刁顽，然其致乱之故，其弊不尽在民，上无道揆，故下无法守，连年土寇煽聚，动连数郡，有渐积使然矣。今幸大乱甫平，民生已蹙，臣细验物情，虽莠民尚未尽除，而善类实多安分，惟吏治政刑俱失，遂觉德威皆无。今欲安民，必先察吏。

东省群吏，狃于积习，陷溺已深，以诈伪轻捷为有才，以期饰弥缝为得计，以谣诼诽谤为逞能。究其心志，无非谋利争财，专图私便，国计民生，罔知念及。若钱粮则侵挪捏冒，交代则多年不结，盗贼则讳疾忌医，任其狂肆。上下习为宽弛，素来称为完美之区，盖此之谓。渐至财匮民乱，酿为今日之忧，实皆政事不立，上下相蒙，阶之厉也。

夫州县固多不肖，何以独甚于山东？臣详察其隐，亦因东省宦途，遇事多支吾敷衍，不求实际，即有事所难行，亦惟以案牍了事，情不相通。若州县法外生术，上司亦知其苦累难堪，无可如何。儒生正士，类少心计，舞文弄法，或非优为；而由佐杂、幕友出身者，每工设法，互相仿行，莫可究诘。如东省自道光二十九年清查交代，所有无着亏案，酌提通省俸廉坐支，代人弥补。又以前后军需报销，多有归外筹补之款，以及各项公用，均出省公摊。即以州县而计，大缺者年摊至五六千金，中小缺分亦有千数百金不等，养廉既已提扣无余，年来兵马纷出，差务络绎，又不免格外需求，时奉核减章程，每多事后折赔。州县非能取之于家，无非上窃公款，下勒民财，公用私侵，纠缠纷杂。迨至清算交代，遂复多方狡饰，以为掩盖拖延。至于滥求妄费，陋习相沿，视为成例。道府原可督察州县，而养廉一项摊扣减成之外，仅有空名，无可具领，稍一仰给，即已为所把持，关口夺气，贪猾之吏，因而挟制成风，更无忌惮，诡幻攘窃，皆存螳蛄朝暮之见，吏治是以愈坏。臣到任一年，督率无方，特为愧悚。勉求整顿，欲恤民之疾苦，必先戒官之贪欺，是以严禁捏灾，督催交代。今岁上忙，钱粮较为踊跃，多年交代，陆续清算。近日州县，似知愧悔；而稍能自爱者，实苦赔累难支，则虽强制于一时，实难力端其根本。

臣惟驭吏之道，非参劾之难，得实心任事者难；非条令严密之难，俾中材可由人人皆奉公守法为难。若欲涤荡心术，修明政事，非多用正人，稍宽文法，公私不混，出入有经，官有以养其廉，终不可以为治。否虽峻法严刑，亦有难施，诚如圣谕"不可操切从事"也。臣实见东省政弊，病类痿痹，难缓针砭，每见属员，语言则极口诰诫，禀牍则手自批答。至于办理各事，深虑欲速不达，筹画再三，实未敢过为操切。仰蒙指示周详，不急求旦夕之治。臣惟就愚悃所及，力思补救，以副宵旰精勤孜孜求治至意。除将应行变通各事容臣详细酌核再行奏闻外，谨将东省大概情形，理合先行附陈，伏乞圣鉴训示。谨奏。

62. 山东官累綦重请免提扣州县坐支等款折
同治三年十二月十九日

奏为沥陈东省官累情形，请将酌提州县坐支接补军需一款，免其提解，并恳天恩免减养廉停钞二成，仍扣存弥补军需，以重帑项而厘积案，仰祈圣鉴事：

窃臣前将东省吏治情形附片具奏，于同治三年五月二十七日奉批谕："另片详陈东省吏治大概情形，所论亦属透彻。安民必先察吏。欲恤民之疾苦，先戒官之贪欺，而又必使为廉吏者不至赔累，俾中材皆知效法，吏治方克振兴。该抚既知吏治败坏之原，于营私粉饰之吏，务即随时严参，以期淘汰净尽。其尚知自爱赔累难支者，即不妨酌量调剂，使人人乐为循吏，以成大法小廉之治等因。钦此。"仰见圣明洞鉴，体念周详，于澄叙官方之中，寓激励廉隅之意。臣屡承宸训，感奋莫名。于一切应办事件，不敢欲速，亦不敢因循，惟有统筹全局，细察受病之源，以施补救。

　　查东省官方不饬与财赋不清，其弊实相表里。官惩其贪，尤宜养其廉；财综其大，始不遗其细。理财之法，须以每年实在数目核之，而后出入不能掩饰，利弊可以了然。臣现已结清积案交代，凡十七年来亏空各员，已将初案严参，续案亦即参奏。惟查有下累州县而暗妨国计者，如酌提州县坐支一案，不可不亟筹变通，请为皇太后、皇上缕陈之。

　　伏查东省州县，民间向无差徭，与北五省情形迥不相同。各属办公，全赖于征收地丁项下留支一款，除应支养廉、公费外，如拘提缉捕则有差役工食，接递驿报则有夫马工料，皆系办公难少之需。夫以钱粮之正供，而廉费、役食、工料等项，例准坐支，此朝廷慎重牧令，使之不窘于资，用防其废弛而杜其侵挪也。自道光二十九年办理清查亏空，截止流摊，查出无着亏款一百三十余万两，议定于通省州县坐支各项下，每年统计酌提银十万两，以为弥补，计十二三年即可弥补完竣。当时立议之始，实因养廉尚有五成，各项支款尚领十成，其役食等项又系支银发钱。当时银价渐昂，物值皆贱，州县于支发之项，尚敷挹注，故虽不免代人受累，犹可支持。嗣于咸丰八年济接京饷案内，役食一项核减二成；九年停给钞票案内，廉费并一切杂支均扣二成，役食又递扣二成，而酌提之数仍系照前十成全数扣提。以致余剩养廉、坐支等项，尽提尚多不敷，其应支之役食，又不能不照数垫发。加以各地方迭被灾扰，物价增贵，而银价复贱，州县日累一日，遂至报解寥寥。

　　细查历年酌提实数，自道光二十九年秋季起，惟三十年完银十万两，咸丰元年完银九万六千余两，以后递年递少，或仅完数千两至数百两不等。统计截至同治三年六月止，实完银五十一万九千余两。其间复经前抚臣崇恩、臣清盛先后奏请推展酌提年分接补军需垫款，前案未清，后案又续。州县自知脱累无日，疲完成风，问捕盗之不力，则以丁役无糊口之资，诘驿递之迟延，则以夫马无给养之费。废弛之弊，实由于此。势日迫于拘窘，因而侵用钱粮。目前借口则曰办公，日后弥缝则有交代，亏挪之弊亦由于此。而问所谓酌提者若何？弥补者若何？日久相蒙，徒存尘牍。此臣所谓官方不饬，财赋不清相为表里者也。

臣前知此弊，即思清厘，欲求州县办事有资，不致流于贪墨。顾不先去积弊，亦何敢遽乞恩施。故破除顾忌，严查积年亏空，屡于接见属吏及手批公牍，切谕以廉洁为先，钱粮务须实征实解，毋匿丝毫；果能尽涤前非，必为上告君父，不使因公受累。又现将旧案交代已行完结，及酌提未完之款，自应遵照从前奏案，与正亏一并计参，以儆其余。自本年五月以后，新案交代无亏则结，有亏则参，皆依二参例限，并无迟逾，各州县尚知畏惧。

查今岁实解钱粮之数，截至年底约有银二百三十余万两，比较历年除道光三十年款解二百五十余万两外，均无如此之多，为十余年所不及。是苟有以激励之，州县亦非安于不肖。

夫既参其亏空，严其交代，责其治效，杜其侵挪，而于办公应领之需，仍使束手无策，虽有廉洁，何以自全。是必至官皆可议之员，政皆操切之令，非所以成中材、劝廉吏也。臣愚以为与其束缚弛骤，徒属具文，不如因实变通，力求实际。查弥补清查一案，现计酌提年分，早应全完，除实解过银五十一万九千余两，其余均入现算交代，分别追赔，本可截数。因有续经推展接补军需一案，前后套搭，又复牵延。

查东省弥补军需，原有扣廉归款成案。自臣以及司道府州县，各按成数节年核扣，遵行已久，每年约扣四万四千余两。近年酌提所增，实在银数亦不过二三千两，徒为州县借口，实于欠款无裨。臣拟请将酌提州县坐支一款，全行停提，仍照成案，专以扣廉归补军需垫款。

又查州县养廉，从前系搭钞票二成，自钞票停止，即未给还二成，实与各省不能一律。州县为亲民之吏，首在敦饬廉隅。拟请将州县停钞之二成养廉，亦免核扣，以副朝廷制禄代耕之义。惟既已宽免酌提坐支，此项给还停钞二成养廉，拟仍由司库扣存，归入弥补军需，每年约银二万四千余两，连前案扣廉四万四千余两，每年实有六万八千余两，较之历年实在酌提之数尚属有盈。以之渐次归补军需，不同无着。而清查与军需两案，亦可截清，不至日久混淆，徒增交代纠缠之弊。彼州县者，仰沐鸿慈，若再不激发天良，仍前颓习，既概行从严参办，亦复何辞。

臣体念时艰，度支空乏，何敢为损上益下之请，亦非敢为邀誉市惠之行。惟思循名责实，州县所掌者曰钱粮，财赋大端，全在于此。使通省州县于应解钱粮实数全完外，又能酌提十万两弥补从前军需，岂不甚善。然法驱势迫，固有不能者。东省历年解司钱粮之数，固昭昭可考，即酌提一项，能完二三千两者，亦无非取之于钱粮，而从此捏冒侵亏，遂启一切无穷之弊。

臣窃思军需旧欠与现在钱粮同为国帑所关，未尝不兼权而熟计，与其课州县以从前之旧欠，不如课州县以实在之征收。现臣固守交代二参例限，不准稍逾，严核钱粮缓欠。果使州县自处稍宽，人人奋励，应完正供巨款，能循今年司库实入之数岁有加增，事皆核实，则存储待拨，自见充盈，不必别为补苴之术也。合无仰恳天恩敕部迅速议复，准将东省酌提坐支一款，自明年正月为始，概免酌提，仍按历次减成章程支领，并将州县养廉内停钞二成免减，仍扣存弥补军需，以期积累清完。财赋清而官方自易整饬。据藩司丁宝桢具详请奏前来。除将各州县酌提坐支逾额银两数目造册咨部查核外，臣愚昧之见，是否有当，理合恭折具奏。

同治四年正月初三日奉到回折："议政王军机大臣奉旨：'户部速议具奏。片并发。钦此。'"

63. 请将知府停放搭钞二成养廉仍行给领片

同治三年十二月

再，搭钞停支二成一案，原系将各官养廉一律办理，其州县例下，臣现拟请恩免扣，藉补军需，此外各官自应悉仍其旧。内惟知府一官，有督率州县之责，下属由其揭参，上司寄以耳目，故饬吏治必先州县，督州县必任知府，方能指臂相联。惟责任既专，公用较巨，除廉俸外，别无取资。现查东省章程，知府养廉，除核减二成外，仍经迭扣，所领不及二成，自宜量加体恤。况军需弥补项下，业经核扣二成，亦宜稍为区别。实计停支知府搭钞二成廉银，每年不过四千九百余两。在朝廷沛涓滴之恩，亦可激廉隅而资表率。合无仰恳天恩饬部自同治四年起，将知府停放搭钞之二成养廉仍行给领。出自逾格鸿慈，理合附片具陈，伏乞圣鉴。谨奏。

二、查复事项

64. 应查匿名公启专案恳请暂缓片

同治二年七月三十日

再，四月二十日臣将至淄川，于长山县途次奉到四月十六日寄谕："给事中征麟奏匿名公启关系地方情形一折，阎敬铭甫经到任，著即按照原信所陈各款严密访查。又征麟奏参东省文武庸劣各员，并著阎敬铭一并查办。再，据山东试用道钟文呈递东省急务十二条，著阎敬铭悉心体察，奏明办理。征麟折片三件、匿名公启、钟文条陈，均抄给阅看等因。钦此。"

查臣于山东文武官员，除藩司贡璜系臣同年进士在京相识，此外无一素知者；且在湖北五年，于山东各事亦远莫闻知。臣到任九日，即赴淄川军营，营中文武员弁皆系久于东省之人，均不知其心术品行，因未敢寄以耳目考询各事。臣惟随人广问，兼听并纳，核别真伪。至军需、勇粮、钱漕、捐输各事，册籍浩烦，尤须亲提详考。其参劾各员自抚藩至州县人员甚夥，款迹亦多，其事有案牍可稽者，有传言风闻者，有空为议论者，非细加查访，质对凭据，难期核实。

臣于七月初八日，由淄至省，即拟赴清、博，因阻水，在省半月，暗将参劾各款，留意查询。臣日思出省，未便提齐各人员一一质问，并无暇纷提各处册籍，亲为稽核，且臬司、济东道亦不在省，并无监司大员可以帮查。现臣甫至博平，防务紧要，除仍随时查考，总期确实详尽外，相应仰恳圣恩，容臣详为查访，军务稍松，即速确实查办，不敢稍为徇隐。

又奉五月十七日寄谕："有人奏参栖霞县知县郑景福侵吞捐饷，如果查有实据，即行严参惩办等因。钦此。"又奉六月二十二日寄谕："有人奏东昌守秦际隆，贪鄙畏懦，纵贼殃民，务当切实查明，严参惩办等因。钦此。"臣已分别选派妥员，先后密查办理，一经查实，即行奏闻。理合附片陈明，伏乞圣鉴。谨奏。

65. 查明匿名公启所陈各款据实缕陈折
同治三年三月二十五日

奏为遵旨查明匿名公启所陈各款，据实缕陈，恭折奏祈圣鉴事：

窃臣承准议政王军机大臣字寄："同治二年四月十六日奉上谕：'给事中征麟奏外省寄有匿名公启，关系地方情形一折。据称前门内东交民巷鸿仪钱店铺夥李连珠送到信一封，拆阅系东省士民公启，所陈皆山东近日军务、吏治等事，谨将原信呈览等语。匿名揭帖本应立案不行，惟陈各款均关系该省军务、吏治等事，未可概置不问。且阎敬铭甫经到任，正须整顿地方积弊，无所用其回护。著即按照原信所陈各款，逐一严密访查，据实奏闻。如查明实有其事，即著严密查办，秉公参奏，不准一字欺饰。匿名公启著抄给阅看。将此谕令知之。钦此。'"时臣已赴淄川剿匪，急切未能查办，随时密加访察，略知梗概。迨十一月间，由东昌回署，复饬臬司丁宝桢，按照各款详细确查去后。兹据丁宝桢逐款查明，详请具奏前来，臣逐加复核。如原信所陈山东贼踪遍地，军务毫无起色，沂州兰山、费县一带贼巢林立，勾通兖州教匪，时在泰安、泗水等县境内到处打粮，肆行焚掠，小民流离失所，无以为生。谭巡抚亲督兵勇驻扎兖州府城内，半载有余，一筹莫展，从未打仗一次，杀贼一名，而乃捏报胜仗，滥保亲随武弁多名。命下之日，阖省哗然一款。

查同治元年，前抚臣谭廷襄剿办兖沂教、幅各匪，奏明驻军兖郡兼顾沂郡，亲督将弁，节节移营进攻教匪围寨，屡获胜仗，迭有斩擒，并将各围次第收复。一面迭次派兵，会合兰、费等县地方文武，剿捕棍匪。至二年春夏之交，擒斩殆尽，沂属全境肃清，均经随时奏报，亦两府士民所共见，并非从未打仗杀贼，捏报胜仗。

至于保举亲随武弁，当日谭廷襄驻兖督战，恐沂、曹各处攻剿不力，禀报不实，选派打仗奋勇诚实可靠之弁，分往催督。该弁中有帮同各处杀贼出力者，事竣之日，不能不与在事出力员弁一律保奏，以昭激劝。凡曾经得保之弁，俱属有功足录，有禀可查，并无滥保情事。

又如原信所陈冠县贼匪张锡珠等，从前曾经官兵剿败，势甚穷蹙，彼时若不准其乞降，即可净绝根株。乃胜保、谭廷襄任用非人，误听回避道员陈显彝之言，不肯认真剿办，一意主抚。其后屡屡滋事，时出掳掠。该抚回护前奏，粉饰其词，总不据实入告，以致养痈成患，流毒畿南。即上年初起事时，不过三四百人，并无马匹，因在临清境内，遇一马贩，抢得马百余匹，始有马队。嗣因直隶无兵堵御，任其蹂躏，致令裹胁愈多，蔓延数郡，纵贼殃民，莫此为甚一款。

查咸丰十一年间，胜保驻兵馆陶，办理收抚，前抚臣谭廷襄恐其遗患将来，龃龉多日，后因胜保愿将降众带往随营，始行定局。同治元年正月，该降众内有由豫折回者，散处十余州县，各愿归农。彼时地方已安，谭廷襄恐一经截杀，又复勾结肆起，惊扰善良，故奏明从权办理，责令地方官约束稽查，事与道员陈显彝无涉。

迨是十月间，署冠县知县李焴将张锡珠等马队七十余名，禀送遮克敦布军营录用，因勒缴马匹、器械，张锡珠怀疑生变，即与杨蓬山乘夜率党潜逃，连日在直、东交界地方掳掠裹胁，愈聚愈众。

谭廷襄一据禀报，即飞饬地方文武，调兵兜捕，一面添派兵勇，会合直隶官军，迭次剿杀，并于二年正月，由兖州亲赴东昌，督率诸军截剿，斩获甚多，并诱擒杨蓬山正法，旋又将戕害大名道秦聚奎案内首夥匪犯张金堂、冯七一并拿获。讯据张金堂供明，目击其父张锡珠已在威县境内被白旗马队洋枪轰毙。当将该二犯处以极刑，均经随时奏报在案。细核节次原奏，皆系实情，无回护粉饰之处。至张锡珠等之复叛，系因遮克敦布勒缴马匹、器械而起。其自冠县遣赴遮营，本皆马队，并非叛后始有马队。至该犯等有无在临清境内抢夺马贩之马，当时无人呈报，为日已久，无从根查。

又如原信所陈淄川革生刘得培起事时不过二三百人，前署知县麟盛准其入城，居住书院。济南府知府吴载勋前往查办，不敢进城，仅令委员郑景福等从中说合，与刘得培拜认师生，馈送多物，以为可保无事。吴载勋甫径回省，刘得培即戕官踞城。谭巡抚派委回避道员陈显彝督兵剿办。该道本系幕友出身，捐一杂职，谋属济宁州吏目，即讹诈该州富户李姓银两，报捐知县，夤缘贿赂，屡得优保。谭巡抚因与同乡交好，委以重任。其人轻佻巧滑，声名狼籍，素为人所不齿。兵勇均皆藐视，不敢用命，数月之久，屡为贼败，劳师无功，糜费饷银二十余万两，阖省为之震动。现闻有人参奏，始将陈道、吴守撤回查办，然犹始终庇护，不肯严参，东省士民无不同声忿恨一款。

查麟盛、吴载勋、陈显彝等先后办理淄川踞匪一事，业经毕道远等奏参，奉旨交审，应归另案审办。至该道陈显彝系道光二十五年咨补济宁州吏目，并非署理。在任时如向富户李姓讹诈银两报捐知县，自应有人告发，今查无被控案据，所称李姓又不能指出其名，则事涉悬虚，难以查访。其由知县保升道员，系因历次剿匪出力，查有案卷。从前有无贿赂夤缘，无从查究。

至谭廷襄虽与该道同乡，从前并不认识，自该道由胜保军营派至东昌办理善后，始与晤面。因彼时伏莽未清，该道在东年久，熟悉情形，又来自军营，是以委用，期收指臂之助，故奏留专办防务，非因交好私情，委以重任。即淄川剿匪不力文武官弁，谭廷襄曾历次奏参有案，亦无庇护不参之事。

又如原信所陈藩司贡璜识见本极浅陋，自代办监临并主试武闱以后，即俨然以巡抚自居，遇事任性，举动乖张，纵容妻叔陈象铭、妻弟陈小楼在外招摇撞骗，无恶不作，凡有府厅州县署事补缺，无不经此二人之手。如莱阳县知县陈恩寿之调恩县，海阳知县仓景长之调章丘，署高密县文熙之补平原，署文登县徐福臻之补单县，亏空盈千累万，并不催算交代，即行饬知赴任，闻系陈象铭父子从中说合，手眼通灵。又如题补邹平县知县赵新，并无交代，部复于上年秋间已到；题补馆陶知县鲍瑞骏交代已清，部复亦于上年冬间已到，至今扣不下委。由招远县调补潍县知县靳昱，屡次缴银，屡次刁难，交代早清，部复早到，至今仍扣不下委。闻系陈象铭父子需索不遂，故尔如此。前嘉祥县知县丁兆基闻警先逃，城池失守，贿买署郓城县吴元忭倒填年月，捏报监犯曾寄郓城。贡璜因与同乡，明知不问，反将该令保升知府，调补长清，嘉祥士民至今传为恨事。

即墨县知县李淦劝捐军饷，勒派苛钦，共收银二万八千余两，仅止报解银二千余两，余悉侵蚀入己。贡璜因在登莱道任内受其馈送，代为庇护徇隐，以致捐生人等至今未能请奖，即墨绅士均怀不平。

又凡各州县佐杂出缺，详补委署，例有定限，贡璜并不遵照办理，经年累月，任意压搁。现在未补州县积压十三四缺，未补佐杂积压八九缺，致到班应补人员得缺无期，未知是何意见。其他委署不公，比比皆是，或到省未及数月，竟可以骤然补缺，或到省将及十年，仍不能得一署事。是以官僚解体，物议沸腾。如此贻误地方，其患伊于胡底一款。

查藩司贡璜，谨慎精详，遇事认真。同治元年奏委代办文闱监临，并主试武闱，关防严密，弊绝风清，彼不肖之徒，无所使其伎俩，遂不免任意簧鼓。而该司年日实为秉公办事，举止有方。其于署事补缺，尤为慎〔缜〕密，每遇应署应补缺出，禀商谭廷襄核定后，先行牌示，再令办稿，以防书吏作弊。署中官亲从不与谈公事，亦不准与外人往还，焉能招摇撞骗，实系任意捏造。

莱阳县陈恩寿之调恩县，海阳县仓景长之调章丘，均系前任藩司清盛亲笔批定，札饬陈恩寿请销试俸，仓景长捐免试俸，迨各该员请销、捐免后，始行详请调补。

署高密县文熙之补平原，系咸丰十年六月间清盛具详请补，事与该司无涉。

署文登县徐福臻之补单县，谭廷襄因前署曹州府林士琦谓，徐福臻堪胜单县之任，可以请补，面谕该司具详。该员等均由现任饬赴新任，交代尚未起限，随后催算。文熙准补平原，接到部复，系清盛札饬赴任。该员虽有欠交军需删减不敷银两，嗣经报销局查明该员盐山支应垫办军需，核准划抵清楚，知照到司，是以仍饬赴任。赵新题补邹平，部复系同治二年三月初七日到司，即于初八日札饬赴任，并未扣不下委。题补馆陶之鲍瑞骏，部复虽到，因有邱县、黄县交代未结，遵照奏定章程扣委。招远县靳昱调补潍县，部复到后，因该员先由招远调署曹县，应催算招远交代。同治二年二月十五日，由局算清结报，并据委员盘清仓谷，于三月十二日禀报到司，即于十六日札饬赴任。何得谓为刁难。

以上调补各缺并饬各员赴任，多系清盛核定暨该司详明，谭廷襄批准饬遵。既非一人专主之事，该司官亲何能从中说合。

嘉祥县丁兆基任内并无失守城池之事。咸丰十年间，该县监房被雨冲塌，禀请修理；一面关查金乡、鱼台两县监犯拥挤，不能寄禁，禀明兖沂道批准分禁附近邻封巨野、郓城，取有巨野县徐镪、郓城县何允安收管。嗣因监房修理完固，将寄禁巨野之犯递回本监。其寄禁郓城之犯，因是年九月郓城失陷，在监人犯同时逸出，曾经详司咨部立案，并非倒填年月，何所据而指系贿买。

该员虽与该司系同省同乡，先不认识。咸丰九年五月间，前抚臣崇恩因该员剿匪出力，保奏俟〔候〕补同知后，以应升之缺升用。咸丰十年五月间，清盛详请以该员调补长清，其时该司在登莱道任内，尚未升任臬司，更与该司无涉。

即墨县李淦劝捐军饷，该司曾于二年二月间札委候补知州曹大任前往密查。该县先捐军饷二千两，业经解司。其余续捐，本地绅士办理团防、制造器械等项，随时支用，调查账簿，核其一切收支数目，均属相符，取具李淦印结并团局举人黄念昀等禀词送司存案，并无庇护徇隐情事。

补署州县佐杂等缺，均有例限，其有员缺紧要一时，拣员未定者，均经详请咨部展限。知县未补者，止有历城、菏泽、阳谷、滕县四缺，均以地方难治，先以实缺之员调署察看，如果胜任，再行调补。佐杂未补者，止有临清州州同、濮州州判两缺，均因详请部示，尚未咨补。此外并无积压之缺。

至于补缺署事，有资格较浅而可以得缺者，缘东省正途较少，补缺较易，然亦无到省未及数月骤然补缺之员。有资格较深，而不得补缺署事者，均系交代未清，欠款未缴，照章扣补、扣委，然亦无十年不得一署事之员。均有藩司署中文卷并臣衙门案据可凭。

又如原信所陈东省蠲免钱粮一案，贡璜奉部文以来，并不慎重其事，仅在署中设立蠲免局名目，派家丁二名，书吏八名，经理其事，以致颠倒错乱，百弊丛生。东省一百零七州县，如曹州、东昌两府，连年被水被兵，民欠钱粮在所不免；其他各州县历年民欠本属无多，无非不肖州县任意挪用，捏报灾荒，以完作欠。此案例限久逾，闻现在报到者，尚不过六七十州县，已应蠲免银七八百万两之多。有费者，虽曾经报明之款，亦可设法删除；无费者，即例应蠲之条，亦必多方挑剔。该丁书等竟敢明目张胆，任意需索，以为每使费银百两，贡璜五成，家丁二成，书吏三成等语，纷纷议论，骇人听闻。即如历城一县，报明应蠲之款竟至二十二万余两之多，其中实欠在民不过十分之一。前知县张延龄以完作欠银七万两，前知县童埏以完作欠银九万余两，前知县吴载勋以完作欠银三万余两，系劣幕程国棠一人经手办理此事。

又现任泰安县知县杨宝贤，前在莱芜任内以完作欠银二万八千余两，德平任内以完作欠银三万四千余两，清平任内以完作欠银六千五百余两。该知县一人侵吞至六万余两之多。莱芜系劣幕庄似谷，德平系劣幕谢翼堂，清平系劣幕翟小谷为之经手，其中争多论少，阖省传为笑谈。一县如此，一省可知；一人如此，众人可知。其他传说纷纷，均可访查得实一款。

查东省办理蠲免一案，上两届均系幕友在司署兼办。该司贡璜循照旧章，拟定章程并册结如式饬发，各府州亲赴各属，确查结报。又于每处饬委邻近两州县会同盘查，如有侵亏隐混，即行据实禀揭；如无，亦即会同出结，呈由该管府州加具"日后查有徇隐捏饰情弊，愿甘一并参革着赔"印结呈送。若经司中查有不实，或别经发觉，将本员严参治罪外，扶同出结之员一并严惩，仍将隐混之项于该管府州及委查各员名下分成追赔，详明谭廷襄批准通饬。

嗣据各属册开民欠有多至五六万两以上者，恐有融纳之弊。该司先将此十年内据报有案之官亏，逐细检卷核对，查出官亏二百余万两。此外是否尽系民欠，有无以亏作欠情弊，非查各属征册流串总报，不足以昭核实；而通省州县，十年之底案册籍碍难悉数调查，不能不责成该管道府州分任其事。是以二年二月间，详经谭廷襄通饬各道府州，将司中驳发册结，确切复查更造。嗣因屡催未复，又经详明勒催赶办，是该司之加意详慎，均属有卷可查。该司核办此案，应准应驳，悉系亲裁，该家丁、书吏无从舞弊，又安能任意需索。至此次蠲免银数，比较上两届约计多至倍蓰。现时全案未定，约数原不足准；而民欠之多，实缘咸丰三年以后屡被匪扰，五年以后黄水漫淹数十州县，岂止曹州、东昌两府，各属蠲缓钱粮，年复一年，日多一日，亦系实在情形。其灾缓之真伪，总在当时确查，事隔数年，殊难核对。若所指历城等县报明应蠲之款为数过多，虽不能保其必无弊混，而事后稽查总以册结为凭。即藩司衙门亦只能按册而稽。现经提取各该员任内征册流串及现办蠲免总册，详细核对，数目均属相符，其报明应蠲之款，详核送到册结，均系实欠在民，似与幕友无涉。况此时尚未定案，更无所用其回护。

至于办理迟延，实因咸丰四年至十一年失守州县二十处，如郓城、阳谷、巨野等县皆两次失守，一切征册荡然无存，必须各处抄觅，而所抄之案，往往参差，再四驳查，不能不有稽时日，以期周密无遗。

又如原信所陈东省设立交代、捐输、厘金、税务及支应总局、分局，弊窦甚多，难以悉数，更有军需报销一局，实为营私舞弊之尤。自咸丰六年设立报销局以来，以为事关钱粮，非熟悉钱谷之员不能胜任，致令回避幕友充斥其中，回避道童埏盘踞于前，回避知县陈善把持于后。每州县报销册到局，不问过兵若干，募勇若干，惟视缺分之肥瘠，定使费之多寡。其使费到者，兵差少而销数较多，其使费不到者，兵差多而销数较少，无非陈善上下其于，蒙蔽为奸。至凡幕友出身人员以及幕友之子，如恩县知县陈恩寿等则更不问过兵若干，应销若干，无不任意冒销，盈千累万。又每准销银一百两，令先缴银三两，各为三分核减。历年报销之款，不下五六百万，此项积有十余万两，尽为童埏、陈善串通前知府吴载勋分肥入己，通国皆知。所有各局经手银钱，若辈互相援引，树植私人，非由幕友出身，不得经手局务一款。

查东省捐输、筹防、厘金、支应、交代等局，均系从前奏明设立，应由各司道主政，并有议定条款遵行，立法本极周详，难容弊混。自咸丰六年奏设军需报销局，即经详委局员查办，凡一切应议公事，仍由司道主裁。其核销通省军需，何款应归正销，何款应归筹补，何款应行删除，亦经酌议条款，详咨各部核复遵办。核销之案，先由局员办稿后，由司道复核，分别准驳，缮呈巡抚，再加厘剔，始行题销，仍听候各部核复，方得谓之准销。如此层层考核，局员焉能上下其于，蒙蔽为奸？

回避道童埏在报销局派充提调，系在历城县任内，照向章兼办之事，后因游幕回避，交缺历城印务，即行出局，并未盘踞。

回避知县陈善先在交代局当差，咸丰十年六月间，经前任藩司清盛详明前抚臣文煜派入报销局帮办。维时设局已久，咸丰七年九月初案报销局截限以前，应造各州县兵差等案销册，先于是年闰三月间造竣具详，陈善并未经手。咸丰七年九月以后造报各州县应付兵差，皆照部驳新章造办，较之以前销数更属减少。各州县只知旧案，不知新章，每于造报时，将不应销者必欲准销，以致不应抵者必欲准抵。该司事事求实，各州县多生怨望。至局中之准驳，悉以部文成案暨军需则例为凭，若原册与例案不符者，一概确核驳查，何能任意冒销？恩县知县陈恩寿补莱阳时，已在咸丰七年九月初案报销截限之后，此时续案尚未详奏，该员有无垫办军需尚未核及，焉知其有销数若干？至上年调任恩县，更在其后。详查报销、交代两局暨藩司衙门，均无陈恩寿垫办军需准销案据，陈善又何从不问过兵若干，任意冒销？其报销等局所需委员薪水、幕友修金、书役饭食、心红、纸张、缮册字工等项，为数甚巨，从前先由司库筹给，事后于通省州县摊提归款，嗣因库款支绌，禀明照历届成案，在于各州县摊扣。而摊解又缓不济急，议定交案内，凡有以垫办军需列抵者，即按所抵之数，捐交三厘经费。此系以州县之公项办州县之公事，通省皆知，并无所谓三分核减之说。且此项捐款，各州县亦未能一律捐解，局用尚属不敷，所指共收银十余万两尽为童埏、陈善、吴载勋分肥入己之处，更属无据空言。陈善曾于咸丰八年遵例呈请回避，经前抚臣崇恩奏明，暂行留东经理局务，现在查办报销未竣，是以尚未饬令改省。此外各局委员，陆续更替者不下数十人，除陈善与同案奏留之余亮焘二员外，其余皆非幕友出身。且局员均由司道遴委，陈善从未引荐一人，何能把持局务，树植私人？

以上各款，经臣督同臬司丁宝桢明查暗访，细核卷册，除所陈前署淄川县麟盛、已革知府吴载勋、道员陈显彝先后办理淄川踞匪一事，与毕道远等原参各情大略相同，应归另案审办外，其余皆查无实据，且多系平〔凭〕空结撰，影响毫无，显系刁徒倾排异己，捏词诬陷，此风断不可长，应请毋庸置议。所有查明缘由，理合恭折具奏。

66. 查明文武员弁被参各款折

同治三年三月二十五日

奏为遵旨查明文武员弁被参各款，恭折据实具奏仰祈圣鉴事：

窃臣承准议政王军机大臣字寄："同治二年四月十六日奉上谕：'前据给事中征麟奏参东省文武庸劣各员各折片，各该员被参各款如果属实，亟应严行惩办。著阎敬铭一并查办，折片著抄给阅看。钦此。'"时臣已赴淄川剿匪未及查办，回省后即委藩、臬两司，按照所参各款，秉公确查去后。兹据藩司贡璜、臬司丁宝桢逐款会查明确，详请具奏前来。臣逐加复核。

如原参闻得按察使衔记名道陈显彝系山东幕友改官，盘踞东省，由州吏目数年官至道员。初与巡抚崇恩之门丁秦彦臣换帖，继因幕友回避，经巡抚文煜逐出东省，投效胜营，保升今职。本年春间，复回东省，经巡抚谭廷襄派委带兵防守东、曹一带降众。八月间，又派剿办淄川踞匪，拥兵自卫，毫无实效。该道之子陈恩寿年甫二十余岁，由捐纳班次，久已升补莱阳县知县，父子同官一省，显系钻营谋干所致一款。

查盐运使衔记名道陈显彝，原系山东幕友，道光二十五年，因议叙州吏目，咨补济宁州吏目，节次捐输，并防剿出力，至咸丰六年荐升道员。前抚臣崇恩门丁，名系秦彦臣，访查该道未与换帖。迨奉到幕人员回避新例，该道业已丁忧。及至服阕，经胜保调赴军营，在营起服〔复〕，并非前抚臣文煜逐出东省。后因剿匪出力，经胜保奏保赏加盐运使衔，并非按察使衔。同治元年四月，该道经胜保派至东昌办理善后。前抚臣谭廷襄因伏莽未清，该道在东年久，熟悉情形，奏留专办防务；九月间，复令督剿淄川踞匪。节经督军攻袭，并迭次击退扑营之贼，均有禀卷可查，虽未能迅复坚城，尚非拥兵自卫。至该道剿办淄川踞匪一事，业经毕道远等参奏，奉旨交审，应归另案审办。

该道之子陈恩寿，现年三十二岁，并非二十余岁。由监生报捐州同，改捐知县，分发山东捐免回避等项，于咸丰八年题补莱阳县知县，系照例序补，无所用钻营谋干。

又如原参盐运使衔江苏候补道童埏，系山东幕友，服官年久，盘踞东省，历任历城县知县数年，官至道员，与办团大臣杜翮结拜师生，通省办团之事悉以资之。上年八月，捻逆逼近省城，并未出队打伏，以守城之功，保升今职。本年春间，办理武定盐匪，工于敷衍，且借招商为名，禀请由运库发银五千余两，捏造名姓，私自贩盐，行同市侩。继因与运同松年借贷不遂，又复回护恶团李承元，禀请严办。谭廷襄信其一面之词，将松年撤任，滨州知州王嶟革职审办。该道前在历城县任内，亏空甚巨，上年冬间，谭廷襄奏参亏空，童埏为九十六员之首，迄今分文未缴，而竟安然无事一款。

查盐运使衔江苏候补道童埏亦系山东幕友。咸丰七年，由泰安县知县调补历城县知县，迭次捐输防剿，至十一年荐升道员。从前奉到回避新例，该道呈请回避，奉文签掣江苏；因各局需员襄理，经前抚臣崇恩奏明留东。嗣经办团大臣杜翮奏派专办筹防局务。该道之得办团事实由于此，并无与杜翮结拜师生之事。十一年八月间，南捻围扑省城，该道与在事官绅登埤守御，经前抚臣谭廷襄奏保赏加盐运使衔，原因防守出力，本未出队打仗，且同案保奏者亦不止该道一人。是年冬间，谭廷襄因武定枭匪充斥，商运难行，奏派该道前往查办。该道酌议招商设巡，料理滩场章程，费无所出，禀经谭廷襄饬令运司核议，在于运库闲款项下发给银三千两，并非五千余两；亦无捏造姓名私自贩盐情事。

同治元年春间，该道奉派会同游击桂林，带兵赴武属缉枭，各兵口分系由省城支应局拨解，武郡分局支发。该道行抵蒲台，口分不继，因谭廷襄曾经札谕先由州县筹款垫发，随后发还归款。该道即令商人朱清佐向滨乐分司运同松年筹借饷银四百两。松年以未奉明文，不肯应付。此系事出因公，并非私情借贷。

至李承元系滨州团长，因与松年带勇之刘鹏扬争索盐船帮费，互相寻衅。松年令刘鹏扬将李承元拿获，送州监禁。该团李德峻等不服，聚众入城，逼胁滨州知州王崟将李承元提禁保回，王崟以中途夺犯捏禀。嗣刘鹏扬与该团争斗，伤毙三命，松年捏报捕枭获胜。谭廷襄据该管道府查禀奏参，将松年、王崟分别撤任革职，发委济宁府审办。事与该道无涉。该道历城任内交代，已据后任吴载勋结报，惟应缴历任泰安等县军需核减银两，曾经谭廷襄奏明饬追，并于赴部咨文内声明。现臣移咨江苏抚臣，按限追缴，如限满不完，或完不足数，再行照例参办。

又如原参充沂曹济道卢朝安由佐贰微员荐升道员，钻营卑鄙，累次被参，均以巧于弥缝，幸得无事。与陈显彝、童埏均在东年久，声名狼籍，物议沸腾，通省皆知一款。

查充沂曹济道卢朝安，系由监生报捐府经历，道光二十五年到省，咨补济南府经历。嗣因屡次捐输防剿，于咸丰五年保升同知直隶州知州，七年题补济宁直隶州知州。因随僧格林沁军营剿匪出力，保升道员，补授斯缺。前虽屡次被参，而详细访查实无钻营卑鄙确据。

又如原参把总马荣标、外委李梦岐，弃置主将，首先溃退，以致总兵郝上庠阵亡。查办未结，蒙混保升，马荣标保升守备，李梦岐保升千总一款。

查总兵郝上庠在堂邑县柳林集等剿贼阵亡，当时同在前敌者，系土默特营总乌尔贡札布与游击绪纶二人，前抚臣谭廷襄因其不能援应，业于郝上庠请恤折内，奏请将二该员革职留任，责令带队剿贼。把总马荣标、外委李梦岐并未在场。马荣标系尽先千总，因克复张秋竹口案内，经谭廷襄保升守备，李梦岐系候补把总，因克复费县南泉围寨案内，经谭廷襄以千总记名拔补，均系论功定赏，并非蒙混保升。

又如原参武巡捕金国宝等四人，止以亲随巡抚辕下，并未出队打仗，数月之间，皆保至四五品花翎。金国宝一人，恃宠而骄，尤为跋扈，军营大小公事，谭廷襄倚为心腹，文武官员，无不畏惧，因而趋奉。其何以招权纳贿，未得其详。东省有"金马玉堂"之号，传扬已久，是该武弁等擅作威福，从可概见。盖玉姓为中军参将，金姓即金国宝，马姓、堂姓则皆武巡捕一节。

查都司用登中营守备金国宝，现署抚标中军守备，玉山系由莱州营参将调补抚标中军参将，臣到东时，均非巡捕。惟抚标尽先守备马凌霄与历城内汛千总唐文篪充当巡捕，并无另有"堂姓"其人。各该弁皆由历次剿匪出力保升今职，确有战功可稽，并非未经打仗骤然保升。至金国宝系一守备，既未统领各营，军营大小公事谭廷襄何能倚为心腹？文武官员何用畏惧趋奉？查无实据。至于"金马玉堂"之号，实因四人之姓适相符合，此地士民传为戏言，非由各该弁擅作威福而起。

以上各款，臣督同藩、臬两司，周咨传询，详查明确，应即拟结。

臣查盐运使衔记名道陈显彝，虽无卑鄙劣款，惟语多夸张，行涉轻浮，应请旨勒令休致；其剿办淄川踞匪一事，仍归另案审办。江苏候补道童埏，虽无借贷等事，臣亦未见其人，详加访问，该员浮靡虚饰，败坏风气，应请旨革职。登中营守备金国宝，虽无擅作威福情事，惟人本平常，操练营伍，难期得力，一并请旨革职。其余兖沂曹济道卢朝安，恩县知县陈思寿，抚标中军参将玉山，守备马荣标，千总李梦岐、马凌霄、唐文篪被参各款，访无确凭，均其免其置议。理合恭折具奏。

67. 查明前任巡抚谭廷襄被参各情折

同治三年三月二十五日

奏为遵旨查明前任抚臣被参各情，恭折据实具奏仰祈圣鉴事：

窃臣承准议政王军机大臣字寄："同治二年四月十六日奉上谕：'前据给事中征麟奏参谭廷襄办理降众，一意主抚，如果属实，亟应严行惩办。著阎敬铭一并查办，原片著抄给阅看。钦此。'"

伏查前抚臣谭廷襄办理东昌降众，臣初至东省，未知底里。迨至淄川移军东昌，就地访查，略有见闻，与征麟原参各情多未符合。回省后复饬藩、臬两司，秉公确查，以期无漏。兹据藩司贡璜、臬司丁宝桢逐一查明，详请具奏前来。臣逐加复核。

如原参冠县降众张锡珠滋扰直隶地方，来自山东东昌一带，闻该处冠、馆、堂、莘四县，贼匪甚多，皆为招降之众。始自胜保任意勉强招抚，继而地方官回护，胜保不肯认真剿办。如上年正月，杨朋岭、张玉怀率马步队千余名，由胜保军营折回，到处焚掠，奉旨四面截杀。维时巡抚谭廷襄带兵四五千名，驻守东昌府城，相距数十里，原不难于一鼓歼除，以绝后患。乃该抚并未钦遵谕旨，一味袒护胜保，执意主抚，发银一千五百两，寄交大顺广道王榕吉设法安置。遮克敦布初到该省，并不深察轻重，一味随声附和。迨该抚驰奏遣散归农，始屡次传见，杨、张二贼目竟抗传不到，且数日后，临清州即拿获焚掠、扰害之贼数人，供系杨朋岭等为首具禀。该抚提讯，授意改供，指为另股，驳回复审，杀四人释二人结案一节。

查咸丰十一年二月间，邱县教匪滋事，连扰冠、莘、馆、堂等县，前抚臣谭廷襄带兵赴东昌剿办，胜保亦由馆陶进兵，逐节扫荡，匪势穷蹙乞降。经胜保奏明，分别招抚，带往南下随征。维时，匪首实止宋景诗一人，杨朋岭、张玉怀不过小股头目。嗣杨朋岭等因口粮缺乏，于同治元年正月，由豫省折回，沿途骚扰。胜保派队跟追，该降众均已回籍，散处于冠、莘、馆、堂、阳谷、朝城、临清等州县，各自愿安生业，恳乞归农。

谭廷襄因尔时地方已安，恐一经截杀，又复勾结奔突，惊扰善良，是以仰体皇仁，俯顺众情，从权办理，责令地方官妥为约束，随时稽查。曾经据实奏明，实非袒护胜保，一意主抚，亦无发交王榕吉银两，令其设法安置情事。

至张锡珠于元年冬间复叛，实因冠县知县李焴将该犯与杨朋岭、张玉怀等七十余人，禀送遮克敦布军营录用，杨朋岭、张玉怀唯唯听命，独张锡珠因遮克敦布勒缴马匹、器械，怀疑生变，乘夜率党潜逃，连日沿途抢掳，窜扰于直、东交界，愈聚愈众，势焰又张。谭廷襄于二年正月，由兖州移军东昌，会合直隶官军四路截剿，斩获甚多。嗣据临清州彭垣拿获侯升、赵从先，讯认焚掠事主徐延禧家不讳，禀明就地正法。另获之马得胜、刘玉延、杨四、郭三，讯系被胁逃出，递籍保释，并未提讯驳回，从何授意改供？此张锡珠与杨朋岭等先叛后降，张锡珠既降复叛之实在情形也。

又如原参上年四月间，冠县之北塔、莘县之小张家庄、耿家楼等处，有降众数千，各竖一旗，夜聚晓散。程顺书即程三黑，冠县人，从世选莘县人，同领白旗；马荣、马八邱县人，同领绿旗；雷凤鸣即雷三，堂邑人，任起秀莘县人，同领花旗；杨朋岭、张玉怀二部亦与之相合，未知所领何旗。今张锡珠由冠县北窜肆扰，蔓延直隶各属，既云降众，又系来自冠县，且系张姓，难保张锡珠即系张玉怀，该地方官因弥缝去春议抚之咎，另改其名，以致养痈成患，贻害地方，尤为可恨一节。

查同治二年春间，张锡珠等分股窜扰冠、莘一带，伏莽乘机蠢动，迭经谭廷襄督饬在事文武，随时随地痛加剿杀。如马八、

任起秀系堂邑拿获正法；程顺书即程三黑，系直隶拿获正法；雷
凤鸣先经投降，随营效力，嗣在淄川带队玩误，军前正法；马
荣、从世选是否阵毙，抑尚在逃，查无确据，仍饬访拿。张锡珠
已于是年二月，在直隶威县境内被白旗马队轰毙，有其子张金堂
供词足据。张玉怀亦于四月间被杨朋岭诱至直隶军营正法。杨朋
岭即在直隶督臣刘长佑军营效力。此又张锡珠与张玉怀等先后伏
诛，张玉怀并非张锡珠改名之实在情形也。

　　臣查前抚臣谭廷襄办理东昌降众，剿抚互用，审度时宜，并
非袒护胜保，一意主抚。至张锡珠就抚半年以后，因在遮营勒缴
马匹、器械，以致复叛，其事本出意外，似未便以事后之变迁，
归咎当时之收抚，应请勿庸置议。理合恭折具奏。

68. 议复试用道钟文条陈片
同治三年三月二十五日

　　再，前奉寄谕："据山东试用道钟文呈递东省急务十二条，
著阎敬铭按照所呈各条，悉心体察等因。钦此。"

　　臣自东昌回省后，体察通省实在情形，细核该道所陈尚属按时
立言。但如所称，剿除贼匪、安抚难民、查办恶团、训练兵勇、停
止亩捐、裁撤厘税六条。查东省各匪荡平，民情稍定。臣复严饬各
路严拿马贼，以清盗源；力行保甲，禁派团费；擒拿团匪王汶训、
商停终，以解恶团；招集流亡，以期复业；操练马队，酌留楚勇，
以备缓急。亩捐一项业经奉旨停止；厘税一项，各海口厘局改归州
县，省城铺捐已停，现留厘卡，仅有河路数处。取纤微于逐末之商，
实无损于民，而有资于饷，曾历次办理，奏闻在案。

　　其整顿漕运、改复钱粮二条，该道系目击官吏困累，思欲变
通办理，确系实情。但漕折既有定额，钱粮已改收银，兹若再复
旧章，朝令夕更，本非政体；且向系相沿旧习，今未便著为功
令，迹涉加赋，事不便民。该道所称，应毋庸议。

其缉拿盐枭一条，尚未洞悉情形，言未详切。查东省盐务废弛，由于枭者十分之七，不由于枭者十分之三。东境盐场实为枭扰，外此则海丰县埕子口海口地方，历年关东私盐连舶运入，回枭群聚设成局店，不惟侵灌东省引地并害及直隶各处。本年春初，即饬署武定府张鼎辅、都司王正起，先设兵船，力堵外来私贩，现稍办有眉目。至境内抢滩扒垣之枭，刻虽敛迹，实未大受惩创。奸民滋多，捕之无名，纵之即起，现在设法剔除。又地方官之疲懦，盐官之贪冗，盐商之巧作，纲务颓坏，头绪纷纭，引票久疲，物情多诡，急当正本清源。臣惟有督饬运司，悉心筹划，次第办理。

其甄别州县、清理交代二条，实为今日急务。东省吏治败坏，实因从前润略宽弛，以致摊捐过重，交代不清，养廉坐支，提扣无余，遂事侵削，挪前掩后，捏缓报灾，百弊丛生，不堪枚举。为政以利用为先，安民以察吏为本，未有吏治不饬而地方能安者，亦未有政事无条理而吏治能肃清者。但积弊已久，非通筹前后，详究根源，无以施补救之术而协张弛之宜。臣莅任虽将一年，而回省甫及四月，除交代已严切催算外，历年各事，臣署无底册可稽者，均须向各衙门检核，且必采听舆论，参酌时宜，不能不稍宽时日，考其脉络，详为斟度。事关全省，非底里洞悉，更恐言易行难，有负圣恩高厚。容臣稍缓时日，再将通省利弊，详细奏闻。臣才力不及，当求圣明指示，以期补救，断不敢因循欺饰，辜负圣慈。所有议复试用道钟文条陈各缘由，理合附片陈明，伏乞圣鉴。谨奏。

69. 查明东昌府秦际隆被参各款折
同治三年三月初八日

奏为查明知府被参各款，请旨交部议处，恭折复奏仰祈圣鉴事：

窃臣于同治二年六月二十五日，钦奉寄谕："有人奏，东昌府秦际隆贪鄙无能，于莘县土匪闹漕滋事，委员说和，致该匪无忌，聚众连陷冠县、馆陶。秦际隆带勇往捕，行至沙镇，讹传警信，该府弃冠脱靴，潜匿田间草深处所，勇丁星散。该府遁回郡城，任贼扰陷堂邑、莘县，焚掠东昌，不敢出府城一步。经谭廷襄撤任调营，复夤缘回任。其于宋景诗抢粮割麦，又代为消弭通详，并有宋景诗馈送该府银两之事等语。地方官贪鄙畏懦，纵贼殃民，果如所奏，实属大干法纪。著阎敬铭务当切实查明，严参惩办，毋得稍有徇隐，致令劣员贻害地方，仍蹈从前旧习。原片著抄给阅看。将此谕令知之。钦此。"臣即行司将东昌府知府秦际隆撤任，听候查办；一面派委候补知府胡鸣泰前往确查。

　　兹据胡鸣泰禀称：如原参秦际隆贪鄙无能，声名狼籍。先是咸丰九年，莘县土匪闹漕滋事，该府不肯拿办，委员与之说和，该匪等遂无忌惮一节。

　　查得咸丰九年，莘县并无土匪闹漕滋事之案。惟咸丰十年十月间，有盐枭杨超群等二百余人，窜入莘县，勾结刁民王狗等，假以恳求赈济为由，煽惑乡民三百余人，齐抵城外。莘县知县缪玉书，会同在城文武带领兵勇，出城开导，乡民纷纷解散。杨超群等乘间入城，焚抢劫狱。缪玉书等赶回拿获杨超群、延玉会，讯明正法，余匪逃散，勘讯通禀。维时秦际隆正局门考试，不克分身。即移会该府同知何家驹，并委堂邑县知县张逢壬先往查拿，考竣出场，亲诣查勘。禀经前署抚臣清盛将印捕各官奏参撤任摘顶，勒限留缉，限满无获，查明参结在案，委非不肯拿办，亦无委员说和之事。

　　又如原参，十年春，该匪等聚众百余人，勾结无赖，连陷冠县、馆陶，经绅士面请该府带勇剿捕，行至沙镇地方，有讹传贼至者，该府弃冠脱靴，潜伏田间草深处藏匿。至次早并无贼来，而所带之勇已星散，狼狈逃回郡城。自此不敢出城一步，任贼扰陷堂邑、莘县，焚掠东昌关厢，日渐蔓延，迄今未靖，实该府酿成一节。

查得咸丰十一年二月间，南捻北窜东昌、兖州、临清所属，突有匪徒勾结滋扰，是月十九、二十两日，连陷冠县、莘县。秦际隆即飞禀请兵，一面带领兵勇自堂邑沙镇节节进剿。三月初三日闻馆陶失守，飞往救援，匪已窜过河西，遂与委员德州营参将成志督率文武官弁，渡河追剿。匪又由临清之尖塚直扑县城，折回守御，轰毙百余名。初十日，该匪阑入堂邑，窜赴沙镇，有攻扑郡城之信。秦际隆带队间道驰回，扼要严防，先后禀经前抚臣谭廷襄将各该地方文武员弁奏参革职，随营协剿，一面派委前济东道明新带兵驰抵郡城。此时兵力较厚，秦际隆随同明新剿捕堂邑梁家浅与太集等处踞匪，迭获胜仗，进攻沙镇被围受伤，并被刺落顶帽，突围而出，禀明回郡医治。四月初，贼匪逼近郡城，复会督在城文武昼夜防守。厥后降众复叛，又驻守堂邑，督兵防捕，遏贼东窜，克保郡城。此皆有历次原禀可查，询之居民人等亦众口一词，委无弃冠脱靴，藏匿田间及逃回郡城，一步不出情事。

又如原参，该抚谭廷襄以该府所属土匪窃发，连失四城，撤任调营，该府复夤缘回任一节。

查得秦际隆于咸丰十一年四月十九日因伤肿发，禀请给假调理，经谭廷襄奏委候补知府李德增署理。至六月伤痊销假，时值谭廷襄在东昌剿办降众，饬令随营当差。八月间，随同防守省垣，嗣复委赴东昌办理善后。同治元年四月初一日，奉饬回任。委系因伤请假卸事，并非撤任，亦未开缺，故得奉饬回任，并无夤缘情弊。

又如原参，同治二年四五月间，宋景诗派人四出抢粮割麦，百姓纷纷呈诉。该府据情申报统兵大员该省巡抚，经僧格林沁派兵驰捕，宋景诗闻风畏惧，浼该府斡旋消弭。该府即以宋景诗并未抢割，复行通详，并闻宋景诗有馈送该府银两等事。虽馈金之事，暧昧难明，而据详前后不符自有可据一节。

查得二年三月间，宋景诗勇队与堂邑柳林团寻仇互杀，彼此控县。堂邑县知县董槐禀经谭廷襄批饬，传谕两造先各杀贼，俟事平秉公查办。嗣该勇又在聊城东乡索取居民饭食，纵马践食麦苗，民人许振清等控。经秦际隆饬县驰往弹压，并令宋景诗严加约束，将滋事之勇，查出惩办。四月间，柳林团以宋景诗劣迹多端等词控，经直隶提臣恒龄密札饬查。秦际隆督同董槐查明宋景诗勇队骚扰庄村，已先后被控。近因地内麦禾成熟，欲令庄民分给麦子，事虽未行，然闻其队内人数加增，恐有收留匪类情事，据实分禀。经臣批饬移知曹州镇总兵保德就近钤制，并传谕宋景诗随同搜捕，毋再滋事。并非先申后详，受贿消弭，亦无贪鄙劣迹狼籍声名。至馈金一事，虽属暧昧，然以宋景诗之桀骜不驯，岂肯贿嘱地方官弥缝其过，此亦事之可以势度者。

以上各款，或详查案卷，或访察舆论，均系实在情形，不敢稍事欺饰等情。由藩、臬两司核明具详前来。

臣查东昌府知府秦际隆被参贪鄙畏懦、纵贼殃民各情，均查无其事。惟于所属失守四县，虽当时剿捕月余，尚有斩获，后又随营一年，并严防降众，不无微劳，第核其功过究难相抵，相应请旨，交部议处，以示惩儆。理合恭折复奏。

70. 东昌知府被参各款查无确据请赏给原衔片
同治三年十二月十二日

再，臣前因奉旨饬查东昌府知府秦际隆被参各款，查无确据，惟于所属失守四县，咎有应得，奏奉谕旨："著交部议处，仍着送部引见等因。钦此。"经吏部照例议以革职，因不同城之知府，于所属失守革职，例不引见，如留营督同克复，奏请开复者，始行调取赴部请旨，饬臣确查失守四县是否秦际隆督同克复，另行奏明办理。奉旨："依议。钦此。"咨行到臣。

伏查咸丰十一年二月十九日至三月初十日，东昌府属之冠

饬该管知府督同各牧令访查此外有无杀害匿报之案随时究办外，理合将现在查办情形，先行附片陈明，伏乞圣鉴。谨奏。

73. 查明已革道府知县被参各款折
同治三年四月十四日

奏为已革知府暨道员、知县被参各款，遵旨查审明确，恭折具奏仰祈圣鉴事：

窃事接管卷内，承准议政王军机大臣字寄："同治元年十二月二十一日奉上谕：谭廷襄奏剿办淄川匪徒，坚城未下，请将贻误之已革知府撤省查办，另派大员督攻一折，览奏均悉。淄川刘德培股匪，经谭廷襄派令吴载勋前往查办，该员不能乘其滋事之初迅图扑灭，一味将就迁延，希图敷衍了事。迨贼羽翼已成，踞城戕官，勾结外匪，凶焰日炽，吴载勋束手无策，驻扎周村，意存观望。种种贻误，实堪痛恨。据毕道远等联名奏参，该革守恇怯乖谬各款，尤为法所难容。既经谭廷襄撤回省城查办，即著督饬藩、臬两司，按照毕道远等原参各情，逐款确讯，审明后奏闻请旨。陈显彝到淄后，虽迭次进攻，屡有斩擒，蕞尔一城，任听逆匪久踞，莫可如何，察其情形，亦难得力。著谭廷襄察看，如稍不得办，即行撤回，不准在淄逗留等因。钦此。"

前抚臣谭廷襄钦遵行司查讯，旋即卸事。臣到任后，与臬司丁宝桢均在军营，未能审办。迨冬间回省，即饬藩、臬两司，将吴载勋暨道员陈显彝、前署淄川县事候补知县麟盛被参各款，详细查讯，不准稍有隐饰。

兹据藩司贡璸、臬司丁宝桢查明，淄川逆匪刘德培本系文生，先因聚众扰漕，经已故知县多仁详革解省，中途脱逃，投入临淄已获正法之李金鳌团内，饬拿未获。同治元年夏间，潜赴淄、博交界之长庄，自立私团，经举人王敬铸就近禀请博山县拿究。适淄川团长蒲人芏、司冠平因西关永和当被抢，勾结刘德培，假以索赔当货为由，招集游民，盘踞西关，日向当铺滋闹。
麟盛断令该当按本赔偿三成，蒲人芷等即扣留一成，以作团费。
该讯千总李鸿图并未说合分赃。七月十二日，麟盛下乡相验，刘
德培等即于是日率众进城，占住书院，安设团局。麟盛旋于十八
日交卸。后任知县李凤韶会同文武谕令出城，刘德培阳奉阴违，
聚而不散。禀经前抚臣谭廷襄檄饬前署济南府知府吴载勋驰往查
办，于闰八月初九日到淄。

　　据报博山太和庄被刘德培夥党翟雷攻破，焚掠杀人，饬传刘
德培，不肯出头。委员郑景福等赴团局察看情形，刘德培则称不
敢为匪，情愿撤团，并称翟雷自与太和庄寻仇报复，与伊无涉。
维时城上设有枪炮，匪势已众。吴载勋本未带有兵勇，不能钤
制，随谕令散团，暂为羁縻，于初十日起程回省请兵。谭廷襄即
派游击马秉阿带兵四百，由兖州前进，并调省兵二百，交吴载勋
管带，分道驰往，督饬博山等县集团会剿。吴载勋于十七日先自
起程，十九日行抵长山，居住周村，催调省兵。其时博山县樊文
达往攻太和被围，马秉阿兵至夹攻，毙贼多名，于二十五日带兵
到淄。刘德培知有官兵，即关闭四门暗据，李凤韶、李鸿图均不
屈被害。吴载勋禀请添兵协助，一面会同马秉阿，于二十八日暗
袭淄城未克。时太和之匪围攻博城，已革游击谢炳带领勇队于二
十九日赶到，立解城围。该匪复麇聚于坡的、东坪、西坪等庄。

　　九月初五日，吴载勋会同谢炳、马秉阿，分带兵勇往剿，多
有斩擒，并获蒲人芷等讯明正法，救出难民千余人，夺回炮械多
件，当将各庄次第收复。于初八九日回攻淄城，初十日夜半督队
暗袭，忽谢炳勇队索饷不前，折回周村，经吴载勋截留回营。十
二日，棍匪东窜，欲与淄匪勾结，吴载勋御匪于谭家庄；次日，
接仗于前河庄，直追至解庄等处收队。十六日，复攻淄城，未能
得手。谭廷襄因吴载勋迁延贻误，奏参革职，暂留署任；并委留
办防务道员陈显彝于二十日带领兵勇到淄督剿，吴载勋奉文专办

支应。陈显彝到淄后，于二十一日夜督队环攻未克，出示射入城内，意在诱擒首恶，解散胁从。讵刘德培掷出红禀，词甚狂悖。遂即督造云梯等项，并令马秉阿等各军，在于距城一里内东、西、北三面，分布扼扎。因兵勇不过三千，四面安营，兵数过少，未能合围，南面即辅以团勇。计自九月二十一日至十二月下旬，节次明攻暗袭，并击退城内扑营悍贼二十余次，陆续毙匪无算，擒斩卢得城等数十名，夺获军械、马匹无数。先是十月二十六日，大股南捻窜至东马岭，救应淄匪。陈显彝分派守备韩登泰、米大泉，各带兵勇前往堵剿，贼即败退，淄城贼势遂孤。

旋因毕道远等奏参，经谭廷襄奏请将吴载勋革任，撤回省城查讯，并将陈显彝撤回，于二年正月初四日回省，委无恇怯乖谬暨通贼情事。至李凤韶是否畏贼与之交好，该员业经被害，无从根查。讯取吴载勋、陈显彝亲供，均与所查相符。惟麟盛亲供，于刘德培等滋闹当铺率众进城一事，坚不吐实，显系情虚支饰。现经查访明确，又有案卷可凭，应即据实定案，似不必奏请革审，以免稽延。录具各供，详请勘办前来。臣亲提研讯，供亦无异。

臣查已革候补知府吴载勋，前署济南府任内，于淄川逆匪刘德培起事之初，亲往查办，因未带兵勇，势难擒捕，回省请兵往剿，刘德培已踞城作乱。谭廷襄因其往返迟误，业经奏参革职。至该革员到淄后，带兵仅一月，屡次督队攻袭，并收复坡的等庄，堵回东窜棍匪，案卷具在，班班可考，尚非恇怯乖谬，亦无通贼情事。又前属淄川县事候补知县麟盛，于刘德培率众入城时，因将卸事，并未设法拿办，又不据实禀报，实属意存推诿，咎无可逭。又道员陈显彝，督剿三月，屡次攻袭，尚有斩擒，原参通贼各情，查无确据。谨将各员亲供敬缮清单，恭呈御览，一并请旨定夺。

再，已革游击谢炳，因勇丁索饷退队，不能约束于前，又不能激励于后，业已奏参革职。被害知县李凤韶，有无与贼交好情事，无从根查，均毋庸议。除咨部外，理合恭折具奏。

谨将已革知府吴载勋等亲供敬缮清单，恭呈御览。

据已革前署济南府候补知府吴载勋亲供：

窃革员因剿办淄川刘德培被参一案，谨照被参各节，详叙亲供。

如原参：淄川贼首刘德培，文生员，咸丰十年聚众闹漕，经知县多仁详革，解省脱逃，入临淄黑旗团为伪军师，被邻境练勇会剿，该逆逋匿系在司冠平家，私立信和团各目，啸聚三百余人，向博山县各设分局。知县樊文达及太和庄团总廪贡陈知本，坚不允从，乃设局于莱芜、博山连界之常庄，便与兖沂教、棍各匪相勾结一节。

查刘德培系淄川县文生，咸丰十年间，因在籍阻完漕粮，经已故知县多仁详请斥革，蒙前抚宪文煜批饬提府审办。是年十二月十四日，解至中途脱逃，缉拿无获。至刘德培逃后，如何入临淄黑旗团为伪军师，并私立信和团，向博山县各设分局，该县不允，又设局于莱芜、博山连界之常庄，与兖沂教、棍各匪勾结，革员先未得知。缘革员系咸丰十一年三月十二日到署济南府任，刘德培解省中途脱逃，在革员未到任之先。迨同治元年七月间，刘德培聚众入城，潜住书院，革员于闰八月间，驰往淄川县，查明刘德培情形，始行具禀。

如原参：元年七月，淄川土棍蒲人芷等讹诈当店不遂，暗勾该逆入城，经汛官李鸿图说合，得赃银八百两，鸿图亦分赃二百两。该逆分布死党，据四门，占书院、文庙为总局，署淄川县麟盛，以将卸事，不问一节。

查蒲人芷如何讹当不遂，暗勾该逆入城，署淄川县知县麟盛在任时，并未禀报有案。同治元年八月间，革员风闻刘德培有借团聚众之事，饬委候补府经历唐廷椿、章邱县县丞李钤前往确查，始据该县知县李凤韶禀报，该县城外永和当先被南匪焚掠，蒲人芏、司冠平勾结刘德培，假名团练，以索赔当号为由，招集游民，先盘踞西关，因永和当与城内之永庆当系属一家，日向永庆当滋闹。经该前县麟盛断令永和当按照当本三成赔偿。蒲人芏等按户于票内抽留一成，以作团费，于七月十二日率众进城，借团为名，据住书院。该县于七月十八日到任，会同同城文武，屡次谕令出城，阳奉阴违，聚众不散等情。并据委员李钤等禀复相符。革员禀蒙前抚宪谭檄饬亲诣查办。至该逆等如何讹当聚众入城，占据书院，该前署县麟盛是否因将卸事不问，应请提麟盛讯究。

如原参：李凤韶接任后，又畏贼与之交好，济南府知府吴载勋带兵到淄，专事调停，与该逆联为师生，授受礼物，许给令旗箭札，准其城外各处设局一节。

查李凤韶业已被害，有无畏贼与之交好，无从查究。至革员奉前抚宪檄饬赴淄查办，系元年闰八月初九日到淄，查明刘德培逃后，潜赴淄、博交界之常庄，设局自立私团。淄川县举人王敬铸因其素不安分，就近禀请博山县拿究。刘德培无处栖身，于七月十二日入城，借团为名，占住书院。其余情形，与该县李凤韶所禀大略相同。

其时据报博山县太和庄被刘德培夥党翟雷攻破焚掠，并将团总陈知本父子杀毙。革员饬县查传刘德培，不肯来见。委员赴团局察看情形，见刘德培查询，刘德培声称不敢为匪，情愿撤团出城；诘以焚掠太和庄之事，则坚称翟雷自与太和庄寻仇报复，与伊无涉。革员查访淄川城上刘德培设有枪炮，城关四乡刘德培亦均设有团局，并招集外来匪徒散处其间。革员本系奉文确查起衅根由，并未带有兵勇，察看匪势已众，非厚集兵力，不能钤制，若在淄城发禀请兵，恐该匪闻风知觉，先有准备，转失机宜，不得已谕令散团，暂为羁縻之计，于初十日起程回省请兵剿洗，意在灭此朝食，并未敢专事调停。而刘德培自知法所难容，始终不

肯出头见面，众目昭彰，焉有联为师生之事。且革员明知其逆迹
已露，断非恩礼所能招安，又岂有收受礼物，许给令旗箭札之
理。有随员郑景福、李钤可以讯问。

　　如原参：该逆与博山团总陈知本有隙，闰八月初四五等日，
派出贼目翟雷、蒲人芷、苏青云、王在朝、司冠平等直扑太和
庄，攻破寨门，杀伤陈知本及其子星灿、地方孟姓多名，占据庄
圩。知县樊文达带勇堵剿，被其围困三日。游击马秉阿兵到亦失
利，兵勇阵亡多名，后以大炮击，贼稍退。樊文达带勇回城守
御。二十四日直攻博城，焚烧东关；马秉阿带羸兵连夜奔回周
村。贼攻博城五昼夜，势愈猖獗一节。

　　查刘德培与博山县团总陈知本有何嫌隙，不得而知。革员赴
淄查办时，接据博山县知县樊文达禀报，刘德培夥党攻破太和庄
民团，并将陈知本父子杀死。维时革员并未带有兵勇，不能助
剿，迨回省请兵，蒙前抚宪由营调派马步官兵四百名，委交游击
马秉阿管带，并调省标兵二百名，由革同统率，分道前进，督饬
博山等县，调集团丁，会合兜剿。革员于闰八月十七日由省先行
起程，一面催兵跟随前进。十九日行抵长山县，途次探知樊文达
带团往攻太和庄，十六七日被匪围困于西河，适马秉阿带兵赶至
助剿，樊文达于十八日带勇突围而出，前后夹攻，毙贼百余名，
兵勇已有伤亡。二十五日，马秉阿带队到营，与革员接见，据称
督队至博山，贼匪蜂拥而来，弥山满谷。该游击所带兵丁无多，
且山路崎岖，马队不能得力，未敢冒昧前进，暂扎队伍，再行设
法。维时附近西河之东坪、西坪，皆竖贼旗，亦不能前进。革员
查知刘德培因闻有官兵前往，仍踞城内，并紧闭四门，把持抗
拒，当即差弁飞催省标兵丁兼程前进，并迭次禀请添调附近蒲缘
营官兵，驰往会剿。嗣省兵陆续赶到，革员即会同马秉阿，于二
十八日督天〔队〕前往，暗袭临淄城，未能得手。又探知太和
庄匪徒围攻博山县城，正在带兵前往救援间，知奉前抚宪添派游

击谢炳带领勇队九百余名，并委候补直隶州知州棣士琦前往筹办。谢炳带队于二十九日驰抵博山，与贼接仗，城围已解，是以革员并未前赴博山。

如原参：贼破太和，樊文达既据实通禀吴载勋捏报攻陷太和，围困博城，系另有股匪，与刘德培无干。经扎周村，犹时着人与刘逆关说，博城垂危，全置不问。幸游击谢炳兵到，将贼击退，城围始解，夺获大炮，上镌"淄川知袁造"字样。樊文达具禀，巡抚乃知攻博城者即是刘逆派出三贼，并无另股一节。

查博城解围以后，革员与谢炳、马秉阿连日筹商，议攻淄城，无隙可乘。而围攻博山之匪，麇集于坡的庄。革员即九月初五日，带领省兵，会同谢炳、马秉阿分带马步各队，前往攻剿。该匪于坡的庄聚众列阵抗拒，革员与谢炳等分东西两路前进，鏖战多时。我军四面兜围，毙匪六七十名，生擒二十名，夺获抬炮七杆，鸟枪十杆，刀矛旗帜多件，因天晚收队。

初六日卯刻，乘胜进攻东坪、西坪等庄，该匪仍前抗拒。革员与谢炳等督追迎头截杀，一面分队抄后夹击，毙匪四十余名，生擒十三名，内有司冠平之父司义盛一名，即将该匪所踞东坪、西坡、坡的等庄各伪局房屋一律焚毁。午刻整队移攻太和庄。该处系著名要隘，四面石围，异常坚固，匪众据险抗拒。革员与谢炳等督队，枪炮刀矛一齐轰击，毙匪七十余名，生擒二十八名，阵前擒获匪首蒲人芷一名，夺获大炮二尊，抬炮四杆，枪械旗帜不计其数，救出难民一千余人。当将太和庄收复，烧毁伪团私局，并将石围全行拆毁，据实禀报有案。革员初次赴淄查办时，因委员讯据刘德培声称翟雷自与太和庄寻仇报复，与伊无涉，革员据实禀复，此外委无禀报围困博城系另有股匪与刘德培无干之事。至博山之围，省兵尚未齐集，革员在周村驻扎，差弁飞催，及至兵到，博山城围已解。革员即会合各路官兵，迭次接仗，收复太和等庄，并非置博山垂危于不顾。革员驻扎周村之时，刘德培已紧闭四门，把持抗拒，亦断不能遣人与其关说。

如原参：九月初六日，吴载勋等始由周村与樊文达合兵剿贼于坡的，杀毙百名，生擒二十余名，蒲人芷及司冠平之父司万载①俱被获。该逆穷蹙，窜向福山寨，距太和三十里。乡民遮道跪留，请兵进剿。吴载勋斥以福山系博山界，非所管辖，不顾而去，刘逆遂得安然出博境一节。

查收复太和庄之后，日暮收队，讯据蒲人芷等供称，匪首翟雷带同余匪窜赴淄川及福山峪等处藏匿，即将蒲人芷等一并就地正法。革员恐淄川城内踞匪出扰，与逃回藏匿之贼勾结，随同谢炳、马秉阿督带马步兵勇回攻淄城。初八九等日，派拨员弁指挥兵勇，直逼淄川城下，四面环攻，因城垣坚固，未能得手。革员收复太和庄之后，系恐淄川城内踞匪出扰与逃回藏匿之贼勾结，是以会合官兵专攻淄城。至所审福山峪之贼，系属余匪，另有青州满营官兵及青州府并博山县管带之团勇追捕，并非不顾而去；当时亦无乡民遮留。

如原参：初九日，樊文达带勇南追，至蒙、沂接壤之松仙岭，适刘逆勾来沂匪马步二千余，直入博境，沿庄焚掠。樊文达退守八陡庄。青州府知府高镇带勇而来，适被冲突，随员郑姓阵亡。该逆由东路山径直赴淄城，所过村庄，悉被焚毁。吴载勋等带兵潜回周村，博山告急，亦置不理一节。

查棍匪由松仙岭窜入博境，樊文达退守八陡庄，并青州府知府高镇与贼接仗，委员郑启勋被害，系九月初八九等日之事。此二日革员会合官兵专攻淄城，曾经禀报有案，并非潜回周村。其时革员亦不知棍匪由松仙岭窜入博境。迨探知高镇被匪围困于石门山寨，革员即移会青州协领倭绅带队往援，亦经禀报有案，委非置博山告急于不理。

---

① 原文如此，前为司义盛。

如原参：十一二两日议攻淄城，因兵索饷中止。十三日与沂匪接仗，未成阵而败，沂匪扑向淄城东北而去，毫无阻挡。探查淄城内贼仅数百，十里内外民舍悉被烧毁，任意纵横，官兵但株守周村，绝无动静一节。

查初八九等日，革员因攻淄城未能得手，初十日夜半复与谢炳、马秉阿督队前往袭城。正在出队时，谢炳所带勇队忽因索饷不前，折回周村，经革员与谢炳截留回营。十二日，革员探闻棍匪东窜，势将援应淄城，当即知会满营兵由南路兜击，一面与林士琦带队迎剿，在谈家庄地方遇贼，击毙三十余名。忽有另股贼匪翻山抄袭，勇队由西南撤下，经高唐等营官兵向前轰击。贼势败退，复追杀十余名，天晚收队。十三日，革员与林士琦督队在前河庄接仗，毙二十余名，夺获云梯九架。十五日，革员与谢炳等督队追贼至解庄等处，因见淄城附近有火光数处，恐城内之贼袭我之后，收队回营。十六日，革员与谢炳等督队复攻淄城未下，均经禀报有案，实非拥兵株守专顾一隅。二十日，即奉前抚宪奏委留办防务之陈道带领马步兵勇到淄督剿，革员奉文专办支应。

以上革员剿贼情形，皆有历次原禀暨前抚宪原奏可查，实无通贼情事。不敢捏饰，亲供是实。

据前署淄川县候补知县麟盛亲供：

窃照同治元年冬间，毕侍郎奏陈淄、博贼情折内，牵涉卑职各情，蒙提会审，谨照原参，详叙亲供。

原参：同治元年七月，淄川土棍蒲人芷等讹诈当店不遂，暗勾刘德培入城，经汛官李鸿图说合，得赃八百两，鸿图亦分赃二百两。该逆分布死党，据四门，占书院、文庙为总局，卑职署篆淄川，以将卸事不问，刘德培据城，始坏于卑职之推诿。贼初入城，不及百人，但擒首恶，余党悉解一节。

查刘德培系淄川县文生，因于咸丰十年间闹漕，经前任淄川县多仁详革，解省中途脱逃，投入淄川李金鳌团内，滋事逃逸。多仁任内，曾奉文通饬缉拿。卑职到任，照案接缉未获。淄川西关有永和当店，于咸丰十一年被南捻焚掠，多令详请议赔。卑职到任后，尚未奉到批示。因各乡民以永和当与城内永庆当系属一家，不时向永庆索赔当号。卑职一面具禀，一面饬令赔偿。该当即行料理清楚，乡民并未滋事。卑职前往弹压，实无蒲人芷其人，亦无刘德培在内。汛官李鸿图有无说合得赃情事，暧昧之事，无从知悉。

淄川自奉文办团，城内绅士王维塘等，本将书院为团局，并非创自该逆，卑职曾不时赴局练勇，讲习技艺。同治元年七月间，卑职连日下乡捕蝗，刻无暇晷，十二日，复赴南乡相验命案，均属有卷可查。刘德培乘卑职不备，自行混入城内，即在书院潜匿，并非蒲人芷讹诈当店，暗勾该逆入城。卑职访闻驰回，曾经设法查拿，因交卸伊迩，呼应不灵，以致未能拿获。后任李凤韶，于十六日到淄，十八日接印，卑职当向李令告知情形，交卸晋省。新旧交接之际，城内安堵如常，四城门亦无一人把守。刘德培究于何时聚众滋事，未悉其详。实无因将卸事，推诿不问情事。亲供是实。

据记名道陈显彝亲供：

原参：职道于九月二十日到营攻城，毫不得手；又听吴载勋谋与刘逆通书，意在招抚，不知自取侮辱一节。

职道奉前抚宪奏委督剿淄城踞匪，于同治元年九月二十日，带领兵勇到淄，即于二十一日夜亲督各队，四方环攻，只因城高且坚，未能得手。随经禀明前抚宪先行出示射入城内，意在诱擒首恶，解散胁从。讵刘德培性成桀骜，掷出红禀，词甚狂悖。职道当将红禀封呈前抚宪在案，并即督造高大云梯，制备挡牌、喷筒、火箭等项，督同游击马秉阿、都司马春峤等各军暨青州满营官兵，在城之东、西、北三面，分布扼扎，距城皆在一里以内，商定克期进攻。一面分挖地道，安放明雷，以备轰入。计自九月二十二日至十月中旬，先后移营，节节进攻，虽守城之匪多有伤亡，无如淄川地本近山，城用石垒，墙高濠阔，极为坚固，每遇进攻，城上枪炮矢石如雨，以致屡攻未克。均有历次移禀可查，实无听吴守之谋与刘逆通书情事。

又原参：探查官兵扎营情形，大概偏于西北，而东南一带，但赖乡勇防堵。二十八日，贼匪出城，冲破乡勇队伍，裹去四十余人。团长向大营告急，亦置不问。二十九日，樊文达带勇赴大营送米、豆、猪、羊、干粮等物，被陈显彝留办营务一节。

淄川城周围八里，城外河沟围绕，约有十四五里。其时所部兵勇，不过三千名，四面安营，兵数过少，未能合围，不得不辅以团勇。派兵拨勇，无非因地制宜，并非疏于东南，而偏于西北。九月二十八日，亦无贼匪出城冲破乡勇队伍，裹去四十余人，团长向大营告急，置之不问之事。博山县知县樊文达，系于九月二十八日奉前抚宪札饬，随同职道攻剿，带勇赴营，间亦回署清理公事，并无被职道留办营务情事。

又原参：探查淄城贼不过七八百人，内中并有南匪。又闻司冠平在临淄县境，勾结南寇。据莱芜牟城寨探信，费县三官庙棍匪竖旗有北窜之势，若与南捻合伙，势更蔓延难制一节。

当日淄城逆匪多寡，虽不知确数，惟据逃出难民、拿获奸细，金供贼党约有二千余人，亦有南匪、沂幅在内，并称势已穷蹙思窜，盼外援甚急。曾饬各营将士加意严防，无使内外勾结，并未供有司冠平在临朐县境勾结南寇，并费县三官庙棍匪竖旗北窜之语。职道自抵淄后，至十二月下旬，不时亲督各军，直至城下，明攻暗袭，不计次数，并击退城内窜出扑营大股悍匪二十余次，陆续毙匪无算，阵斩贼目，并生擒贼匪卢得城等数十名、长发贼名姬双城等十二名，先后在阵前正法，夺获枪、炮、军械、马匹无数；并于二十六日，探有大股南捻窜至东马岭一带，距淄

城仅数十里，系为救应城内贼党而来，当即分派守备韩登泰、米
大泉各带兵勇，前往堵截。韩登泰等遇贼奋力剿杀，贼即败退，
仍由原路回窜，并未任令勾合。外援既绝，淄城贼势遂孤。均经
随时报明有案，实无通贼情事。亲供是实。

据棲霞县知县郑景福、前任章邱县县丞候补知县李钤亲供：
同治元年八月间，淄川县知县李凤韶以革生刘德培聚众入城
滋扰等情，禀蒙前抚宪檄饬署济南府知府吴载勋驰往淄川县，督
同该县李令确查起衅根由，将首先肇衅之人惩办。吴守于闰八月
初六日，随带卑职等自省起程，因沿途阻雨，至初九日驰抵淄川
县。维时道路宣传，博山县太和庄被匪焚掠，探悉刘德培聚众进
城，占据书院。该县李令屡次谕令出城，刘德培阳奉阴违，啸聚
不散，城上设有枪炮，四城门皆有人把守。吴守不避危险，肩舆
入城，饬县查传。刘德培饰词外出，不肯出头。随令卑职等赴团
局察看情形。卑职等寻见刘德培查询，据称不敢为匪，情愿散团
出城。诘以焚掠太和之事，刘德培坚称翟雷自与太和庄寻仇报
复，与伊无涉。吴守因未带兵勇，城内绅团书役又皆纷纷逃避，
存汛兵丁仅十余名；察看刘德培逆迹昭著，必须厚集兵力，方可
聚而歼旃，若在淄发禀请兵，恐刘德培闻风先有准备，当令卑职
等传谕散团，暂为羁縻之计。吴守即于初十日回省请兵剿捕，并
非专事调停。吴守在淄，刘德培始终匿不出头，实无联为师生，
授受礼物，许给令旗箭剳准其城外各处设局之事。卑职等不敢扶
同捏饰，亲供是实。

74. 前巡抚文煜北援统带兵勇实数片
同治三年五月十五日

再，臣接准户部咨，以前抚臣谭廷襄具奏前抚臣文煜于咸丰
十年八月间，统带兵勇赴北援剿，复折回山东追剿逆捻，并是年
八月间，先在寒亭等处防堵海口，用过盐粮等项银两，行查军机

处暨兵部所复兵勇各数，与册造未符，速即详细查明复奏等因，当经转饬去后。

兹据原办委员候补道董步云复称，查原册满、绿官兵一千四百三十四名，内德州满兵一百名，德州会齐之泰安、高唐、临清、德州等营马守兵六百三名，先由寒亭防所起程之兖、曹、东昌五营官兵六百五十四名，又营务处随征差遣兵五十五名，抚标左右两营兵二十二名。以上绿营官兵除随征调遣零星兵丁七十七名外，其余官兵均在奏明原续调派三千名之内。嗣因东省防务紧急，原调兖、曹二镇之兵未能续到，胶、莱、文、即四营官兵四百名截留追剿南捻，此与原奏三千名数目未符之实情也。

至副将文英系奏明统带札调来省等候各路官兵到齐，统带赴通，听候调遣，先由藩司筹给一月盐粮。该副将虽经到营，嗣因东境捻匪窜扰，旋即折回，并未在支应局领过盐粮，是以原造册内并无其名。又随征壮勇三千名，即五月二十三日奏雇防夷之二千名，八月二十四日奏拨一千名，委员管带赴直听调。又因南捻攻扑济宁，饬令府县雇勇一千名，由前署抚臣清盛统带迎剿，均经先后奏明在案。

以上各条，逐加确查，均系按照到营兵勇实在名数核实造报，内有原奏数目较多随时截留裁撤并未到营到防者，概不开支盐粮，以昭核实等情，详请具奏前来。

臣复加察核，均属相符。除抄录各原案咨部核办外，所有查明兵勇实在数目缘由，理合附片陈明，伏乞圣鉴。谨奏。

75. 查办潘黄氏呈告藩司贡璜折
同治三年六月十五日

奏为故员家属呈告藩司在道员任内科索陋规，先将查办缘由，恭折具奏仰祈圣鉴事：

窃照本年六月初一日，臣拈香回署，据孀妇潘黄氏拦舆投递呈词一纸，据称系已故前署寿光县知县潘运第子媳，因藩司贡璜前在登莱道任内，科索潘运第致送节、寿、季规等银六百余两，呈请饬该藩司如数赏〔偿〕还等词；并抄粘库帐及已故掖县知县许乃恩信函为据。臣接阅之下，殊深诧异。查外省上司收受陋规已干例禁，今称科索，尤应确查。虽该孀妇具呈不列抱告，例不应收，事干牵涉大员，是否属实，亟宜彻底根究。当即批交臬司丁宝桢提传潘黄氏审讯去后。

兹据臬司详称：传潘黄氏讯据供称，咸丰八年至十年间，伊翁潘运第署寿光知县任内，贡藩司时任登莱道，曾送过节、寿、季规银六百余两。余供与原呈大略相同。诘以何以不遣抱告，则称伊翁、伊夫均已病故，现有伊子潘明湘因案候审，患病取保，未能前来，此呈系伊姪潘明杰所写，数日前已遣回南。诘以送银有无该藩司收受字据书信，则称乌有，惟以库帐及已故许乃恩信函为据。诘以许乃恩原信何不呈出，则称收藏在家，俟京控乃能呈阅。诘以馈送银两既无收据，曾否送到均无从知，若以库簿为凭，此等库簿向系本署自行登记帐目，他人从不稽查，当时事后尽可捏造。至呈内所称家丁、库书等，该故员当日自知多有亏空，何难遇事串通，自告自证，更难为据。

至许乃恩原信业经当堂究诘，即应呈出附卷，方为有据，何以屡经追究，转以京控为词？况许乃恩信内词语不近情理，且系故员，即将原信呈出，是否该故员所书，已属无从质对，何能凭据。再诘以致送节、寿、季规并非公用，今云库书库帐，是何得擅动库款，该氏亦俯首无词。且查潘运第历任交代，甫于数日前由藩司会同交代局司道核出亏空约有三万余两，尚未核清揭报，似此恃妇狡展，实系以牵引无据之词，先为挟制地步，详请从严究办等情前来。

臣复查该臬司所详是潘黄氏供词，业已游移无据，但事关牵涉藩司大员，若不复加讯审，无以帖服其心。如该藩司实有收受陋规确切凭据，臣惟有据实纠参，断不敢稍为护庇。倘该氏系因交代亏空之故，砌词狡展，亦当从严惩办，儆此刁风。当即一面批饬臬司饬提寿光县库簿、库书人等再加秉公查讯，从严详办；一面饬查该故员潘运第亏空库款实数，并行奏闻办理。

除照抄原呈及所粘之库帐、信函咨送军机处备查外，所有现在查办缘由，理合据实先行恭折具奏。

同治三年六月二十九日奉到回折："议政王军机大臣奉旨：'另有旨。钦此。'"

同治三年六月二十二日内阁奉上谕："阎敬铭奏，故员家属呈告藩司在道员任内科索陋规查办情形一折。据称已故前署寿光县知县潘运第子媳潘黄氏呈称，藩司贡璜前在登莱青道任内科索潘运第致送节、寿、季规等银六百余两，请饬藩司偿还等词，并粘抄库帐及已故掖县知县许乃恩信函为据。提讯潘黄氏供词游移无据。查潘运第历任交代亏空约有三万余两，潘黄氏牵词呈控，难保非先为挟制地步，现在详细查办等语。此案潘黄氏如果因伊翁潘运第任内查出亏空银两，砌词控告，意存挟制，刁风实不可长。贡璜于登莱道任内有无收索陋规，亦无难确实查明。著阎敬铭秉公详查，据实具奏。钦此。"

76. 陈吏治积弊并潘黄氏呈控藩司贡璜片
同治三年六月十五日

再，东省吏治之弊，臣于前月回省后，奏报周历兖、沂、曹三府情形折内，附片略陈，仰蒙圣训周详，谕臣以实心实力。臣感激奋励，于积重难返之中，力求挽回之术，实以清厘交代为亟务。盖州县清算交代，本属照例应办，在东省尤为切中时弊，而在属员则诧为固执刻薄逼迫不情之事。财赋之亏，人心之蠹，纲纪之隳，皆由于此。治病必求其源，敬为我皇太后、皇上陈之。

窃查东省钱粮，岁额应解司库者二百七八十万两。果使正额尽归于公，即地方间有灾缓，军需间有垫办，何至十余年来前后比较，惟同治二年通岁库收一百八十余万两为最多，此固不能尽诿之水旱盗贼也。

天下不多廉吏，亏欠侵挪之案，何省无之。然惩一儆百，人知畏法而不敢为，何以东省州县视为故然。问之则皆以亏累为词，参之则皆有用款可抵，源流莫辨，出入混淆，此又非纠参一二亏案所能清理者也。

溯查自道光二十八年办理清查以后，至今十七年来，各州县多不按限、按任清算交代，日积月累，新旧各案，有五百余起之多，前后轇輵，彼此抵牾，千头万绪，总以官非一任，事非一时为支饰之词。幕友舞文，官吏狡执，动即束手。迁延时日，固结违抗，必使交代无结算之期，则侵挪无显露之日，将来万难延搁，不过再办清查，有著之款，通融列抵，无著之款，咨追摊赔，国帑仍属虚悬，身家依法得计。此其私意极愿上司姑容宽纵，上下包庇，方且感激颂誉，一经认真盘诘，则彼此牵涉，攻讦纷起。全无愧悔之意，畏惧之心，刁诈巧滑，党为锢习。且以附近京畿，动作蜚语，诩为能技。唐臣魏徵有曰："下多轻上，渐不可长。"宋臣司马光有曰："为下者常盼盼焉伺其上，为上者常惴惴焉畏其下，争务先发以逞其志，如是而欲求天下之安得乎！"

夫东省水灾、盗贼犹外患也，人心蠹而财赋亏，纪纲隳而政事坏，其忧方大也。议者或谓不易挽回。臣以受恩深重，不敢敷衍推诿，时思针膏肓而起废疾，以为清交代始能杜侵挪，杜侵挪始能正财赋，财赋清而后百事可以徐理。臣于督催交代，亦非格外苛求，仍令照东省向办成案分晰核算，无亏则接，有亏则参，坦白易行，删去纠绕。

自臣去冬回省后，破除情面，力为督催，现已算明二百余起，尚有二百余起，严催查案提算。而不肖之员，虑事将败露，

挟其伎俩，百计阻挠。如已故寿光县知县潘运第亏款甚巨，臣督
饬藩司正在查办间，即有该故令之媳潘黄氏不列抱告，拦舆呈控
藩司贡瑞收索陋规一案，其为主使有人，显然可见。此犹初启其
端，巧为尝试，暗中观望者不知凡几。设一消弭掩盖，即为其所
挟，必至政令不行。臣自矢无私，有何疑惑。应请此后倘有属员
揭告上司收受陋规，如查有确凿实据可凭，臣即立为参办，不敢
瞻徇。如系摭拾造作，意图挟制，亦即立案不行，仍治以诬捏之
罪。庶期刁风可息，人心可挽，而政事渐清矣。

　　臣愚昧之见，是否有当，谨附片陈明，伏乞圣鉴训示。
谨奏。

77. 潘黄氏京控藩司贡瑞审系虚诬折
同治三年十二月十二日

奏为故员家属京控藩司收受陋规，审系虚诬，按例定拟，恭折奏
祈圣鉴事：

　　窃臣接准都察院咨："同治三年八月二十八日奉上谕：'前
因阎敬铭奏已故前署寿光县知县潘运第子媳潘黄氏呈告，藩司贡
瑞前在登莱青道任内科索潘运第节、寿、季规等银，请饬偿还，
并查出潘运第历任交代亏空约有三万余两，潘黄氏呈控，难保非
先为挟制地步各情，当经降旨交阎敬铭详查具奏。兹据都察院
奏，潘黄氏遣抱告家人黄荣，以藩司贡瑞收受陋规，巡抚阎敬铭
徇庇回护，臬司丁宝桢委员代为弥缝，请简派大员来东查办等
词，赴该衙门呈诉。阎敬铭系朝廷封疆大吏，于特旨交审之件，
谅不敢祖护属僚，蹈向来官官相护恶习。其是否潘黄氏因潘运第
交代亏空，意图挟制，及藩司贡瑞在登莱青道任内有无收受陋规
确据，均须彻底根究。此案仍著交阎敬铭亲提人证卷宗，秉公详
查，据实具奏，毋稍偏徇，抱告黄荣该部照例解往备质。钦此。'"

　　臣查潘黄氏呈告藩司贡瑞在登莱青道任内收受已故前署寿光

县知县潘运第致送炭资、节规、季规、寿礼等银计七条，共银六百余两，其所指以为据者，一系故掖县知县许乃恩之信，一系经送之家人范成，一系呈出之私簿库帐与寿光县库簿、库书，事之虚实，不难三面对质，彻底根究，以期水落石出。该司贡璜旋因奉旨来京，另候简用，交卸藩篆，仍遵旨在省候质。臣即督同臬司恩锡，提集人卷，秉公查讯。

　　如潘黄氏所指许乃恩之信，此等故员信函，尽可捏造，本难执以为据。况提到该故员之子许台身，将此信给与阅看，据供并非伊父手书，亦非幕友笔迹，不敢指证。是其信函已不足为据。又如该氏所指经送之家人范成，系属要证，如果情真事实，自应带其挺身投质，乃饬历城县屡次查传，范成并无亲属，早经外出贸易，不知去向。诘讯该氏，亦不能悉其行踪，无凭提质。是其家人亦不足为据。

　　又如该氏呈出之私簿库帐，所记炭资等银共计七条。其谓私簿为故员潘运第所书，无从查问，必须与寿光县之库簿一一符合，库书又能言之凿凿，方能定断。今提到寿光县库簿，一系流水簿，一系存提簿，系一帐登记两簿，名异实同。库簿共二十册，均未钤盖印信，提用之帐，逐日多有。饬令该县库书王连升、王绪堂与其私簿库帐七条，三面查对，乃该县库簿内并无此项提银帐目者三条，有提银帐目而不注明用项者两条，有日期银数不相符合者一条。惟其库帐内所记八年十二月十九日炭资银五十两一条，该县流水库簿内是年月日有提银五十两之帐，旁注送登莱道炭资，而存提库簿内是年月日提银之帐又不注明何用。若以该氏帐簿为凭，何以与库簿诸多不符。若以该县库簿为凭，何以库簿又彼同此异。其中如何情弊，诘之库书王连升等，佥供潘县官帐房，日有提项，不记其数，均不知其何用。库簿帐目系该书等所写，流水簿内旁注送登莱道炭资系帐房吩咐注写，存提簿内未为注写，系帐房未经吩咐。其是否提去致送登莱道，以及登莱道曾否收受，该书等均不知悉，不能指证。是其所呈之私簿库帐与所指之库簿、库书，即一面之词，又不相符合，皆不足以为据。即五十两炭资一条，无论系帐房令写，送否不得而知。而一簿注明，一簿未注，且查存提簿专系该故员提用之帐，果有其事，自应于存提簿注明。今彼此互异，亦难执一簿以为据。

据该司贡璜亲供，前在登莱青道任内，委无收受前署寿光县潘运第节、寿、季规、炭资等银，请根究收受确据。讯之该氏，除此三者别无证据。至所控弥缝裁换该县库簿各情，提同该氏与库书、库丁三面看明，并无裁换情事。

又如所控该司贡璜因尅扣平余与库大使齐云布互骂一节。讯据库大使齐云布亲供，本年四月间，贡藩司因砝码用久，小砝与大砝轻重参差，曾严斥库吏何不早请更换，并将该大使申饬，曾经详咨工部颁领新砝，发库存用，有案可查，并无彼此互骂暨尅扣平余情事。

又如所控该司贡璜买历城县民女白二仔为妾一节。讯据该县民人柏玉起供称，上年十月间，将年甫十五之女，凭昔存今故之媒婆张氏作保，典给库大使齐云布为婢，本年九月间给伊领回，已嫁与廷祐为妻，并非卖与贡藩司作妾。

以上各情，均经查讯明确，该氏所控皆无确据。若非因该司贡璜于本年五月内会同交代局核出潘运第历任亏空，何以不先不后，即于六月初一日来臣衙门讦告？其为意图挟制，阻挠政令，已属显然。此等刁风，断不可长。乃一再研鞫，该氏坚执控词，异常刁健，不肯承招。然众证已明，毫无确据，未便任其恃妇狡展，致滋拖累，应即拟结。查例载："内外问刑衙门审办案件，其有实在刁健，坚不承招者，如该徒罪以上，仍具众证情状，奏请定夺。"又"蓦越赴京告重事不实者，发边远充军"各等语。此案孀妇潘黄氏京控前任藩司贡璜收受陋规各情，均已审系虚诬，该氏虽坚不承招，而众证已明，自应按例问拟。潘黄氏合依

"蓦越赴京告重事不实者，发边远充军"例，拟发边远充军；系妇女，照例收赎。抱告黄荣讯不知情，应免置议。前任藩司贡璜审无收受陋规确据，应毋庸议。藩库大使齐云布典民女为婢，尚无不合，亦毋庸议。潘运第亏案另折参办。除将各供封送军机处，并咨部备查外，理合恭折具奏。

78. 潘黄氏诬告系为阻挠交代恳旨严示片
同治三年十二月十二日

再，东省吏治废弛，财用空虚，实由不清交代之故。盖交代清，则州县不能亏挪，庶几财用充裕，以佐度支，以筹军饷，以备水旱、盗贼，庶政之兴，以此为基。天下库款虚耗，实由于此。按之东省，尤为治病必治本之法，非同照例虚文也。臣已将诸弊恳切具陈，曾蒙圣鉴。现因地方稍靖，锐意为之。以东省之积习，诚亦知其难也；然不挽此颓风，百废无由具举，即莫大才力，亦无由以为政，况以臣之驽下哉！前任藩司贡璜佐臣为理，谨密考核，不避嫌怨。乃各案亏短甫经查有端绪，即有已故寿光县知县潘运第之媳潘黄氏讦告贡璜收受陋规之案，仰蒙圣恩鉴臣无私，命臣审办。臣督同新任臬司恩锡，切实讯查，并无收受确据，所控各节均已坐虚；而潘运第任内亏空实有三万余两之多，其为挟制地步，已可概见，由臣分别专折据实奏陈。

臣受恩深重，不敢徇庇属员；此案情节必蒙洞察无遗，臣亦无庸自辩。惟念讦告之事小，挟制之事大；挟持一人之事小，阻挠全局之事大。山东积案交代，自前抚臣崇恩于咸丰七年九月奏明设局，限十个月完结，办理七年，愈积愈多。臣力反积重之势，排去众议，志期必行，因有该氏控案，不为摇阻，更行加力勒查。现在旧案已一律算结，新案交代，自五月以后，无不勒令遵依例限，核结清楚，已见大改前辙，非敢徒托空言。

正督饬前藩司贡璜破除顾忌，严清积案，乃潘黄氏即首开讦告之风。该氏妇女，何知为此，观其两次具控呈词，深文巧诋，其为有人暗中主使，不知几何。倘遇事隐容，则当比厘剔积弊之时，其从前亏挪巨项者，臣于初案已严参五十余员，二三两案计亦不下数十员。暗中侵蚀在旁观望者甚多，自知必危，必更将接踵效尤，不论阘告为何事，污蔑为何人，毁谤诬讦有何忌惮。即使情虚审实，治以应得之罪，而政事已为牵掣动摇。况风传影射，诡计百端，又不必尽出名诬控哉！当事者或畏其诋陷，谁复不顾利害，甘任怨谤。即臣一人竭力，亦乏指臂可使。孤立无倚，专欲难成，必至泄沓唯诺，相率袖手。同官不思禀揭，上司不欲纠参，政令不行，法挠于众，交代复行停搁，财用日益亏耗，鬼蜮诡谲，以得志而愈肆狂行，滔滔者将何所底。若非惩一儆百，风气绝难挽回。此关系理财之大端与通省之吏治，非小故也。

臣身膺重寄，图答厚恩，惟有破除情私，以正率属。即如上司收受陋规，例有明禁，亦不能因杜人挟制稍事姑容；而挟事诬讦之案，则必均予严惩，以清治本。仍请严旨昭示，如该上司实有勒索确据，该属员即时禀控立行，加等严究，以为贪婪猥鄙者戒；其属员或事后因事挟制控告者，亦即立案不行，仍加等治罪，庶上下之分明，廉耻之维立矣。

臣愚昧之见，是否有当，谨附片具奏，伏乞圣鉴训示遵行。谨奏。

79. 奉旨饬拿为匪之富户查无不法情事折
同治三年六月二十八日

奏为奉旨饬拿为匪之富户，查无不法情事，恭折据实具奏仰祈圣鉴事：

窃臣前在峄县行次，承准议政王军机大臣字寄："同治三年四月二十一日奉上谕：'给事中博桂奏逆党漏网复行啸聚一折。

据称风闻山东单县地方，有富户朱世德弟兄，家资颇厚。咸丰九年，朱世德恐捻匪进庄抢掠，将银两、牛马等物投献贼营，并将其孙过继捻匪头目张连随为子，暗引匪党入城隐匿朱世禄家中。后因事败，旋各逃窜，潜匿茶山地方。朱世德等先后漏网，恃有捻党为援，横行乡间，霸占族邻庄田，抢千总曹姓之妾为妻。现复啸聚数百人，私造军器，蓄养马匹，自称系前明后裔，与逆党蒋魁、蒋虎为心腹，令张升、吴住为健将，种种不轨，请饬查拿等语。山东全省甫经肃清，如果有此等不法之徒啸聚横行地方，官畏其凶横，隐忍不办，势必又酿乱阶。著阎敬铭按照博桂所奏各情，遴委贤能之员，密速查拿，从严惩办，以靖奸宄，而安善良。原折著抄给阅看。将此谕令知之。钦此。'"

伏查朱世德与弟朱世禄系东省著名富户，其姻亲多系仕宦之家，绝不闻有前项不法情事。臣随沿途查访，并于行抵单县时派弁密查，亦毫无端倪。臣恐扰累善良，又恐官吏索诈，未敢遽行饬拿。因曹州府知府来秀在任两年，情形熟悉，臣委令亲往确查，据实禀候核办，不准一字隐饰。

兹据该府来秀禀称，如原奏"风闻单县地方有富户朱世德、朱世禄系属弟兄，家资颇厚。咸丰九年，当皖捻窜扰之时，朱世德恐其进庄抢掠，随备具银两、牛马等物先赴贼营投献，并将其孙三旺儿过继与捻匪总头目张连随为子，暗引匪党入城隐匿朱世禄家中，即由其家后墙暗挖地道。后因事败，旋各逃窜潜匿茶山地方"一节。查得朱世德系甲午科举人，与其弟朱世禄均系单县巨富。因咸丰年间捐助军饷并防剿出力，朱世德由候选郎中历保花翎候选知府；朱世禄由候选中书，历保花翎知府衔候选同知。其人性情粗率，语涉夸张，与朱世德平素尚称安分。咸丰九年八月间，皖捻窜扰单境，朱世德等与邻近各团齐集团丁，随同地方官扼要堵剿，将匪击败，追逐出境。此阖邑士民所共见共闻，并无备具银两、牛马投献贼营并将其孙三旺儿继与捻首为子情事。当时捻匪并未进庄，县城亦未失陷，所称暗引匪党入城隐匿家中，更属毫无影响。至于茶山系霍邱、六安一带出茶之所，并非地名。

又原奏"朱世德、朱世禄先后漏网，今恃捻党为援，益无忌惮，横行乡间，霸占族邻庄田二百余顷，拆毁房屋二十余处，强抢千总曹姓之妾邵氏为妻，致曹姓气忿自尽，种种凶恶，不法已极，本处居民受其害者，指控累累"一节。查得朱世德等并未通贼，亦未横行乡间。如果霸占族邻庄田二百余顷，拆毁房屋二十余处，被害之家岂肯甘心隐忍，缄默不言。今访之阖邑士民，咸谓并无其事，检查府县档册，亦无告发之案。只有刘朱氏因钱债细故控县讯结，此外别无控告案。据上年春间，朱世禄曾买金乡县人邵氏为妾，并非强抢。后因邵氏不安于室，逐归母家。邵氏曾为曹姓之妾，并无曹姓因邵氏被抢气忿自尽之事。

又原奏"朱世德不时常赴茶山地方来往居住，今伊因势焰鸱张，随招集亡命啸聚数百人，私造军器，蓄养马匹，自称系前明后裔，与逆党蒋魁、蒋虎为心腹，令张升、吴住为健将，其种种谋为不轨之处，实堪发指"一节。查得朱世德等向在各处开设店铺，近因被扰，半皆歇业。本年朱世禄赴霍邱、六安一带作茶行生意，伙计系朱赓岐、杨昇二人。如其招集亡命啸聚数百人，私造军械，谋为不轨，无论如何秘密，终难掩人耳目。今查讯其四邻贡生李用枢等称，朱世禄贩茶属实，并未与朱世德通贼为匪，均愿具结。惟朱世禄素性吝啬，往往不满于人口。此时人心不古，因此造言诽谤，任意播扬，亦为事之所有。若谓其种种不轨，委实不敢诬指等情。由藩、臬两司核明具详前来。核与臣所查情形若合符节。

臣查候选知府朱世德，候选同知朱世禄，被参通贼为匪，霸人庄田，拆人房屋各情，均属影响全无。即朱世禄将买妾邵氏逐归母家，并无不合，原参强抢酿命，亦查无实据，应请毋庸置议。理合恭折具奏。

80. 各驿接递夹板报件并无私拆情弊折

同治三年九月十七日

奏为查明山东各驿接递江苏省夹板报件，并无私拆情弊，恭折奏祈圣鉴事：

窃查接管卷内，准兵部咨："同治二年三月初十日奉上谕：据李鸿章奏称，前办理通商大臣薛焕，于本年二月十七日接到军机处发回二月初五日四百里夹板一副，兵部与军机处印封俱已拆损，并奏事折失去。该抚查阅兵部火票粘单，有清口驿马夫张顺声明夹板内并无印花切结一纸，自系清口驿以上驿站私拆，请饬查究等语。驿递军报要件，胆敢私行拆阅，并窃去折件，尤属可恶之至。除饬军机处将折内所奉谕旨补录知照外，著兵部于清口驿以上，逐站挨查，并将此件系何站、何人舞弊之处，行令各该督抚，严切根究，从重惩办，以肃邮政等因。钦此。"当经前抚臣谭廷襄饬司委员分路往查在案。

伏查山东湖路驿站，北自德州安德驿起，由恩县之太平，高唐之鱼邱，茌平之茌山，东阿之铜城旧县，东平之东原，汶上之新桥，滋阳之新嘉、昌平，邹县之邾城、界河，滕县之滕阳、临城而入江苏铜山县之利国驿，计程八百零四里。兹据委员候补知县许宝名、李鈖挨站查明：前项限行四百里报件，德州安德驿于同治二年二月初七日申时四刻接收，滕县临城驿于初九日申时四刻转递利国驿交收。各驿抄书，均经照例解看夹板内色封印花系属完固，并未拆损，核计应行时刻，亦未迟延。向例下站接到上站限行文报，如无迟误等事，即给上站马夫回照。当日临城马夫孙尚礼亦取有利国驿收条附卷，取具切结。禀经臬司丁宝桢饬提临城驿抄书、马夫人等，饬发济南府查讯，供亦无异，造具各驿接收转递里数、时刻清册，详请具奏前来。

臣查此案前准江苏抚臣李鸿章咨会，铜山、邳州、宿迁、桃源四州县，于前项限行报件，均系原接原递，未经解看。今山东接递各驿，均经照例解看，夹板内印封完固，取有铜山县利国驿收条，其为并无拆损自属可信。惟铜山等处何以原接原递并不解看，臣已移咨李鸿章再行确查，以期水落石出。除将册咨部外，理合恭折具奏。

81. 查明刘时霖参款并陈迥犯事始末折

同治三年十二月十二日

奏为奉旨查办知县被参各节，并将匪犯陈迥犯事始末拿办情由，据实具奏仰祈圣鉴事：

窃臣十月十八日准军机处字寄："奉上谕：有人奏，山东济南府属济阳县，现有捐纳候补知县刘时霖，在彼肆扰，自称系藩司丁宝桢同乡，随侍多年，因闻警救主，代捐知县，委带毛勇，赴济防堵，藉端横索。候补知县徐大镛、李翼清与之朋比，擅用严刑索诈，实任官员不敢拦阻；向已辞团长陈铜索钱未遂，刘时霖亲率毛勇捆缚陈铜、陈镡，抢掠衣物多件；并嘱徐大镛等逼供抗漕，屡经该邑举人李汝霖等具呈保释，锁押未放；又向王玉山、邓万兴需索钱文，锁押勒贿；并有带勇践踏田禾，图谋民女等情，请饬查讯办等语。知县职司民牧，岂容奴仆人等蒙混报捐，贻害地方。若如所奏倚势殃民，诬良索贿各情，如果属实，大干法纪。著阎敬铭亲提人证，按照所参各节，确切根究，据实具奏，毋稍徇隐等因。钦此。"

窃查原奏所称知县刘时霖将团长陈铜、陈镡捆缚一案。查有济阳县伪团陈迥即陈铜，于咸丰五年间同已获正法之济阳团匪王汶训，聚众一二千人围城抗粮。前抚臣崇恩调兵剿办，该匪等乘隙潜逃。经崇恩奏明饬拿首匪王汶训、陈迥惩办，于咸丰五年四月二十九日奉硃批："知道了。办理情形随时具奏。钦此。"该犯等屡逃未获。臣到任后，查知该王汶训、陈铜为漏网巨匪，任令稽诛，终为大患。当因知县李翼清曾署济阳县，村庄熟悉，派与知县刘时霖会拿该匪。今年二月间，经知县刘时霖、参将何楚隆等带领楚勇及济阳捕役，购线密缉，于二月二十一日先将王汶训拿获解省提讯。历供横敛团费，养勇制械，与在逃之陈迥聚众围城，欲图夺犯抗粮不讳。经臣审明，即将该王汝训就地正法，并即饬拿逸犯陈迥惩办等情，于三月初八日具奏，奉旨："刘时霖等著准其汇案保奏等因。钦此。"

又臣访有临邑伪团赵汶焕于该庄雇勇铸炮，复饬该知县刘时霖将该犯赵汶焕拿获就地正法。于五月初二日具奏。奉旨："所办甚为妥速。东省各属伪团似此者恐尚不少，该抚如有所闻，即当严饬地方文武，相机密捕，尽法惩治等因。钦此。"

查东省办团以来，各属刁民借团滋事，不一而足，惟有严拿巨恶，尽法惩办，除莠始可安良。如王汶训、赵汶焕、陈迥等均系倡首聚众抗官，凶恶昭著之犯。自王汶训、赵汶焕诛后，民情渐为帖服，惟陈迥尚未就擒，当以知县刘时霖搜捕尚为尽力，经臣仍饬该员会同济阳知县俞云林，密往访拿。该员等尚不敢多带勇丁，致启惊疑远窜，曾经禀明重赏购线设计密拿，于六月二十五日始将该犯陈迥即陈铜并其弟陈镡一并拿获，解省发交济南府知府萧培元及候补知县徐大容、李翼清切实研究。该犯陈迥供认与已获正法之王汶训于咸丰五年间，聚众围城，欲图夺犯抗粮，并放火逼民，不准完漕属实；又供十一年间自立团局，按地派钱，私设公堂刑具各情，历供不讳。该犯之弟陈镡，亦供随同其兄陈迥诸多不法情事。此该犯陈迥始终恶迹及拿获到案初供之情形也。

因其弟陈镡是否为首为从，尚在研究拟办间，适奉谕旨查询。臣查陈迥一犯，罪恶昭著，为漏网巨憝，人所共知，且系奏明奉旨饬拿之犯。刘时霖系臣亲派前赴济阳密捕之员，经该员多时缉访，始将该犯成擒。原奏所称索钱未遂，挟嫌妄拿等事，不辨自明。

至刘时霖祖籍虽系贵州，系由寄籍顺天大兴县监生在京铜局报捐知县。该员之父刘祖绶曾任广东揭阳、东莞等县典吏。该员与丁宝桢素不认识。因丁宝桢在湖南募勇时，该员适在湖南，查知在两湖军营带队勇敢，饬调来东。又因在东昌剿匪案内，经臣保奏以同知留东补用。该员到营之日，臣即查悉履历，原奏所称系藩司丁宝桢同乡，随侍多年，闻警救主各节，实无其事。

东省候补知县中并无徐大铺、李翼清之名，惟有徐大容系济南府承审陈迥之员，李翼清系经臣派协捕并承审陈迥之员，均系饬派办公。原奏所称私相朋比，嘱令逼供各情，亦无容辨。

又邓万兴系济阳县蠹役，经丁宝桢在臬司任内，访闻该役与王允山即王玉山有讹诈乡民情事，檄饬刘时霖催令济阳县锁解赴省审讯，现归另案办理。是邓万兴、王允山系提案究审之人，刘时霖系奉檄催提，原奏所称诬良勒贿各节，亦属舛误。

以上各情均系现办之案，共见共闻。至该同知刘时霖所带济安湘勇，尚能约束得宜，奉公亦尚勤奋。原奏所称带勇践踏田禾，及图谋民女二事，是否有无，臣亦未敢遽为深信，现经密查多日，亦无影响。

臣受恩深重，力求整饬官方，属员中果有流品淆杂，倚势殃民之人，臣岂敢任使于前，徇隐于后。刘时霖被参各节，应请毋庸置议。

东省官民，近岁风气最善以架虚诬讦，造言构陷，颠倒是非。在官者，如诬前抚臣谭廷襄以携妾品茶，与匿名公启，及潘黄氏控告前藩司贡璜；在民者，本年特旨交查之案，如诬单县候选知府朱世德及游击常启云诬王克一等，均系谋反叛逆。其余京控诬告重情尤多，实为人心风俗之忧。此案陈迥一犯，罪大恶极，自知法所不容，未必非暗肆诪张，布散谣言，希冀风闻入

奏，以图幸免。是该犯胆大情狡，既为地方之害，更敢为乱政之
尤，较之王汶训实为凶谲。应请旨将该犯陈迥即陈铜定案时，按
照原犯罪名即行正法，以昭炯戒。其陈镡一犯，应俟审明定拟，
并将此案供招另行照例办理。所有奉旨查办刘时霖被参各款，并
臣拿办匪犯陈迥缘由，理合恭折具陈。

82. 查复运河道宗稷辰情形片
同治四年十二月十七日

　　再，臣钦奉十二月初七日寄谕："有人奏，运河道宗稷辰年
近八十。著张之万、阎敬铭查明该道是否精力尚健。明年漕船北
上，运河能否一律疏通。所辖厅员内，若有年力衰颓，亦著严查
等因。钦此。"

　　查运河道厅专归河臣统辖，惟有事商议，偶尔来见。运河道
宗稷辰年七十余，并无八十。今夏米船入运，该道来往迎送无
误。十一月间，该道能冒风雪至兖州来商领款各事，见其精力尚
好，步履如常。至果能奔驰工次与否，臣未目睹，无由深悉。其
余厅员来见者少，亦概无由知，均应由河臣查明。

　　至来年漕船入运，实难必一律疏通。前已将河运难办实情，会
同河臣具奏，尚未接准部复。今蒙垂询，查河运一事，全无把握，
徒糜虚费，一切皆偶邀天幸，在事人员不顾得失可否，只以目前得
有差使为念，请在圣明洞鉴之中。理合附片陈明，伏乞圣鉴。谨奏。

83. 查明阳信知县苏振甲并非裴宝镛家丁片
同治五年六月初二日

　　再，查前准吏部咨："钦奉上谕：'御史朱镇奏山东阳信县
知县苏振甲，系前任河南延津县知县裴宝镛家丁，在延津任内服
役多年，以军功保举知县等语。著即确切查明，如果所参属实，
即行奏请革职。钦此。'"遵即转行查办去后。

兹据武定府详复："移查，裘宝镛原籍直隶河间县，据该县知县朱溥具复，转据前任怀庆府知府裘宝镛呈称：'前在河南延津县任内，有家丁苏文服役多年，后因年老回家病故。嗣在河内县任内，粤匪围城，贼退后曾经保举家丁李昇、陈荣、傅元等三名，当时声明系属家丁，且实在杀贼有功'，众目共睹，部议均给予九品顶戴，有案可查，并无苏振甲之名"等情，由藩司丁宝桢详请具奏前来。

臣复查阳信县知县苏振甲果否曾充家丁，应会裘宝镛指实，以清流品。既据藩司逐细确查，据前任怀庆府知府裘宝镛复称延津任内家丁苏文已故，河内任内家丁并无苏振甲之名，事属可信，应请毋庸置议。

至该员前因交代案内，查有亏款延不完解，业经请旨革职拿问，查抄监追，容俟讯明，另行核办。除咨部查照外，理合附片奏闻，伏乞圣鉴训示。谨奏。

84. 查明逆产迁移灾民并沿河地方请循旧制折
同治二年十二月十九日

奏为遵旨查办逆产迁移灾民情形，并沿河州县管辖地方仍循旧制，仰祈圣鉴事：

窃臣先于八月初三日钦奉寄谕："僧格林沁奏白莲池教匪削平，附近田畴荒芜，地势甚广，请将曹州府被水灾黎招徕认垦，所筹甚为妥善。著阎敬铭派员详细履勘，务使实惠均沾，有利无弊等因。钦此。"

又于八月十六日钦奉寄谕："前据御史刘庆奏东省招垦荒废地亩，请查明分别办理等语。该御史所奏各情，有无可采之处，著阎敬铭详加酌核，妥议章程具奏等因。钦此。"

又于九月二十七日钦奉寄谕："僧格林沁奏宋逆削平，莘、堂、冠、馆、朝城等县逆产甚多，著照所请，饬令已革直隶总督文煜、已革按察使孙治留于山东，专办兖州、东昌等处清查逆产，招抚灾黎事宜，该大臣拟将黄河以南灾民安置白莲池一带，黄河以北灾民安置刘贯庄、甘官屯一带，即著饬地方官详查办理。黄河改道以来，各州县被水隔绝，请将新黄河以南地方归以南州县管理，以北地方归以北州县管理，著阎敬铭查明办理等因。钦此。"

臣查山东自黄河改道，曹属濮、范一带及滨近运河、大清河等地方，节年泛溢为灾，居民失所。该大臣乘兖州、东昌扫荡之余，请将荒田逆产，招徕沿河灾民耕种，以垦代赈，就地移民，广皇仁而苏民困，甚善举也。迭蒙圣训诰诫，轸念穷黎，臣身任封圻，岂敢心存膜〔漠〕视。惟念移民招垦先以荒地多寡为凭，尤在俯顺民情，善为安插。

臣先奉谕旨，饬查白莲池一带荒田逆产，其时运司恩锡尚在兖州，当即兼饬藩、运两司及该管道府督率地方官，认真履勘，并将御史刘庆所奏抄录行知，详核妥议。其莘、堂等逆产，臣于九月间，先经会同僧格林沁派员协同地方官确查。嗣奉谕旨，饬令臣、文煜等专司办理，臣未敢推诿，仍饬先派委员随同查办东昌逆产，并饬司道将查办兖州荒地逆产情形，随时禀报臣、文煜核议办理在案。兹据该司道并委员及各地方官等，将查勘两处地亩，并灾民碍难迁徙各情形禀报前来。

臣查兖州一带，教匪盘踞数年，其中逆产必须逐细详查，期无隐漏。据该司道禀称：自开局查办，数月以来，勘得邹县白莲池山路崎岖，平地甚少，现在查出山田并附近各处荒地实系逆产者，共一百五十三顷七十九亩零，其泗、费等县为贼所窜扰之区，委无逆产。至各县荒田多少不等，除业主已经回归，陆续勘明给领外，其余未经认领之田，合邹、曲、泗、滕、费五县之地凑计共三百三十二顷二亩零，多系零星小户，逃散四方，一时尚难归复。若以现查数目为断，将查出确实之逆产，畀之灾民，则为数无多，不敷分拨。指未经复业之民田断为逆产，则异时回籍，又起争端。惟有宽以限期，俟逃荒良民回归，勘明认领完竣后，下余实系绝产，再行分别办理。臣查该司道等所禀，系以本境之田，仍归本境逃亡之户，与该大臣所奏，地有原主，自应查明给领，意实相符。惟因册籍混淆，流亡未复，一时难骤查清，宽以限期，庶昭慎重。拟请照御史刘庆所奏，酌定一年为限，如逾期限未领，即行入官。至逆产既属无几，若遽驱曹属之民，使之来充，无论地难分派，且异乡就徙，并无亲戚可依，庐舍可住，来年青黄不接，何术谋生？以曹、单所属郓、巨强悍贫民，群聚于兖州荒乱之地，臣窃不无过虑。他如东阿、平阴等处，亦系黄河以南被水之区，察看各该处沿河灾民，破屋颓垣，自安楼守，金云水涸尚可种麦为生，坟墓之乡，不忍远而他去。盖愚民安土重迁，性类如此。此查办兖州荒田逆产并黄河以南灾民不愿迁徙之情形也。

东昌所属，宋逆倡乱，旋就荡平，其逆产较之兖州尚易察勘。据委员及各县陆续禀报，查出堂邑之甘官屯、刘贯庄附近三里逆产二十六顷八十六亩零；堂邑并莘、冠、馆、朝四县共计逆产六十二顷十亩零，房九百九十五间；观城一县仅有逆产十亩；又临清州查出逆产三顷九亩零，由各该地方出具并无隐匿甘结册报前来。自应量移河北灾民，俾资耕种。

查新黄河以北，濮州最当其冲，范县次之，寿张、阳谷又次之。濮州已成水套，居民无几，半以行船捕鱼为生。范县、寿张、阳谷被水各处，经该地方官禀称，迭经晓谕，有情愿迁徙之民，令其呈报，各该乡民佥称自咸丰五年被水，有力者早经挈家远徙，现在各户或小本经营，尚堪苦度，或佣工糊口，故土难移。臣推原其故，顾恋乡井，固小民之常情；而莘、堂等处逆产，半错出于本地民产田亩之间，风土必相习而后安，亦畏受人欺压，故乡民苦况，不惮独身他处佣工，而不愿携家远徙。此查办东昌所属逆产并黄河以北灾民不欲迁徙之情形也。

臣思愚民可与乐成，难以图始。该大臣良法美意，亟思拯救灾黎，而或事待徐行，或愚情难晓。臣体察至再，派委各员往返查询，不敢不缕陈入告，拟请迁移之举，暂且停议。其两处逆产并兖州续查之绝产，如何办理之处，容臣同司道详议妥筹。总期无利于官，有利于民，以仰副皇上子惠困穷之意。

再该大臣请将新黄河以南地方归以南州县管理，以北地方归以北州县管理，系为稽查易周起见。臣查原奏所称，如梁山地方系寿张县属，现隔黄河漫溢数十里，系属实在情形。惟查寿张南界至梁山七十里，与郓城相近，即无水之时，本属辽远难防，是以梁山营设立都司，以资控驭。黄水决溃之处，平流漫衍，涨落广狭，时有不同，难以画井分疆，扼河为界。至滨临大清河之长清、济阳、东阿、平阴、齐河等处，河南北兼有管辖地方，每年黄水窜入为灾，各该县查勘抚绥，仍自各有责成，不能互诿。州县各地犬牙相错，建置有年，户口土田，久分版籍，一旦割此隶彼，广者愈广，狭者愈狭，凡户册粮额，皆必互更，其中丈量摊寄隐占诸弊，从此而生，恐非旦夕所能清厘，似不如仍循旧制，以为简易。

总之，欲减东省水患，首在治河，自古黄河无废而不治之理。第军务未暇，经费支绌，实难兴此巨工。然愈患愈深，山东渐成尾闾之势，臣五夜焦灼，实属隐忧。现饬沿河各州县查明境内水道，绘图贴说，众议兼筹，容俟事可措手，再行陈明办理。所有遵旨查办逆产迁移灾民，沿河南北各州县管辖地方请仍旧制缘由，谨恭折具陈。

85. 遵筹逆产拟请分别拨营收租并添资书院折
同治三年正月二十三日

奏为遵旨筹办逆产田亩，拟请分别拨营收租并添资书院，以收实用仰祈圣鉴事：

　　窃臣于同治二年十二月二十一日，准军机处寄奉上谕："光禄寺少卿郑锡瀛奏请设屯田养兵一折，著各督抚确切查明，各就地方情形，分别酌度办理。另片奏请饬将山东等省查出叛产给予兵丁屯田，著山东巡抚妥为经理各等因。钦此。"

　　又于十二月二十五日，奉上谕："阎敬铭奏查办逆产，迁移灾民各一折，现在东省白莲池及堂邑等处叛产，并兖郡荒田绝产，是否可以办理屯田之处，著该抚因地制宜，熟筹妥商，总期于国计民生两有裨益各等因。钦此。"钦遵。仰见圣虑周详，筹兵食之猷，寓慎重之意，伏读之下，莫名钦佩。

　　窃惟善政之兴，创始固不可畏难，图终尤宜审虑；取法固贵乎则古，参变尤在宜今。屯田之设，历代不同，约而考之，唐以前沿边设屯，唐、宋以后始兼屯于内地。边地之屯，外以制敌，内以实边，多屯一里即辟一里之疆舆，多屯百人即省百人之糈饷，如赵充国之于金城、诸葛亮之于渭南是也。腹地之屯，分隶于各府州县，或以民耕，或以军耕，寓兵于农，授为世业，如唐之府兵，明之卫所，立法非不尽善。然考其时，皆因千里旷废，户口逃绝，行之于经营创制之初，皆非行之于版籍厘定之后也。

　　现今拟兴屯法，他省情形，臣无由知。即东省而论，查出逆产，本皆纳粮之区，载在户册，皆与民田犬牙相错，畛域不分。且零星段亩，分布各乡，非千里旷绝者比。欲圈为圈地，则民田错杂其间；欲散以分耕，则兵籍散漫莫考。更恐兵恃强力，以占民田，民窥官地而占兵田，各不相安，必起争竞。且兵久断饷，皆愿授田，只此一隅之地，产少兵多，亦难匀拨。此地之不便于屯也。

　　东省营伍久弛，兵皆疲弱，非另筹养兵之费，慎选得力之将，以时操练，难期振作。若使散处田野，自食其力，即不流为惰农，断难训成劲旅。至于召募之勇，更属不谙土宜。况农器、牛种，需用不赀，难令兵丁自备，官代买置，经费又苦无可筹。此人之不便于屯也。

臣再四熟筹，详度时势，兼察兖州、东昌两属情形，惟有参酌唐、宋营田之法，募民耕之而收其租，譬之民间置业招佃之意。收税以归课，收租以养兵。兵不必劳其力，而时仍训练，民亦各食其力，而免于流亡。由地方官为之经理，统计每年所得余赋税外，悉拨各营以资军费。是不必有屯田之虚名，可收养兵之实用。且地方营伍，互相稽核，亦不至如卫所之田有空额偷鬻等弊。按之时势，似属可行。

伏查邹县白莲池逆产一百五十三顷七十余亩，堂邑之甘官屯、刘贯庄等处逆产二十六顷八十余亩，冠县逆产二十一顷三十一亩。各该处之地较多，有各隶一邑之内，毗连不远，经画无难。且兖州、东昌操防尤为吃重，自应将此项地亩合并归营。拟请将白莲池之地拨归兖州营，甘官屯、刘贯庄之地及冠县之地或就近拨归东昌营及临清营，或于彼处详度要隘另立一营。臣前次筹议三省边防，曾经奏闻在案。拟即以此项田亩为立营之经费。总期以有利之田，养有用之兵，方不糜费。臣现经先饬该地方官勘定疆界，绘图注册，赶即招佃开垦，于秋成后完课收租以拨营用。

又白莲池地面较广，尤宜慎重办理，或俟臣于二三月间，将省城事务厘剔稍清，拟即出省，向兖、沂一带巡阅边防，顺途亲勘。如尚须添设官员，即将此项营田专饬该员经办，以专责成。惟营田所出，一时尚难抵饷，盖地系初垦，事由试办，未审每岁出息若干，而饷有定额，遽行议抵，恐有畸重畸轻之弊。臣已专饬藩司，妥行筹议，应将此项田亩所出拨为营用之项，系在何项动支项内扣除，详定章程，以臻妥善。

其馆、莘、朝城逆产及堂邑余产四十顷零八十亩，又临清州逆产三顷九亩零，观城逆产十亩，查系零星小亩，不成片段，且分散各县，难于责成一手经理。拟请分拨各郡邑，俾为书院经费，以之作育人材，亦系教养之一端。

其邹、曲、泗、滕、费五县，未经认领荒田，仰蒙恩准宽限一年，当饬各该县迅行招集流亡，以期复业。

其沂郡、淄川等处，亦经分饬清查，如有逾限未复，实系绝产，及有续行查出逆产，亦当再行妥议，是否可改营田，临时酌办。臣惟期督饬所属，认真办理，悉绝弊端，务令田不归荒，军可得食，以副廑怀。所有筹办逆产，分别拨营收租及添资书院各缘由，先将大概情形，恭折具奏。

同治三年二月初六日奉到回折："议政王军机大臣奉旨：'知道了。本月十七日已有旨交该抚妥筹办理。此次奏报自系尚未接奉前旨，著即遵照一并再行妥议具奏，候旨遵行。钦此。'"

86. 遵旨再议逆绝各产情形折
同治三年二月二十二日具专差

奏为遵旨再行妥议逆绝各产情形，恭折具奏仰祈圣鉴事：

窃臣于同治三年正月二十日承准军机处字寄："正月十七日奉上谕：兹据僧格林沁奏，查出东昌、曹州、临清、兖州等属逆产二百五十七顷余亩，绝产三百三十四顷余亩，请将此项田地入官，招佃耕种，按亩交租，不得照民地仅纳钱粮，以昭核实而裕经费。所奏甚属妥善，著阎敬铭认真办理。并著户部查照定例，此项入官地亩，每亩应交租项若干，移咨该抚遵办。其察出房间，或招租或变价，均著阎敬铭斟酌妥办。所有白莲池应设文武官署等项经费，著该抚另行筹款拨给。其流亡未归荒田，即照该抚前议予限一年，限满不归，一并入官。惟滕县绝产，除零星地亩无庸计议外，如查有在数十亩以上者，自应传集该户家族人等，为其立后，即以该户田地畀之，用示朝廷继绝存亡之意。并著阎敬铭妥筹办理各等因。钦此。"又于二月初六日奉到批折：

"议政王军机大臣奉旨：'知道了。本月十七日已有旨交该抚妥筹办理。此次奏报自系尚未接奉前旨，著即遵照一并再行妥议具奏，候旨遵行。钦此。'"钦遵。臣恭查前奉谕旨时，因租价可收若干，房产若何处置之处，均须详查妥议再行具奏，故将前次遵旨筹议屯田情形，先行奏祈圣鉴。兹奉批谕，饬臣并议，仰见圣虑周详，无微不至。臣益当悉心复核，详细妥筹，以期尽善。

窃查钱粮归于正额，租项出于佃民，二者本不容混。臣前折声明，收税以归课，收租以养兵，原系按亩交租之外，仍照额纳粮，与僧格林沁所请入官招佃之意相符。惟此项所收地租，应归何用之处，僧格林沁未经议及。臣前奏议将白莲池田产拨归兖州营，甘官屯、刘贯庄及冠县之地拨归东昌营及临清营，或于彼处另立一营。其馆、莘、朝、堂、临、观等处余产，拟请分拨各郡邑为书院经费，原因白莲池、甘官屯、刘贯庄、冠县各地顷数较多，可收实用。而各营饷项久缺，今拟于东、兖拨兵镇压，饷糈自应预筹，因拟招佃耕种，除交正额钱粮外，其余租项拨归营用。如办有成效，确数可凭，将来划抵额饷，以裕兵食而省经费。馆陶、临清、莘、堂并朝、观等处地既无多，且系零星小亩，分散各县，难于一手经理，故请分拨各郡邑，仍按原额照旧完粮，而收其租以为书院经费，作育人材，仰副皇上嘉惠士林之意。此臣前奏将查出逆产，分别办理之情形也。

惟兖郡半多山田，荒芜已久，与东昌各属不同。臣现经饬派各属趁此春时，赶行招佃耕种。但试办之初，愿垦者果否踵至，所收租项能得若干，实难预定。兹蒙谕饬户部查照定例，移咨遵办。臣拟于部议章程到日，俟今秋收成后，实核收数办理，务期涓滴归公，以绝官吏侵渔，而免小民遗累。

至所查出房间，臣原拟招租变价，以济实用。嗣查各处房屋，率多茅盖土墙，兵燹之后，门窗户牖俱无，垣墙亦多坍坏，又散在四乡，荒凉僻野，非如城市之业，可以租赁，即变价亦无人肯买，其值更属无多。窃恐无益于事，徒费周折。兹既各田招佃，其佃户人等，不能无地棲身。拟以房间田地相连者，何处房屋，即归何处之田，以为该佃棲息盖藏之所，毋庸再行收租，庶广招徕而纾民力。其中如查有可以变价者，仍核实估变，以充库款。

至白莲池地方，如须添设文武衙署及书差饭食之用，自应遵谕另筹款项，不敢以前奏所议养兵之需致有牵混。

其流亡未归荒田，荷蒙圣恩予限一年，臣亦转饬各属，赶行召集归业，以广皇仁。如有逾限不归，再行入官办理。

滕县绝产二顷八十余亩，仰蒙圣明指示，不得一概入官。臣遵饬各属，查有愿为立后者，即以田产畀之，俾得祭扫有资，以沛圣人覆载无私之德。

所有臣前折所陈并现在复议各情形，总期利归于公，慎始图终，以收实效。至所收之租，是否拨归营用、添资书院之处，恭候钦定。谨将遵旨再行妥议逆绝各产缘由恭折具奏。

同治三年三月初四日奉到回折："议政王军机大臣奉旨：'览奏均悉。所陈逆绝各产分别办理情形，尚属妥协。所请租项拨归营用、添资书院之处，均著照所拟办理。总期利归于公，慎始图终，以收实效。该部知道。钦此。'"

87. 办竣兖州东昌等处逆绝各产事宜折
同治四年七月二十四日

奏为查办兖州、东昌等处逆绝各产事宜次第办竣，并堂邑刘贯庄及冠县逆产仍请添资书院各缘由，恭折缕陈仰祈圣鉴事：

窃臣先于同治三年二月二十二日奏遵旨再行妥议查办逆【绝各】产情形一折，奉旨："览奏均悉。所陈逆绝各产分别办理情形，尚属妥协。租项拨归营用、添资书院之处，均照所拟办理。总期利归于公，慎始图终，以收实效。该部知道。钦此。"

　　臣窃惟逆绝各产，招佃收租之法，因地以定租，因租以制用。租之多寡，以地之高下为准，而后民不苦于输将；用之出入，以租之多寡为衡，而后事可期于久远。有益于国，不外有便于民。臣仰承宸训，慎始图终，不敢虚报以为功，不敢刻期以求效。去年督饬兖州、东昌二府，严催各属地方官，先将地亩勘明坐落界址，以杜欺占之源；再将地之肥硗分别等第，除正项钱粮外，酌度收租若干，以示均平之法；其册报不符及拟议未善之处，复经往返驳查，务求周妥。历据该管府县招佃完竣，将办理情形及地亩租数清册申司禀报，臣详加复核。

　　查兖州府属邹县白莲池地方，半属山田硗确，且久为教匪所据，遍地荆榛，开垦殊属不易。据该地方官查明附近白莲池逆绝流亡等地，除流亡项下由业主认领外，其余逆绝各产，共二百五十五顷二十一亩零，接续招佃认领，共计每年除正课外，应收租京钱一万五千五百九十六千二百文。惟小民甫经招集，垦辟荆莽，百倍艰辛，若即责令收租，实属力有未逮。该地于同治二年克复之后，曾奉有恩旨，愿垦者免租二年。所有各佃应纳之租，应请恩准俟同治五年再行交纳。

　　东昌府属堂邑之附近刘贯庄逆产，共二十六顷八十七亩零，冠县逆产共二十顷一百三十一亩零。接续招佃认领，二处共计每年除正课外，应收租二千六百零七千一百文。及莘县、馆陶并堂邑其余各庄，暨东昌接壤曹州府属之朝城、观城等县零星地亩，应归书院等地，查看三年分即可先后收租，已经饬属照办。此兖州与东昌两府情形不同，起租年限应分别办理也。

　　至各处租数，因地之高下各殊，继难束以一律。查邹县本无上地，按照中、下地分为二等：中地每亩纳租京钱七百文，下地京钱四百文。东昌所属分为三等：上地每亩交租京钱七百五十文，中地京钱五百五十文，下地京钱一百文。臣以下地租数太少，曾经驳诘。据该管府县禀称，下地以正课而论，每亩仅征银一分不等，赋额本轻，则租额不能过重。缘土皆斥卤，民不愿耕，勉谕招徕，只求不任其废荒，未便再行酌加，反难交纳。以上兖州、东昌各地现定租数，按之奉到部文，照乾隆年间淄川成案，每亩交租银四钱五分之数，均属未符。惟查地有肥硗，时有难易，银价钱值亦有今昔低昂不同。各该处当数年兵燹之余，民人失业逃亡，甫经安集，即应交正课，已属拮据。今因其认种官地，令于正课之外，再纳租钱，若非量力以定输将，势必人人裹足。我国家爱养黎元，无微不至，但杜中饱于胥吏，不靳加惠于庶民。且乾隆年间，银价与今悬殊，若以银合钱，即兖州中地、东昌上地而计，数目亦略相等。臣再三体察，系属实在情形。此兖州与东昌两府各属地亩现定租价与部咨成案不同，应变通办理也。

　　此项租入，臣前经奏拟以邹县白莲池及堂邑附近刘贯庄并冠县各地所收佃租，为数较整，抵拨兖州、东昌两处营饷，其余堂邑各庄并莘、馆、朝、观等处零星地亩佃租，归于各本处书院，添作经费，业蒙俞允。兹复详查各县送到册籍，白莲池一带地亩大段相连，且约计每年收租有京钱一万五千贯之多，以之抵拨充营兵饷，实可节省正项。惟堂邑附近之刘贯庄并冠县两处地亩，总计虽各有二十余顷，仍系零星散亩，不成段落，分佃承种，地址琐碎，指作官田，必至移亩换段，影射迷失。且每年租入亦仅京钱二千余贯，而两邑之地为东昌、临清、寿张三营分汛，若以之抵拨营饷，搭配不敷，徒滋日后谬辖之弊。臣不敢因陈奏在前，稍事迁就。仍恳天恩将刘贯庄及冠县两处地租，亦概归【各】该处书院添资。臣思东昌各属，民风非惑于教匪，即好习拳勇；然最推重绅耆，若乡里间多读书明理之士，劝化观感，未尝不可默移风气。臣请以租项归之书院，俾延请师长，勤于教课，其计似迂，然古人以择良吏为治盗贼之源，以兴文教为正民风之本，盖有不徒恃法令者，邪慝之消良由于此。

　　至充营兵饷如何划拨抵解之处，及各处书院经费应行详定章程，臣饬司迅速核议，并将各地亩数、租数造册咨部立案，以防日久废弛侵挪，期收实效。此办理各处租入分别用款之情形也。

　　此外尚有淄川、临清、泗水等州县，据报查明逆产无多，均请添资书院。沂州府属之兰、费等县荒地，经臣筹拨闲款银一千两，发给该府借与复业贫民，以助牛种，核其为数不及十分之二，经费支绌，尚待徐筹。此外逆绝各产实有若干，因该地幅员辽阔，复值防堵紧要，一时未即查清，已饬该沂州府速查造报。滕县绝产二顷余亩，查办年限届满，并无本族承领之人，应一并归入本地书院，以惠士林。

　　至白莲池应设官署，臣前奏将邹县县丞一员、界河汛千总一员，移设该处，足资弹压。现已由司筹款修造衙署完竣，各该员已经到防。土田渐辟，行路渐通，藉可仰纾圣廑。

　　以上各事宜，有应行题明之件，容臣恭疏具题；有应行咨部之件，饬司详细造册核办。所有查办逆绝各产次第就竣各缘由，理合恭折具奏。

　　再，此案臣于本年正月间即拟恭折详陈，因办理军务，是以具奏稍迟，合并声明。

　　同治四年八月十一日军机大臣奉旨："据奏查办兖州、东昌等处逆绝各产，分别抵拨兵饷、添资书院，斟酌均尚妥协，即著照所拟办理。沂属兰、费等县荒地，并著查明，分别核办。该部知道。钦此。"

88. 查办湖团情形折

同治三年十一月十五日

奏为遵旨查办湖团，谨将该团招垦原委及现在筹办大概情形，恭折奏祈圣鉴事：

　　窃臣于本年十一月初六日，承准军机处字寄："十一月初三日奉上谕：都察院奏，江苏童生刘际昌呈控逆团焚掠毙命一折各等因。钦此。"又于十一月初九日奉上谕："此次片内所陈，有散勇谢占魁等聚众多人，勾结湖团畲匪，约期起事之语各等因。钦此。"

伏查今年八月间，沛县新团畲匪滋事，臣一闻江南派军剿办之信，当即飞咨漕臣吴棠，询查剿办情形，是否需会兵协剿；一面派东治营勇一千五百名，驻扎鱼台边界，相势扼防，俾免滋蔓。旋经漕臣吴棠将新团畲匪剿办，查看旧团尚属安分，奏明妥为办理，抄折咨臣，并屡次往返咨商筹办善后之策。因该团之地居江境者倍于东境大半，应俟办理完竣，由漕臣会衔具奏，以慰宸廑。兹蒙圣谕垂询，臣谨将湖团招垦根由及现前筹办情形，缕晰为我皇太后、皇上陈之。

窃查湖团地面，南自铜、沛，北讫鱼台，南北约二百余里，东西约三四十里，濒带昭阳、微山湖滨。先因黄河自丰工漫口，该处一片汪洋，居民逃徙。咸丰五年，河决豫省，大溜改擘，此地遂成湖淤，而本处人民逃徙，均未复业，经江省出示招垦。维时东省曹属郓、巨突被黄水浸灌，灾民多赴江境，俱愿受种。有巨野县民人唐守中，因能约束其众，遂为领地董首。嗣因地亩愈涸愈多，巨、郓灾民愈聚愈众，渐成村落。复因奉文团练，唐守中等均为团长，内中多有绅衿，如唐姓则曰"唐团"，赵姓则曰"赵团"，置有枪械，自为守望，总名"湖团"。南捻窜扰之时，该团等亦时为官兵助剿，声势稍大，聚众遂至数万之多。其地居江境十之七，居东境十之三，虽未升科，亦常按地纳租，历办有案。此湖团招垦纳租之原委也。

嗣因地利渐辟，耕者愈多，而沛民渐次归来，以本境膏腴为他人占获，遂生争竞。该湖团因连年收获，倍见富庶，亦恃强力侵占民田，仇杀迭起，控案遂多。咸丰六年，沛县士民刘沛学等呈控唐守中霸占民田，经前抚臣崇恩查据，唐守中系灾民垦荒，并无滋事，仍咨江南查办。又有山东举人孔宪钰京控唐守中等霸种焚掠，奉旨拿惩办，亦经前抚臣崇恩查明唐守中并无为匪，并因该举人抢掠商船，斥革具奏在案。其后沛境居民与该团时有仇杀，东省鱼境居民亦时有争地仇斗之案。此湖团与居民起衅之原委也。

臣查该团等承种湖地已历多年，且由官招垦，又经交租，原可相安。但该团军恃其人众，时有欺凌，侵占民田，势所必有；而该沛民等又因外来之人占据其地，因利生嫉，亦不甘心，械斗日起，仇衅日深。从前江、东两省军务未清，遇有斗案，惟以弹压解散，暂示羁縻；即领种收租，亦未勘编户籍。地界两省，容易藏奸，虽无不法为匪之事，已成尾大不掉之形。臣到东后，察看情势，实为两省隐忧，亟拟内地肃清，渐筹办理。

兹于八月初一日，先据济宁州禀报，江南湖地新团忽有畬匪滋事，焚杀民寨，经徐州镇带兵剿办等情。臣因未准江南咨会，未便进兵兜剿，致启旧团惊疑，反自勾结。当即一面飞咨漕臣吴棠查询情由；一面飞调东治营总兵陈锡周等，将所部勇丁千五百名，联营扼要驻扎鱼台界内，以防该畬匪窜逸。嗣于是月初十日钦奉寄谕，著臣于交界地方，掩捕新团逸匪。当又飞饬各该营及地方官严密巡防，并设立炮船，梭巡湖面，并无逸匪窜入东境。旋据漕臣吴棠咨称，新团畬匪业经剿逐，平毁寨圩。至旧垦湖荒之民，如知安分，自应善筹安插，与臣前奉谕旨指示相同。

臣当饬署兖沂道崇芳，与前署济宁州知州周鸥，星驰前赴徐州，与淮徐道会商妥办，并一面饬令周鸥顺赴湖团，饬谕唐守中等毋许与新团畬匪勾结；并查该团有无不安本分，分别惩办。旋据该道等会同徐州府知府汪尧辰禀称："该团等虽系东境郓、巨之民种沛境之地，惟招垦多年，亦费工本，遽加驱逐，未必甘心。湖团无难驱除，倘或别起戎机，则江省亦难安枕。现既畏威贴服，惟有查明湖荒，仍令垦种，丈量升科，按地纳税，编入户籍，以资弹压。内中如有侵占民地，均令退出，以平两境居民之心。"等情前来。臣与漕臣吴棠咨商，意见相同。并据该知州周鹍禀称："亲赴该团，密为察看。该唐守中等均自投官乞恩，情愿缴械编户，丈地升科，并退出民地甘结"各等情。臣当饬该员认真办理。现该员周鹍尚住湖团一带，特专办其事。此次江省剿除畲匪及两省会商安插团众之实在情形也。

臣查该团垦聚几将十稔，而招来耕种，皆系郓、巨强悍之徒，欲迳行剿逐，则兵加无名，欲曲意抚循，则后益难制。兹经江南饬军剿平畲匪，亦以兵威，各旧团已知畏服。及此因势利导，庶期安插得宜。经漕臣吴棠奏明办理，于九月十三日奉旨："据奏占地圩匪业经剿除净尽，办理尚属妥速。其查办湖荒事宜，著即饬令颜培瑚会同东省派出之道员崇芳等，迅速妥商会办，俟定有章程，即行具奏。钦此。"移咨到臣，臣谨即遵饬该员等悉心经理。如丈地升科，缴械编户，设立文武员弁，及清还民地等事，容臣与漕臣筹议，办竣再行具奏，以纾圣廑。

至唐守中系首先率垦之人，取怨最深，故皆指名为唐守中主使；其后各立为团，唐守中亦不能均加钤束。此次有无勾结畲匪，昨经漕臣吴棠咨称，所逐畲匪余众，有逃入阎家圩，经该圩将滋事之侯殿和等交出。其旧垦湖荒之东民，均肯出丁，随同官军剿除新团，并无勾串情事，可以概见等语。是唐守中此次尚无为匪情形。且已自报到官，乞为安插，应容臣随时察看，再行查办。

又唐守中亦在鱼台呈诉该团为土人焚掠，均系彼此仇杀，难凭一面之词。臣拟俟此次安插办理完竣后，再行确访，以免牵掣。

其该童生所控唐守中交接道署丁役，及为其子唐锡龄捐纳县丞各节，应俟江南漕臣、抚臣查明办理。

东省南境，现在并无匪踪。其鱼台境内，均系多年以来旧垦湖荒之人，并非匪众盘踞。前次济宁散勇谢占魁，约期滋事，有勾结奋匪之语，系因七八月间，江南剿办奋匪，济宁与沛县相距仅百余里，人民甚为惊惶。该谢占魁于十月滋事，尚复架词勾结奋匪，以图煽惑民心。及事后经臣饬查，沛境奋匪已经江省剿平，实无余匪潜来东境勾聚情事。其散勇谢占魁余党，均饬地方官随地查拿，务绝根株，合并声明。所有湖团招垦衅斗原委及现在筹办各情形，理合恭折具奏。

同治三年十一月二十七日奉到回折："议政王军机大臣奉旨：'据奏筹办湖团情形已悉。著即会商吴棠、李鸿章，将一应善后事宜，迅速妥筹办理。唐守中等虽已自投到官，仍须妥筹安插。其江苏贡生张其浦在都察院续控唐守中之案，仍著汇入刘际昌控案，会同吴棠等查明复奏。钦此。'"

89. 鱼台县境湖团丈地编籍情形片
同治三年十二月十九日

再，臣前将东省鱼台境内湖荒现办安插各情，具疏奏闻，奉旨："据奏筹办湖团情形已悉。著即会商吴棠、李鸿章，将一应善后事宜，迅速妥筹办理各等因。钦此。"谨即恭录谕旨，分咨商办在案。

伏查湖团荒地毗连江南、山东两省，江境之地居十之七，东境之地仅十之三。其江省应办事宜，昨经漕臣吴棠咨开，已派委员督同沛县知县迅为经理，因地势辽阔，一时尚未报竣。东省为地无多，尚易清丈。兹据委员前济宁州知州周鹍禀称，所有毗属东省鱼台县境内湖荒各地，均已一律丈量清竣。除内中侵占民地俱经退出清还外，共计旧垦湖荒二百六十六顷八十四亩零，又查出新垦湖荒计十一顷三亩零，均应按地升科，俾令执业。其垦荒民人共二十五村庄，内计一千一百一十六户，实计大小男妇及雇工人等共四千三百四十三名口，已按照保甲章程，编户入籍。所有该团枪械等件，亦饬一律缴官各等情，并缮具地亩花名册，禀报前来。

臣查该湖荒业经丈量清晰，自应一律升科。该地团民业经缴械编户，遵行保甲，此后自安生业。惟该地既系新垦，不可无官驻扎。现查鱼台县内有管河主簿一员，又有城汛千总一员，拟可就近暂移该处，以资弹压。至该处钱粮词讼，仍归鱼台县经营，以专责成。庶几抚驭得宜，期安永久。唐守中亦自退团长随户安插，并饬地方官随时察看，严为约束。其刘际昌等所控各案，应俟江南查明会办。除饬藩司将鱼台县境已丈湖地升科赋则及设官章程妥议定拟再行恭疏具题外，所有现办鱼境湖团丈地编籍情形，现合先行奏纾圣厪。谨附片具陈，伏乞圣鉴。谨奏。

90. 鱼台县湖团地方移驻州同千总抚驭弹压折
同治五年九月二十七日

奏为酌议鱼台县湖团移驻州同、千总抚驭弹压，恭折具奏仰祈圣鉴事：

窃照臣前办鱼台县湖团丈地编籍事宜，因湖团之地系属新垦，不可无官驻扎，议请将鱼台县管河主簿、城汛千总，就近移驻该处，以资弹压，当经附片奏陈。臣以移驻员弁，事关创始，必须筹画尽善，方免窒碍难行，一面咨行镇司，督同所属详晰核议。

兹据布政使丁宝桢、护兖州镇总兵范正坦，以该县主簿向驻南阳镇，管理运河，催攒粮艘，稽查水手，本有专责，千总向驻城内，系属城守，巡防监狱，护送饷鞘人犯，亦关紧要，以之移驻湖团，均恐有顾此失彼之虞。惟查济宁州州同向驻州城，系属闲曹，并无应管地方紧要事件，兖镇所属之台庄营丁庙闸汛千总驻扎峄县地方，虽有防缉盗贼、催攒漕舡之责，第该汛事务较简，均可以之移驻湖团。州同应由鱼台县酌量拨给民壮，藉资差遣，应领廉俸役食，仍由济宁州及鱼台县于原额内分别支给。千总应由丁庙闸汛额设马兵四名、守兵四十三名之内，抽拨马兵二名，守兵三十五名，再由沙沟营古村汛额设马兵六名、守兵二十三名之内，抽拨马兵四名，守兵十名，共五十一名，均归该千总管带改隶沙沟营管辖。所需马匹、枪炮、旗帜、器械，均由各该汛原额内按成均匀拨给带往，应领俸薪、养廉、兵饷等项，均归沙沟营领支拨给。该员弁应于湖团适中之地，建盖衙署驻扎，专司湖团缉捕，稽查保甲，如遇地方失事，即照分防文员、专汛武弁一例参处，其人命案件以及钱漕词讼，仍归鱼台县管理，不准该员弁等干预擅受。所有丁庙闸汛事务，并所余马守兵十名，即责成协防之【整】顿庄汛外委经管，作为兼防等情，详咨请奏前来。

伏查湖团荒地以及侵占之民田，既经查丈清厘，安插户口，编行保甲，为目前要务，亟须设官抚驭，期安永久。臣前议请将该县管河主簿、城汛千总移驻弹压，原系一时之见。今既据该镇司悉心酌议，另改员弁移驻，臣咨访体察，委系实情，不敢因已奏陈在先，稍涉回护迁就。合无仰恳天恩俯念地方紧要，准以济宁州州同、台庄营丁庙闸汛千总移驻鱼台县湖团，以专责成，而资整顿。

再，现任济宁州州同纪焕迥，情形熟悉，现任丁庙闸汛千总赵元麟，曾经出师，于移驻新缺，均尚堪胜任。如蒙俞允，应即饬令该员牟先往移驻，暂赁民房任事。除再饬议如何建盖衙署以及未尽事宜分别咨部核办外，理合恭折具奏。

中国海关《十年报告》选译
（1902—1911）
——货币与金融（下）

郭大松 选译

南方及边疆各口

1. 上海（Vol. 2，pp. 5—6）

论述这一问题，须清楚中国一直以银作为交换媒介，但这种银实际上从未有全国通用面值的铸币，真正的基本货币是叫做"铜钱"的铜币。由于这些铜钱缺乏统一标准，它们与各地银单位——当地银两之间的价值关系每天都在变化。1904 年各省铸币厂开始铸造当十钱铜元，但这些铜元的含铜量很快就不足它最初标记的标准，加之大量超额发行，不久就贬值了。现在这种铜元已经是当地人民实际使用的货币，只是支付价值仍然用铜钱计算，但它的价值已经远不足最初 10 两上海申公砝平银额定铜元枚数的价值了。1905 年 1 月，申公砝平银每 10 两 1,158 枚当十钱铜元，12 月每 10 两 1,440 枚了，1910 年则不少于 1,847 枚。1911 年兑换计算比率稍有好转，年末每 10 两大约为 1,650 枚。

可悲的是各省铸币厂纯粹为了增加收入还超量发行银辅币，结果同样严重贬值。

钱庄在没有相应保证金的情况下大量发行庄票①，银根紧缺

---

① 指钱庄发行的各种票据，像钱庄本票即银钱票、汇票、期票等。

期间，如 1910 年橡胶贸易风潮时，即无法兑现它们的汇票。近来钱庄汇票的这种状况经常引发诉讼案。毫无疑问，在没有具体规则规定钱庄责任的情况下，中外商人之间的贸易不可能有以前的那种相互信任态度。事实上，必要的相互信任已经受到严重损害。尽管外国公司中熟悉听说读写中文的雇员日益增多，但最终还是不得不完全依赖他们的买办招徕客户，由买办们保证承担公司损失风险。正是因为这样做而不是语言方面的困难，使外国公司在同中国商号打交道时损失了大笔利润。遗憾的是，近来的经验表明，现在的买办们很多情况下也不如以前那样有保障了。

1911 年后期，由于长江流域各口岸的钱庄回收庄票，必须运送银元和银锭到各口岸去弥补收回庄票造成的流通货币短缺，当地银两与银元之间的兑换比率严重紊乱。这期间，一度 100 枚银元兑换上海申公砝平银 84 两。这种紧缺现象在从江宁户部造币分厂①运来通过大清银行发行的 200 万龙洋后，有所缓解。但是，当地买办和银钱兑换商们一度将这些龙洋的价值压低，致使龙洋与墨西哥洋兑换时要打折扣。现在这种压低龙洋价值的情况已经不复存在了。

1910 年的金融危机已在该年度"上海贸易报告"中作了充分论述。一些特殊的暂时情况，完全是由革命引发的，关于这些，留待下一个十年报告论说。

本十年度海关两的兑换比率，1902 年为 2 先令 7 $\frac{1}{2}$ 便士，1906 年为 3 先令 3 $\frac{1}{2}$ 便士，1911 年末稳定在约 2 先令 9 便士。

---

① "Nanking Mint"，最初为 1896 年刘坤一在南京设立的"江南铸造银元制钱总局"，后几经变迁，先后改名"江南户部造币分厂"、"江宁户部造币分厂"，1912 年孙中山又下令改为"中华民国江南造币厂"。

2. 苏州（Vol. 2, pp. 30—31）

这里货币问题乏善可陈，甚至日益混乱了。流通中的货币除墨西哥洋及铜钱之外，还有龙洋、各种钱庄庄票、银辅币、十钱和二十钱铜元。近来又有了大清银元，尽管本地按面值使用，但在上海外国公司要打 10% 的折扣。这种新银元的含银量并不是面值所标明的重量，银辅币由于过分超量发行，严重贬值了。1910 年以后，裕苏官银号 1902 年发行的银钱票逐渐收回，但辛亥革命爆发时还大量流通的裕宁官银号发行的银钱票，因为这里突然关闭了该银号分号，现在不可流通了。不久，这里开设了江苏银行，资本金 1,000,000 元，该行在上海、无锡、常州、镇江设有分行，也发行银钱票。本地 1898年、1902 年分别设立的两家铜元铸造局的铸币总量已不可考，它们都在 1906 年关闭了。不过，从 1902 年起，无论本地铸造或进口的铜元，都严重贬值。1902 年，88 枚铜元兑换 1 银元，1911 年时，1 银元则可兑换 132 枚铜元了。由于非法熔化，质量好的铜钱全部不见了，剩下的有限劣质铜钱，很难满足铜元找零之用。

1911 年最后三个月间，货币市场几乎瘫痪，漕平银 88 两兑换 100 枚银元，即使这一兑换比率，也不能多兑换银元。钱庄只允许其兑换供其急需的银元数，禁止银元出口，不准开具汇票。此前兑换比率一直以上海的报价为准，但现在则由私人钱庄确定了。这里的 19 家钱庄，迄今都在千方百计试图熬过这场风暴，避免破产。

1909 年 7 月，度支部任命了本港财政司作为全省财务主管，设立了一个叫做"清理财政局"的机构。随后，1910 年 6 月在布政使衙门组建了度支公所，负责处理财政事务，两个月之后，废除征收厘金督办一职，厘金事务转归布政使掌管。

3. 杭州 （Vol. 2, pp. 43—44）

杭州所有货币以及兑换业务主要依赖于上海。这里使用的各种货币有：（1）各种只在银行、钱庄和账册中使用的记账银两（海关两、库平银、沪银或称规元）；（2）墨西哥洋、大清银元、本省及少量其他省份铸造的银元；（3）江南、湖北、安徽以及本省铸币厂铸造的银辅币；（4）铜分币①、10 钱铜元，大多为浙江铸币厂铸造；（5）天津铸币厂铸造的"官"钱，本省铸造的"私"钱。私钱价值低于官钱。

除上述货币以外，辛亥革命前还大量流通纸币。大清银行和兴业银行发行的纸币最为流行，一般可以按票面价值使用。但是，革命时这些纸币都赎回了。现在革命政府发行了 500,000 元"军用票"用于支付官员的薪水，这些军用票几个月后就被赎回了。在官方部门以外，这些军用票的使用要打折扣。

各种不同的货币要经常兑换，本地区同一时间各地的兑换比率并不相同。银两与银元之间的兑换比率一般和上海一致。1901年，1 银元价值 1,000 铜钱，现在价值 1,300 铜钱。银元与银辅币之间的兑换比率，现在一般为 1 元兑换 11 枚 10 分银币。1905年，杭州铜元局铸造的铜元全省泛滥，极大贬值。发行之初 90枚铜元兑换 1 银元，现在则是 130 枚铜元兑换 1 银元。

杭州以前有三家铸币厂，一家银币铸造厂 1897 年至 1903 年建，铸造银元和银辅币。这家银币铸造厂关闭之后，1903 年和

---

① "copper cents"，这种记述铜币的写法，而且与 10-cash copper coins 放一处列举出来，在海关十年报告中罕见。这种 copper cent，似为铸造铜元早期出产的正面有"光绪元宝"、"当十"字样，而背面仅有装饰花纹，没有英文"TEN CASH"字样的铜币；抑或是另一种早期铸造的正面有"每百枚换一圆"中文字样，背面有"ONE CENT"（一分）英文字样的铜币，事实上也都是当十铜元。这里为了与普遍流行的当十钱铜元——10-cash copper coins 区别开来，直译为"铜分币"。

1905 年先后开设了两家铜币铸造厂，铸造铜分币和当十铜元，1906 年关闭。

本十年度期间，杭州货币市场银元十分短缺，各种辅币泛滥，没有足够准备金的纸币超量发行。过去几年间，破产警报频发。1910 年源丰润银号破产案是这一时期最大破产案。据说该银号是中国最大银号，在大多数省份都设有分号。1910 年以来，由于橡胶价格暴跌，本省金融状况糟糕透顶，最近的政局剧变，雪上加霜。然而，可喜的是货币金融改革已列入了革命政府的计划。

1911 年 11 月，本省脱离了满洲人的统治，导致大清银行关闭，官方资本被新统治者占用。浙江银行也关闭了，但据说只是暂时的。本地现在营业的主要银行是兴业银行，或称为铁路银行，名义资本近 1,000,000 元。裕源银号和开泰钱庄在本地也很著名。

本地利息，本十年度大约平均 10%，现在约 20%。

4. 宁波（Vol. 2，pp. 60—61）

本地商业交易，只有小笔买卖才使用铜钱。生意场上，大多数情况下是交易各方通过设在金融机构的账户结算。这种交易体制通称为"过账"，大致相当于西方的开具支票，结果一年中除了某些季节如当地收获茶叶或丝的时候，经纪人需要用现金从农民手里购买之外，其它时间现金的需求量不大。每当收购茶叶或丝的季节，银元常常溢价 2% 或 3%。

1904 年开始发行当十钱铜元。这种铜元虽然不是中国第一次发行的现代硬币，但无疑是最有用和最受欢迎的硬币，发行之初即广为流行，很显然是满足了人们长期以来的愿望。铜钱迅速为这种铜元所取代，实际上已经退出市场交易了。然而，这些当十钱铜元由于发行量过大，某些年间一直打折扣。下面是历年墨西哥洋兑换当十钱铜元的比价：

1905 …………… 95 枚	1906 …………… 111 枚
1907 ………… 107 枚	1908 …………… 118 枚
1909 ………… 133 枚	1910 …………… 129 枚

　　本地流通的其它硬币只有墨西哥洋和湖北铸造的银辅币，北洋银元和其它省铸造的银元这里都不使用。这里不信任所有纸币，每当有人拿纸币交换时，几乎总是被拒绝。

　　1910 年，经办本港海关税款 27 年的源丰银号关门了。这家银号倒闭之后不久，大清银行在这里设立了分行，道台授权其负责人征收关税。这家分行只开办了很短时间，1911 年 11 月 5 日关闭，这一天宁波宣布独立了。

5. 温州 （Vol. 2，p. 73）

　　本地使用的货币为铜钱、墨西哥洋，湖北、广东、江南、福建铸币厂铸造的当十及当二十铜元，但江南省①和福建省铸造的铜元几乎不用，要用的话打折扣。有一些福建陆路运来的破碎残缺之墨西哥洋，没有在流通中使用，接收之后即尽快运走了。

　　本港有 27 家钱庄银号等当地金融机构，钱铺不计在内。现在有一个钱业公会 （financial guild），每天会议商定汇兑、收费等事。假如一名商人要在这些钱庄银号中某一家开设账户，不必在里面存钱，但他本人必须事先定好要提取的钱数，由一名信得过

---

　　① 清代江南省，康熙六年（1667 年）撤销，分为江苏、安徽两省，太平天国所设的江南省为南京及其周边地区，清末没有江南省。因此，这里的江南省应为江苏省之误，所谓江南省铸造的铜元，当是刘坤一 1896 年在南京设立的"江南铸造银元制钱总局"。

的担保人背书担保，每季度收取预定钱数 8% 的费用。账户要每个季度结算，年底必须偿清所有预支钱数以及由此所需承担的费用。

假如买卖人要提取超过他的担保人背书担保的钱数，他必须提前告知他所设账户的钱庄或银号，并为此支付每 100 元 60 分的费用。当本港银根紧绌时，钱庄或银号的主人们希望收取 6%—7% 的费用。现在是每季度收取 6% 的费用。

大部分钱庄或银号都在上海或其它大地方的钱庄或银号开有账户。如果有地方银元短缺比其它地方严重，则其它地方的钱庄或银号会立即运去银元获取利润。

如汇出款项，本地钱庄或银号会按照要求的数额发出汇票。若这笔款项要立即兑现，则每 100 元收取 60 分费用，汇票上写有"即兑"字样；而如果若干天无需兑现的话，则每 100 元只收取 40 分的费用，汇票上写有"见票迟 × 天兑"字样。

6. 三都澳（Vol. 2，pp. 83—84）

本府①使用的货币有：银元、银辅币、铜元、铜钱，没见到银锭，也没有纸币流通。这里没有中国银元流通，无论是本省还是外省的。检查收到的海关税 5,000 元，45% 为香港银元（Hongkong Dollars），33% 为日本银元，14% 为法属印度支那皮阿斯特（Indo-China piastres）②贸易银元，7% 为墨西哥洋，其余为海峡殖民地、菲律宾、美国和西班牙银元（Carolus Dollars）。这里不加分别地接受所有银元，而且这些银元都有某种程度的损坏。银辅币都是福建和广东铸造的，福建铸造的铜元

---

① 指三都澳所属之福宁府。
② 陆谷孙主编《英汉大词典》下册（上海译文出版社 1989 年版）第 2521 页"piastre"项下，注为"1955 至 1975 年越南南方货币单位，1 皮阿斯特 = 100 fents"，似有误，从这里的叙述看，清末越南（安南）即普遍流行这种货币。

也有使用。过去十年间，本地各种货币兑换比率很少波动，现在的比率大致为：1 银元 = 107 分银辅币 = 128 枚铜元 = 1,027 枚铜钱。三都澳没有钱庄或银号，过去十年间，似乎邻近城镇也没有开设钱庄或银号。

7. 福州（Vol. 2，p. 92）

福州的货币，特点是残缺不全，或者说这里的银元都是些凸凹不平、被刮、遭切割、甚至被打了洞的银元。银元常常被糟蹋得根本看不到最初的标记，有的像遭受麻疹一样痛苦地蜷成了蘑菇状。很显然，这样的硬币需要过秤，所以当地商业圈都是用秤称银元。比如，1,000 元就意味着某个重量，而不是 1,000 个单个的银元。外国银行采用的比率是残币洋平① 717 两等于 1,000 枚银元，而当地大钱庄或银号，则以新议平银② 741.6 和 740.66 两为 1,000 枚银元。海关银行以新议平银 742.742 两相当于 1,000 枚银元，洋平银与新议平银的比价为 717 两洋平银等于 741.6 两新议平银。银元每 1,000 枚装一个袋子，每个袋子里的银元种类高达 14 种之多，有墨西哥洋、香港银元、海峡殖民地银元、法属印度支那皮阿斯特贸易银元、菲律宾比索银元、日本银元，等等。1902 年，除了福建官钱局为全省铸造硬币之外，福州造币局（Foochow city Mint）也铸造供全省用的辅币，甚至还有剩余出口。这里铸造 20 分、10 分、5 分的银辅币，当二十、当十、当五、当一钱的铜币。当十钱铜元在本地以及外省都非常流行，市场上一般当 13 枚铜钱用，99 或 100 枚当十铜元可兑换

---

① 洋平，福州市平银。

② 福州新议平有两种，一种是"台新议平"，一种是"城新议平"。城新议平略小于台新议平。显然，这里 740.66 两等于 1,000 枚银元的"新议平"银为"台新议平"，741.6 两等于 1,000 枚银元则应是"城新议平"银。

一枚破损的银元。在上海，这种当十钱铜元，92 或 95 枚可兑换一枚完好的墨西哥洋。消息一出，这里的这种铜元随即就被运往上海赚取利润。1905 年，又设立了两家造币厂，一家设在省城机器局（the Arm Factory），靠近洪山桥，另一家设在马尾船政局，两家合计每天可铸造当十钱铜元 2,000,000 枚。这两家造币厂开工铸造两个月后，中央政府下令禁止向外省出口铜元，并限定每天只可铸造 300,000 枚。两家造币厂随即关闭，自那以后一直闲置。福州造币局在 1907、1908、1909 年试验铸造当二钱铜币后，也于 1910 年 12 月关闭。

过去十年间，沿海汇兑费用有所变化。截至 1906 年，与香港间的汇兑费用稳定在 0.5%。许多商号对它们发往香港的汇票收取 0.5% 的费用很满意。然而，1907 年间，费用上涨，银行不得不在 1908 年 8 月 30 日宣布废止协议。自那以后，费用比率在 $1\frac{3}{4}\%$—4% 之间，波动极大。

1910 年是这里金融业灾难性的一年，这无疑是由于上海金融界的混乱状况造成的，那里两家最老的钱庄"裕丰润"和"承源"倒闭清算。过去十年间，外国银行由两家增加到三家，1905 年新增了一家叫做"台湾银行"的日本银行，该行通过承兑纸币，很快获得了本地客户的青睐。

8. 厦门（Vol. 2，p. 104）
银行与银行业

过去十年间，厦门计有 42 家银行和金融机构，大清银行、交通银行和信用银行为三家最大的银行。1911 年 11 月，传来了汉口的大清银行和交通银行遭抢劫并被焚毁、福州的大清银行分行也由于革命运动而损失了 400,000 元的消息。大清银行一度遭挤兑，被迫暂停营业。不过，交通银行尚支撑运营。三家之外，依次为炳记、建兴、建源、建群、泰兴、捷顺、心记七家钱庄规模较大，剩下 32 家则规模较小。上述金融机构中，有 32 家是 1901 年以来设立的。

银行业的主要业务一直集中在买卖新加坡汇票和本地残破银元上。由于新加坡兑换提价，1908 年 1 月 13 家钱庄倒闭，另外还有一家在有人买下之前也一度被迫停业。

20 家书信行（letter hongs）在过去十年间由于一直独揽海峡殖民地和荷属印度汇款业务，非常兴旺。有三家宣布倒闭，但这只是由于它们在新加坡投机橡胶生意的分行引发的，与此同时，又新设了四家。

利息，存款按月计算为 5‰—8‰，而银行贷款则是每月按 9‰—12‰计算。

货币市场，过去十年间资本额翻了一番还多。1901 年，市场资本额为 10,000,000 元，1911 年底，高达 22,000,000 元。

兑换，由于海峡殖民地流入市场的汇票过多，一直是市平银 72—77 两兑换 100 枚银元。

9. 汕头（Vol. 2，pp. 119—120）

市场流通各种各样的银币，有墨西哥洋、香港银元、新加坡银元以及近来各式龙洋、菲律宾比索、法属印度支那皮阿斯特贸易银元、日本银元。许多侨民返乡，汕头民众看来显得宽容大度。然而，正规银元理所当然地占据主导地位。直至 1907 年，当地流通银元，几乎都是香港银元和完整的墨西哥洋，质量良好，在汕头和香港交易稳定，价值通常接近于面值。然而，自那以后，由于残币和其它劣质墨西哥银币大量增多，以及吉林和其他省份铸币厂铸造的银元涌入，本地货币对标准香港银元的比价贬值，近几年向香港汇款要贴水 $3\frac{1}{2}$%。与海峡殖民地、暹罗等地的货币交易，兑换比价一直很高。正如本报告前述"贸易"项下所指出的，本十年度早些年间向海峡殖民地汇款，贴水高达30%。

本地钱庄或银号普遍认为，现在的货币体制和兑换方式不仅对贸易来说几乎是难以忍受的负担，也极大地影响了从与之主要利益相关交易中取得利润的某些重要外国银行。然而，在采取有效改革措施之前，中国货币这方面状况无望得到改善。

汕头金融业的特点是除了山西票号外，主要由本地人经营，山西票号在全国大部分省份垄断经营汇票生意。尽管本地钱庄多达20家，但著名的只有慰泰厚、百川通、增性、嘉发几家。本十年度末期，大清银行和交通银行也在这里开设了分行，但他们的业务主要局限在征收和监管海关税收及其他政府资金。所有本地钱庄都发行银元票，面值1元至100元不等，每元标准价值银7钱。估计汕头现在流通这种银元票2,250,000元。如果不是发行这些银元票的钱庄没有足够的实银储备，常常有破产情事发生，使用银元票无疑是便利的。

10. 广州 （Vol. 2，pp. 138—139）

1905年，广东官银钱局（Kwangtung Government Bank）的创设，为检讨本十年度的货币和金融问题提供了便利的起点。在此之前，试图解决全省硬辅币问题遭遇失败，提出了创设这一机构的要求。1902年，广东造币厂铸造了大量当十钱铜元，但由于内在价值太低，以致不受欢迎，或者说是在市场上没有信誉。两年之后，该造币厂又从欧洲和美国进口银铸造当二十钱的银辅币，结果这些银辅币也不能令人满意。于是就在1905年创设了广东官银钱局，以省库作担保发行了面值1元的银票1,000,000元。这种银票只能兑换小额硬币，即只能兑换当十钱、当二十钱的硬币。因为过量发行，这些银票贬值了，现在同香港货币对比，要打 6%—10% 的折扣。1908 年，又发行了 1 元、5 元、10 元等不同面值的银票约 100,000 元，但据说这批银票完全没有准备金，最终收回了。本十年度末期，广州的货币难题与本十年度初期十分相似。1905 年，本地尝试制银锭的标准，规定本地九九七平银 112.79 两 = 海关银 100 两。然而，这一比率还是随着市场的变化而不断变化。不过，这里的金融形势一直是会通过削减非钱业公会成员开办的钱铺①的数量而得以简化。五年前，本地有 240 家钱铺，现在只剩 130 家了。山西票号也有一些不见了，它们向北京汇省政府的税收，往上海汇补偿款，收取汇款数额 3%—4% 的费用。这些票号数量的减少也使得金融市场不那么复杂化了。山西票号的业务现在由 1906 年开办的大清银行分行、1907 年设立的交通银行分行接收办理。根据 1902 年《中英商约》第二款规定，中国应采取必要措施对货币进行改革，"统一全国货币，统一后的货币用于合法地支付关税、各种税收及用款等，通国一体"。② 总体上说，这一改革依然未取得多大成效。不过，1911 年，四个利益相关国家——英、法、德、美国的代表安排了 10,000,000 英镑的贷款。然而，由于辛亥革命爆发，货币改革再次延迟了，而且可能不可避免地进一步推迟。当然，众所周知，中国货币的价值标准依旧是散银或银锭，单位是中国"两"或盎司。银锭的成色，由每个大贸易中心都有的机构"公估局"确定。公估局将银熔化调制成各自周围地区习惯的成色，

---

①　"money shops"，有些地方亦称"钱店"，规模稍大的称"兑换庄"，一般只经营货币兑换业务，不事其他。

②　引号中的文字是根据英文迻译的，并非是条约原文。原文为："中国允愿设法立定国家一律之国币，即以此定为合例之国币，将来中英两国人民应在中国境内遵用，以完纳各项税课及付一切用款。"见中英《续议通商行船条约》，北京大学法律系国际法教研室编：《中外旧约章汇编》第二册，生活·读书·新知三联书店 1959 年版，第 102 页。

然后铸成 5 两或 50 两的"元宝"或银块。中国的这种"两"，在重量或者说是"成色"上，极少有两个地方一样的，结果就是每一位中国金融业者都热心于无休止地精细货币兑换交易。要避免这种情形，就必须像前述那样根据条约制定全国统一标准的货币。

11. 九龙（Vol. 2，pp. 159—160）

本十年度没有严重连续不断的金融业不景气现象，尽管在东方，市场从不缺乏刺激，但总能很快为新的投机生意提供金钱。看一下下面的列表标明的本十年度香港先令历年的平均价值，即可很好地说明这一点：

	高 —— 每元	低 —— 每元
1902	1 先令 10 $\frac{3}{8}$ 便士	1 先令 6 $\frac{1}{2}$ 便士
1903	1 先令 10 $\frac{11}{16}$ 便士	1 先令 6 $\frac{3}{4}$ 便士
1904	1 先令 11 $\frac{9}{16}$ 便士	1 先令 8 $\frac{5}{8}$ 便士
1905	2 先令 1 $\frac{1}{8}$ 便士	1 先令 9 $\frac{13}{16}$ 便士
1906	2 先令 3 $\frac{11}{16}$ 便士	2 先令 0 $\frac{1}{8}$ 便士
1907	2 先令 3 $\frac{5}{16}$ 便士	1 先令 9 $\frac{1}{2}$ 便士
1908	1 先令 11 $\frac{1}{4}$ 便士	1 先令 8 便士

1909……………1 先令 9 $\frac{7}{8}$ 便士　　　1 先令 8 $\frac{5}{8}$ 便士

1910……………1 先令 10 $\frac{3}{4}$ 便士　　　1 先令 8 $\frac{9}{16}$ 便士

1911……………1 先令 10 $\frac{7}{16}$ 便士　　　1 先令 9 $\frac{1}{4}$ 便士

　　1904 至 1908 年之间兑换比率波动不定；1904 至 1905 年银行和辛迪加组织都希望通过向俄日交战双方兜售赚取大利润，在战后创建繁荣市场；1906 年，印度纱线市场和银市场崩溃，价格在 1907 年两个月内跌落 3 $\frac{5}{16}$ 便士，很大程度上造成了 1908 年美国的金融危机；1910 年橡胶公司投机，同年中国银元票危机。这些就是本十年度的突出特点。1905 年，香港政府借给湖广总督 1,100,000 英镑，分 10 年偿还，赎回粤汉铁路特许权；1907 年，授权汇丰银行增加资本 10,000,000 元至 20,000,000 元，续期合同 21 年。

　　关于货币，作为下层中国人购买手段的铜钱几乎已经见不到了。各省铸币厂都大量发行当十钱铜元，铜元取代了铜钱。由于过量发行，铜元贬值了，本十年度末期，130—140 枚铜元兑换 1 枚银元。据说日本劣质铜元的涌入也是铜元贬值的部分原因。已经采取措施阻止铜元输入，除了从香港回来的沙船可带回一定数量的铜元外，禁止其它省份铸币厂铸造的铜元输入。当二十钱的银辅币在本地区自由流通，很大程度上成了所有中国人订立契约所依据的币种。1901 年，这种辅币比面值低 2%—3%，1911 年有所贬值，实际价值比面值低 5%—6%。1907 年，明显感觉到广州造币厂过量发行银辅币，银辅币贬值，香港政府于 1908 年收回了价值 800,000 卢比的银辅币及价值 300,000 元的铜元；1909 年，又收回了同样数量的银辅币和铜元；1910 年则收回了价值 5, 250, 000 元的银辅币和价值 250, 000 卢比的铜元。由于贸易极其不景气，1907 年极大贬值的香港房地产，1911 年大涨起来。这一年为了躲避叛乱和猖獗的海盗，中国人拖家带口离开广州涌入香港。

12. 拱北（Vol. 2，p. 172）

石岐是本地周围唯一可以汇票汇款的地方，但大部分人都通过贸易沙船汇寄银两或银票。澳门与石岐间汇款大约每 100 元兑换 20 铜元。本地区付款通常用当二十钱银辅币，不过大西洋银行（Banco Nacional Ultraarino）和香港的外国银行发行的纸币也广泛使用，特别是大笔交易。1905 年，广州的两广总督发行 1元、5 元、10 元政府银元票。由于这些银元票与作为普通交换媒介的铸币同样的面值，很受欢迎。广州政府更迭后[①]，这些银元票市场上一度停止了流通。后来，这些银元票经过广州商会背书，才得到了新政府官方认可，自那以来，这里一直承认这些银元票。银元和铜钱在本地已很少见到，铜钱已被广东造币厂铸造的铜元所取代。1902 年，海关银 1 两兑换 1, 420 枚铜钱或 150 枚铜元。由于铜钱短缺，铜元铸造日益增多，至本十年度末，海关银 1 两只能兑换铜钱 1, 350 枚，铜元则可兑换 180 枚。

13. 江门（Vol. 2，pp. 180—182）

与中国其它各地的情况一样，本地最初合法的货币是铜钱和银锭，然而，自从广东省政府发行银币及铜元以来，本地自然受其影响，货币和货币市场状态很大程度上取决于广州。近些年

[①]　这里的政府更迭，应指总督换人。1905 年两广总督为岑春煊，1906 年周馥
　　莅任，1907 年岑春煊短暂任职后，又由张人骏接替。张人骏以后至辛亥革
　　命前，两广总督又数度易人。

来，最初的货币已经被广州铸造的银元和 1 角、2 角银辅币以及
1 分铜币①所取代；不过，广州铸造的当十钱铜元实际上市场已
经不流通了，现在能见到的大部分都是香港的当十钱铜元。铜元
贬值厉害，或者说是不如最初发行时值钱了，每 120—130 枚兑
换 5 枚 2 角银币，130 多枚兑换 1 银元。然而，广州铸造的银元
像铜元一样降到了辅币的地位，在这十年间用得越来越少，而 2
角银币则极受欢迎，尽管并非是没有竞争。本十年度辅币几度打
折扣都比现在大，1907 年是创纪录的一年，不过 1909 年又恢复
正常了。现在则签订了意向契约，规定 2 角银币、广州铸造银元
升水使用，其他硬币和银元票，一体对待，均以每元等于 5 枚 2
角银币的价值使用。但是，大清邮局继续按银元单位发行邮票。

　　使用新货币的同时，旧银两标准继续通行。比如在本地区，
我们发现有江门银两、西连（Sailam）银两、海关两和常关两。
江门银两单位权重略高于西连银两，但低于海关银两。华侨有时
带回纯银锭，为银匠们所购买。墨西哥洋依然时有所见。广州铸
造的银元，很大程度上已被广州发行的银元票所取代。农民对纸
币的偏见似乎已相当弱化，据说市场上流通的货币 20%—30%
为银元票，其余主要是小硬币了。首次见到银元票是光绪三十一
年（1905 年），大约两年以后即风行市场。现在银元票的总价值
已超过广州铸造的银元，这些银元票是以小银币而不是以银元为
基准发行的。目前（1911 年冬季）这些银元票已经从本地区收
回，或至广州兑现，或加盖革命政府印记，过一段时间后会得到

---

　　① “1 角、2 角银辅币以及 1 分铜币”的英文原文为：“10 cent and 20 cent silver
　　　　pieces and 1 cent copper pieces.” 这里的 “10 cent and 20 cent silver pieces”，
　　　　实际上是当 100 铜钱和当 200 铜钱的小银币，俗称 “银角”、“银豪”，民间
　　　　记账，也有称 “角” 为 “毛” 的，1 角钱，即称为 1 毛钱；“1 cent copper”，
　　　　即 1 分铜币，与 “当十文” 铜钱的铜元价值在理论上是一样的，事实上也
　　　　是一种铜元。

官方认可。香港银元票在本地区广泛流通。早先香港银元票打折扣，但自从本港开港以来，江门与香港建立了直接贸易关系，则一直被溢价兜售。革命已经引起了广州发行的纸币和大清银行纸币的进一步贬值，后者刚投入使用。本地区很少真正缺乏资金，这几乎并不令人惊讶，因为这一地区非常富饶，并且罕见大量盗贼和海盗出没。另外，返乡侨民都携带现金。最初现金通常都放在香港，但稍后即试图利用本地提供的机会。关于金融组织，本地区似乎是沿袭老方式。农民多余的钱不存银行或银号、钱庄，银行、银号或钱庄不接受小额存款。这里没有储蓄银行。比较穷的人似乎总是以珠宝和金银财宝的形式保存剩余资金。几乎每个重要的村庄都有当铺——高高的宝塔似的建筑，粮商为农民们提供他们需要用的现钱。

已经按照现代方式成立了一些股份公司，但经营并非都是成功的。江门有两家工厂，一家纺织厂和一家造纸厂。新宁铁路（Sunning Railway）正在由一家股份公司修筑。

仅仅机械地引入新型货币而不学习人们的合作精神，相对说来比较容易，但金融方式的改变，按照西方模式组建股份公司、借贷、存储、抵押，则是一项比较艰难的任务，因为这在很大程度上有赖于人们的心态。

本地有三家大银号（谦吉、和生、广荣源），分布在江门市中心地区，有大量的普通钱铺和小钱铺。1905年，江门有9家金融机构倒闭。据说这9家与香港商人一起从事投机生意，俄日战争期间，想通过向满洲运送物资赚大钱。1905年，尽管其他方面很繁荣，但货币短缺，利息很高。前述9家金融机构倒闭后，又设立了9家。本地金融机构与广州、香港、澳门、新宁的金融机构都有联系，但与佛山（Fatshan）、石岐、石龙（Sheklung）、禅城（Chanchuen）、西南（Sainam）等地要少一些。这里的金融机构似乎不与近邻以外地区从事贷款和交易业务。

粮食和水果商交易也和放贷者一样，提前支付收成价值的
70%，每月收取 1%—1.20% 的利息。

14. 三水 (Vol. 2, p. 195)

过去十年间，货币问题发生了显著变化，十分令人关注，
不能不在这里稍作评述。像现在这样的圆形硬币，自从唐代开
始铸造以来，除了极少例外，1300 年来一直是所有普通货币
交易的唯一媒介。这种旧硬币消失得很快，现代方式铸造的当
十钱铜元取代了旧式铜钱。铜钱已不再是这个国家的唯一铸
币，而是成了日常支付手段当十钱铜元的辅币，仅在零碎小额
交易中使用。

现在的铜钱主要成分是铜，铜元质量低劣，质量高的铜钱过
去 30 年间每当其内在价值高于其面值时，就被拿去熔化了。结
果，导致铜钱十分短缺，根本不能满足日常交易需要。

为缓解市场上货币紧缺的局面，大量香港铜币逐渐进入市场
流通并为人们自由地接受下来。与此同时，广东省政府开始铸造
与香港一样的铜币，最初铸造的铜币甚至标有"一分"字样。
后来，这种铸币改为标记"十文"即当十钱字样，十分受欢迎，
因为在交易时要比香港的铜分币更愿意为人们所接受，香港铜分
币很快退出了流通。

然而，自 1905 年起，由于政府发行过量，当十钱铜元明显
贬值了，现在（1911 年）的兑换比率为 132 枚 1 银元。

在大宗商业交易中，商人们使用最多的是标记"一钱四分
四厘"的银辅币 2 角银豪（角），但使用中并不接受其面值，而
是按重量计算。

残缺银元在三水地区使用非常有限，但广州政府发行的银票
却数度在一定程度上流行。

15. 梧州（Vol. 2，pp. 205—206）

货币

政府税收等计量使用库平银，金融机构和很多商人交易则使用簿平银。然而，本港真正流通的货币却是辅币硬币，即广州铸造的当二十钱铜元，香港的当十钱铜元、铜分币，以及铜钱。所有种类的银元都贬值。城里有各种银元流通，香港银元、墨西哥洋、广东龙洋、日本银元以及法属印度支那皮阿斯特银元。但是，据说这些银元是为了支付海关税收而特别进口的。这里也接受各种银元残币以及银辅币。

金融，无可陈述。

16. 南宁（Vol. 2，pp. 221—222）

所有商业交易都是通过"转账"进行，"转账"这个词意味着在固定时间内，交易款项在有存款的金融机构的账本上过户。交易期或者说是结算期，两个月到 6 个月不等，时间的长短与交易的货物密切相关。金融机构几乎不接受硬币，无论本地还是外地的金融机构都是接收票据。这种转账体制不仅用于商人交易，也用于所有有可信赖收入的普通人，这些普通人每天购买必需品同样可以用支票与店主结账。几乎所有转账结算都按邕平两计算。邕平两或者称为南宁两，重 572.35 毫克。当然，收取或支付这些银，不同质量的比率是不同的。结算收取或支付都是实银（不用转账票据），实银很少有足数收取或支付的。邕平两用银铸币权衡，不以银锭或其他银权衡。交易很少用银币计算，即使用银币计算，也是按照 138.5—142 枚银元 100 两邕平银的比率换算，也就是说，用银元支付，100 两邕平银的价钱要付 138.5—142 枚银元。铜钱熔化为铜收取 1%—4% 甚至更高的费用。过去三年间，铜钱和银角在那些遭受占优势地位的转账体制剥夺的人们中间，成了受欢迎的交换媒介，像店铺伙计、当兵的、苦力，以及到城镇买卖的农村人，都愿意使用铜钱和银角。
1 吊铜钱 1,000 枚。作为银元的辅币银角，有广东铸造的 2 角和
香港铸造的 1 角、5 角。铜钱与银角的兑换比率波动最小，也在
1%—5% 之间。完好的法属印度支那皮阿斯特贸易银元，过去三
年间是广西这一地区流通的唯一银元。在牲畜、花生、糖等交易
中，现在大都使用这种贸易银元，内地商贩拒绝任何其他支付手
段。以前，法属印度支那皮阿斯特贸易银元在纸张贸易中也是主
要货币，但近来采购商迫使使用本地银两了。前些年，法属印度
支那皮阿斯特贸易银元与通行的银辅币（稍后也包括铜钱）之
间的兑换率波动极大，但自从与梧州之间有了固定快艇航班以
来，稳定了下来，因为商人个人很难再囤积铜钱了。三年以前，
兑换率在 4%—18% 之间波动，这三年间则是 3%—8% 之间①。
这里没有铜元流通。由于货币多种多样、不同的计量标准、铜价
的波动、供需的变化、货物的种类等诸多因素，每天都需要做大
量的估价工作。进口货物零售方面已经建立了借贷制度。购买棉
纱可赊账 10 "期"，或者说是十个半月即 150 天时间，各种杂货
8 "期"，煤油和火柴 1 "期"。本地金融机构存款利息每半月
6‰—8‰，而贷款利息高低差别很大，高的每月 $2\frac{1}{2}$%。南宁有
三家银号和 20 家小钱庄，银号及少数小钱庄与广州、香港、百
色和柳州都有常规生意往来。一些进出口商人有机会也通过出售

---

① 语义不明，但原文如此："within the last years, the exchange has varied from 3
to 8 per cent, as compared with 4 to 18 per cent previously." 联系上文，似可以
理解为：法属印度支那皮阿斯特贸易银元、银辅币即银角（银豪）、铜钱等
不同货币在平时一般商品交易中，三年以前由于商人囤积铜钱等原因，能够
即时交易的小额硬币数量很少，致使小额交易不便、无法找零等，市场上皮
阿斯特贸易银元需要事先兑换成银角或铜钱的几率要大得多，而现在商人们
没有办法再囤积铜钱了，就意味着铜钱这种零钱多了，因而市场总体上就不
用事先兑换零钱即银角或铜钱那么频繁了。

在其它地方做生意的朋友需要款项数额的汇票，从事货币交易。向广州和香港汇款的费用为汇款额的 1% —$2\frac{1}{2}\%$，向梧州和龙州汇款的费用则为汇款额的 $5‰$ 至 3% 不等，向百色汇款的汇费差别很大，高的达 10%。1910 年，官商合办的广西银行在这里开设了分行，它的基本业务是经营官款，纯商业交易则主要是财产、货物的预付款以及出售相对大数额的汇票，尤其是北方各省的汇票。

17. 琼州（Vol. 2，pp. 243—244）

关于本港金银财宝的出口数量，每年海关贸易报告中的统计报表接近于实际数额，但关于其进口的数量却无法查明，甚至难以猜测，因为返乡侨民，以及出售了活货（living freight）从香港回来的猪仔捐客（pig dealer）们①，金银财宝都随身携带，数量巨大。这里的货币有墨西哥洋、印度银元、日本银元、新加坡银元、香港银元和广东银元。除了新加坡银元，其他所有银元在这里流通中的价值都一样。新加坡银元在这里升水，比面值高，返乡侨民带回来，再由在新加坡投机的货币兑换商寄回去。银辅币打 3%—6% 的折扣。1 分或当十钱铜元在这里不能自由流通，人们不愿接受，因为其实际价值低于面值。过去十年间，银元与铜钱的兑换比率，1 枚银元兑换 850—1,080 枚铜钱不等。1910年，这里设立了交通银行分行和海关银行，但 1911 年底又都关闭了。交通银行分行经理曾试图用该行的银票向其职员发薪水，使银票成为合法货币，作为海关税收的支付手段，从而进入市场流通，但没有成功。为了改善本府财政，过去十年间创立了几种捐税。1903 年，设立了一项每年 2,600 元的专卖权，买卖每 60

---

① 这里的"活货"、"猪仔"均指苦力贸易中待沽的苦力。

只家禽征税 5 角，600 个鲜鸡蛋征税 2 角。1910 年末，废止了鲜鸡蛋买卖征税，因为这一年海关开始对鲜鸡蛋征出口税。1904年设立了一项每年总值 3,900 元的专利，对盈利的戏班征收10% 的税。1905 年，设立了每年总值 5,000 元的专利，每出售50 斤头等纸收税 1 角、每令二等纸收税 5 分，每箱锡箔收税 2角。1909 年又设立了进口鸦片专利，每出售一箱鸦片收税 20%，专卖人缴其中的一半。

18. 北海 （Vol. 2, pp. 253—254）

北海的货币有银元，5 角、1 角、2 角银角，铜元和铜钱，也有相当数量的广州银票流通。1 枚银元，在本地商业交易中等于 5 枚 2 角银角，是以 2 角银角被视为本地的标准硬币。海关银行和大清邮局需要支付大量银元；但银元数量有限，种类繁多，价值一直随着 2 角银角的价值变动。此外，银币与铜钱的兑换比率也一直不断变动。本十年度初期，1 银元仅值 840 枚铜钱，1908 年，1 银元已经价值 1,090 枚铜钱。这种兑换比率变动的原因很多，但无疑供求关系是最主要的原因，没有在政府和海关银行之间采取可以维持硬币供需关系平衡的措施。不过，在缺乏良好交通条件的情况下，我怀疑是否能够采取任何有效的措施。关于银票，人们愿意使用是因为携带方便。但是，小额银票的使用价值总是低于票面价值，兑换有时低于票面价值 5%。进口货物的支付手段主要就是依靠出口银两。当然，这种出口实银的情况，虽然时有发生，但运出的大多是在进出口相互抵消后的不足部分。从我们的年度贸易报告中金银报表看，似乎出口的银两比进口的多得多，而且由于本地区不产银，人们可能会对不断输出银子的来源感到奇怪。事实上，我们的报告中显示的数额仅仅是经过海关的银两。国外旅客回来带回了大量节省下来的银币，这些我们可能没注意到。而且，为了支付驻扎本地的驻军的薪水，从广州来的炮艇也运来了大量银元。这些银元，当然会在各地流通，然后适时地汇集到了北海。反过来说，进口方面也输送银子作为从这里出口货物的支付手段，但这方面的数量总是不很大。北海没有专门的银钱兑换机构，货币兑换常常是在店铺中购买货物时进行，不像香港那样在商店柜台购货结账时，拒绝兑换货币。关于贸易平衡问题，如果我们单独拿出一年的进出银两与进出口货物的价值看，发现很少有平衡的情况，不过如果十年度总体衡量，进出口又基本是持平的。

19. 龙州 （Vol. 2，pp. 266—267）

一般情况下，铜钱与铜元、银角、银元依然是这里的交换媒介。过去十年间，1,220—1,486 枚铜钱兑换 1 海关两白银，兑换比率铜钱呈贬值趋势。笨重的铜钱正在为面值十钱的铜元所取代。事实上，这里流通各种各样的铜元，随意抓一把铜元，就可见其中有户部、广东、福建、江西、香港、海峡殖民地、北婆罗洲（North borneo）、沙捞越（Sarawak）、法属印度支那等铸造的铜元。关于银辅币，只有香港和法属印度支那铸造的 5 分和 1 角的银角为人们所接受；2 角银角，则只认可广东和法属印度支那铸造的，其中大部分为广东铸造。银元，法属印度支那贸易银元最受欢迎，几乎独占市场；中国银元不被接受。偶尔可以见到墨西哥洋，但不受欢迎。银辅币兑换银元，随市场波动情况，银辅币 1.03—1.15 元兑换 1 银元。在东京贸易中，大量使用法属印度支那纸币，没有其它汇款方式。

龙州只有一家总部设在桂林的广西银行分行。本地银两单位为市平两，官方比率，在银行支付 100 海关两＝113 市平两，但从银行提取时，100 海关两＝116 市平两。广西银行发行 1 两、10 两面值的银票，只是在结算时易为人们接受。这些银票是桂林银行总部以省平银两单位发行的。1909 年，广西巡抚下令使

用这种银票，这意味着要取消这里的市平银单位；但这里不接受
省平银单位，遂被改作市平发兑，即换算为市平单位，这样才流
通起来。军队薪水，以湖南银两发放。湖南银有两种，一种是湘
平银，另一种是新湘平银。而账单则一律用库平银计算，库平银
在中国各地一般都通行，这样就可以在目前混乱的货币体制下，
随处结算、兑换。库平银两价值省平、市平、湘平、新湘平银分
别为：0.980、0.994、0.960、0.940 两。

　　这里的广西银行分行向桂林、南宁、梧州、广州、上海、汉
口以及湖南的衡州府汇寄 100 两以上的汇票，该行在这些地方都
设有分支机构。较小数目的款项向外地汇寄的话，通过邮局汇单
汇寄，虽然贵点，但方便。有可靠担保的贷款利率每月 $1\frac{1}{2}\%$ —
2% 不等。

20. 蒙自 （Vol. 2，p. 277）

　　1902 年，这里的交换媒介是银锭和铜钱，银元在农村流通
依然困难。然而，由于法国人在修建铁路的职工中，在法国医
院、法国邮局中使用法属印度支那贸易银元，特别是用其支付雇
用修筑铁路的劳动大军的工资，这种银元流通起来。1902 至
1908 年，进口这种法国贸易银元不少于 7,955,485 海关两，而
出口仅 69,422 海关两。这一进出口数量的差异，是因为银元被
熔化铸成了银锭，从中可以赚取 $1\frac{1}{2}\%$ 的利润。从 1909 年铁路
修至蒙自时起，到 1911 年底，银元进口一直在增加，但这些银
元大部分来自香港，东京进口 814,952 海关两，香港进口
5,406,197 海关两，向东京出口 123,333 海关两。香港银元进口
量的大幅度增长，是由于锡的产量和出口量的相应增长，而从东
京进口银元数量的减少，则是因为修建中的铁路接近完工了。除

广东、湖北造币厂铸造的银元以及湖北铸造的银角和福建铸造的铜元之外，包括香港银元和墨西哥洋在内的所有银元都出口到了香港，而银锭则为 1907 年在云南府设立的造币厂逐步收购。该铸币厂 1908 年开始铸造银元、银角和铜元。由于受四川铸币厂为云南储备的影响，铜元自 1907 年 8 月开始流通。大清银行在收回银锭的同时发行云南地方银票，这种银票一直以票面价值流通至革命爆发。兑换问题，由于商人本身的努力或政府的帮助，减轻了在其他省份贸易的不利因素。1902 年时法属印度支那贸易银元、1903 年时墨西哥洋、兑香港银元都打折扣。现在这种由于兑换造成的损失已经逐渐消除了，所有银元（法属印度支那、墨西哥、香港、湖北、广东、云南）都以面值流通。更令人惊讶的是银角一直保持与银元对等的面值，5 枚 2 角或 10 枚 1 角银角，总是可以随意兑换 1 银元。这种情形是由于法属印度支那银角的流行，在东京，固定以法属印度支那银角兑换银元。另外，云南府铸币厂铸造的银角有限，而从其他省份进口银角已经被禁止，也是银角等值兑换银元的原因。

21. 思茅 (Vol. 2, p. 292)

银钱兑换影响这里的市场。过去十年间，铜钱价值波动一直很厉害。1904 年，铜钱从 1,500 枚兑换思茅市银 1 两降至 880 枚铜钱兑换 1 两，这是铜钱兑换银两的历史最低纪录。铜钱长期低价兑换银两，损害极大，商业和日常交易困难重重。造成这一局面的原因，无疑是铜钱的短缺和云南铸币厂产量太少。然而，1904 年之后，铜钱兑换银两的枚数稳步上升，直至达到了 1911 年的最高值：2,300 枚铜钱兑换思茅市银 1 两。下列一些旧式银两货币（在上期十年报告中介绍过）仍然通行：公估银，每锭重 4—5 两；纹银，小块纯银，每锭重 1 两；市银，每锭重 5 两或 10 两。元江银、猛撒银、锅片银都不用了。事实上，现在除

了使用上述银两之外，商业交易中更多使用的是银元。思茅在
1903 年第一次出现银元，那时是从省城来的人到普洱和思茅使
用的。同一年，云南府开办了一家铸造银元的铸币厂，官员们一
次又一次地发布告示，鼓励使用这种新铸币，但是，由于是第一
次，百姓几乎不信任或者是不了解这种新铸币，所以长时间毫无
效果。不过，目前银元已经成了标准货币了。下面是本地市场流
通的各种银元的相应铜钱价值：东京银元 1 元 =1,400 枚铜钱；
龙洋 1 元 =1,380 枚铜钱；墨西哥洋 1 元 =1,360 枚铜钱；广东
银元 1 元 =1,320 枚铜钱。所有商人都最喜欢东京银元，因为东
京银元每 1,000 克比中国银元多纯银 50 克。墨西哥洋和香港银
元不多，经常见不到，因此在这里的使用价值低于实际价值。这
里人们实际上不了解卢比，偶尔有穆斯林商队经过时带进来。

22. 腾越（Vol. 2，pp. 305—306）

关于货币，腾越可能与其他中国任何地方见到的情形一
样①。除了旧式铜钱，卢比是本地知道的唯一硬币，而且无法在
市场流通。铜钱有虚、实之分，虚、实铜钱的主要区别在于前者
90 枚当 100 枚。然而，显而易见，兑换银两时，人们必然要用
虚钱，而在市场上购买货物时，则总是要用实钱。

本地通行两种标准银两，一种是纹银，或者称纯银；另一种
是公估银。公估银铸造成椭圆形银锭，一般是政府支付使用；与
纹银相比，公估银要折价 0.028 两。纹银是铸造成半圆形的银
锭，主要作为商业交易中的标准银使用。当然，纹银与卢比的兑
换比率是波动不定的，由于卢比短缺以及必须向缅甸汇寄卢比，
很可能影响了本地市场纹银的报价。自本海关开设以来，记录纹
银最高报价是 1903 年的 0.53 两纹银 1 卢比，最低报价是 1907

———————
① 原文如此。

年的纹银 0.38 两 1 卢比，这样就使 1 先令 4 便士的卢比，价值分别相当于 2 先令 $6\frac{3}{16}$ 便士和 3 先令 $6\frac{3}{16}$ 便士银两卢比。

近年来，铜钱贬值非常严重。1905 年，980 枚铜钱兑银 1 两，而目前则是 1,700 枚铜钱兑银 1 两。

在腾越，偶尔能碰到一种古怪的铸币，尽管并不流行。这种古怪的铸币就是成都铸造的中国卢比，在西藏边界地区使用。这种铸币尽可能铸造得像卢比，但它的正面镌刻有称之为光绪的肖像。

腾越没有银行或者是汇款的组织机构。本地大部分较大商号在仰光（Rangoon）、曼德勒（Mandalay）或西关（Siakwan）、云南府设有分号，商人们愿意并能够承担像保管存款这样的银行家角色，而且能够向在云南或缅甸的分号汇寄小额银两汇票。不过，大额银两，我们已经指出是用骡子运送的。

蒙城县知事汪篪出巡日记（1914 年）

吴修申 整理

　　说明：汪篪，字吕仲，安徽怀宁县人，清朝附贡生，后东渡日本留学，毕业于日本明治大学分校。1914 年 1 月任安徽蒙城县知事，1917 年 9 月卸任。在任期间曾主持重修《蒙城县志》。

　　1913 年 7 月，袁世凯任命倪嗣冲为安徽都督兼民政长。翌年初，倪嗣冲要求皖省各属县知事必须深入社会底层，体察民意；并明确规定县知事每月至少下乡一次，撰写出行巡察日记以备检查。该日记即为时任蒙城县知事的汪篪撰写的 1914 年 2 至 5 月份的下乡日记，记载了作者本人寻访农村社会，检查、督促团防，清乡，验契，禁烟，剿匪等工作，对研究民初安徽基层政权建设和皖北社会治安、风俗民情有一定的参考价值。

　　本篇资料选自《蒙城县政书》。该书为汪篪任职期间编纂的文件汇编，其内容包括舆图、吏治、教育、实业、司法、防务、水利、风土调查、驻军、各种统计表格等方面。原书藏安徽省图书馆。

详送二月份出巡日记文

案查本年 2 月 5 号奉都督兼民政长令开："照得知事为亲民

之官，勤政爱民本其素职。然欲举勤政爱民之实，必以周知地方情势，轸念民生疾苦为先图。皖省频年多故，灾乱迭臻，闾阎困苦颠连，今日几濒极境。推原弊始，固有光复以还，政界流品驳杂，知事任用匪人，而实则病根所中，尤以上下诚信不能接洽，官民情隐无以宣通为最大之症结。夫古者勤农教稼，询俗式贤，令宰一官本当随时周历所治，用以察民隐而敷德化，载籍所传，班班可考。今之知事，即古之令宰一职也。若如目前各属知事莅任以后，日日深居衙署，无事不越堂帘，一室以内，耳目为之不明，百里之间，情势动成隔阂，驯至吏胥近习壅之于中，不肖董绅蔽之于外，官民相待，愈距愈离；不但一县之民情好恶与风俗良莠，一切无以自达于见闻，即揆之行政，推暨之方与因事维持之术亦自无从措手。本民政长起家州县，生平经验所得此中利弊谙之至深。且自莅任迄今，目睹吾皖官民形迹扞格之实情，与吾民水火无告之隐痛，不得不先行力祛此弊，期以清旧滞而畅新机。况现值各县清乡、团防、禁烟、工赈、调查验契种种要政并举实行之际，各该知事责任所系，考成攸关，尤非事尽躬亲，身临其地，必不足以收实效而免疏虞。为此，特行通令各该知事，自奉到此令日起，除遇有各乡要政发生，必当立时亲赴该地，亲为督察处理，毋许丝毫假手吏胥绅董以重职任外，其余无论事务简繁、境治广狭，仍当分期轮日，轻车简从，出巡四乡，周历县境，俾得随时随地日与吾民亲接，以期周知民隐，并藉收开诚集益之功。所有各该知事出巡回数，每月以一次为最少，率其每次出巡，沿途巡察所得应即编为日记，随同出巡回署各日期，每月终分别呈由本民政长查核。须知此为本民政长特别训令，切勿视为具文，致干重咎"等因。奉此，知事自一月二十八号接任后，盘查交代，清理积案，筹办民团，缉拿匪类，并将验契所各种弊端剔除净尽。另组织分派人员，各有专责。另委要员随时稽查监督。而亲赴各乡剀切劝谕，近日以来，较有成效。除遵将二、

三、四、五各月份出巡回署日期及沿途巡察情形编为日记，随文呈送外，理合具文呈请都督兼民政长鉴核施行。谨呈。

附出巡日记。

二月份

十一号　早十时出巡东路，直抵双涧镇，距城三十里。该镇迤东与怀远交界，盗贼出没无常。自光复以来，绅董马金章热心公益，整理团防，东方一带稍觉安谧。上年腊月困于经费，全行解散，只留团防分局办事数人而已。知事是日在局召集该镇十六村圩长筹议团防经费，将各村分为大、中、小三则，按月缴捐款若干，均经各圩长全体赞成，书名画押，登簿存记；并议定再募团勇六十名，仍归马绅金章办理，藉资熟手。至清乡、治盗、验契、禁烟各事宜，亦曾当众研究，总期于事有济，不扰于民，切实推行，庶可渐收效果。

十二号　早六时由双涧镇抵白马庙，适值乡民逢集，遂当众演说二时之久，备述验契利益攸关皖省财政，各种契据应及早呈验，免误定期。该集地保邹法耿疏忽公事，发给告示多未粘贴，立将该地保责办，以儆将来。上午十二时由白马庙抵立仓乡。有团防分局一处，局长耿朝举，团勇仅二十人，亦将成解散之势。遂将该乡八村圩长邀齐公议，筹画团防经费，与双涧镇办法相同；并议定召足团勇三十名，巡查缉匪，藉保公安。

是日下午五时，忽接南路楚村乡团防分局差报，巨匪孟昭贵[①]在西顶寺内隐藏，距局八九里，请派兵接援。知事立即连夜

① 孟昭贵，又作孟兆贵，为当时皖北著名土匪。1914年2月，孟兆贵在蒙城三义集率众起事，打死团防分局局长刘春芳，在蒙城、凤台、颍上、怀远一带活动，杀官吏，劫牢狱。3月21日，在蒙城乐土集镇杨家庄被官军包围击毙。

带队前往，八时到顺河集，夜间一时到楚村乡，探听孟匪消息。
该乡团防分局局长卢国桢早经等候，报告是日下午围攻西顶寺，
至天将黑时，孟匪纠伙十八人自西面逃窜，迨我军到时，遍加搜
查，毫无踪迹。

十三号　早十时在楚村乡召集七村圩长筹议各项要政。至若
团防经费按照各村分为大小两则，月各酌捐若干，各圩长无不乐
从。局内应用枪械暂由各村借用。下午五时由楚村乡起程，经过
陈仙桥，七时到乐土镇，详加劝谕，俾众周知。当夜十一时进城
回署。

二十六号　午前四时出巡西北路，直抵小涧镇，距城二十五
里。该镇边境与涡阳毗连，土匪飘忽无定，团防亦已解散，未能
筹办，实为可虑。知事召集该镇十六村圩长在团防分局开会，议
定团防经费，与双涧各处办法相同；并将清查户口、催验契据以
及各种要务逐项解说，要各圩长认真照办。比时访闻巨匪陆思
第，即陆小金头一名隐匿该镇五里村庄。随即派员前往拿获，讯
明确系著名帮首，匪徒甚多，上年勾结土匪，破城抢劫，现又同
帮密议，意图不轨，当即依法枪毙。罪状宣传，人人称快。下午
六时由该镇起程，九时回署。

十八号①　午前二时出巡北路，直抵板桥镇，距城三十里。
该镇迤北与宿县接壤，最为盗匪丛生之地。幸该镇团防分局局长
李殿珍实心任事，胆识俱优，办理团防二载，屡获要众，贼匪为
之敛迹。蒙邑乡绅中不可多得人才也。该局原有团勇四十名，饷
项缺乏，亦难支持。知事召集该镇十六村圩长妥议筹款方法，每
月约可收入三百余串，尚足敷用。团勇每日巡逻，划定路线，与
邻镇联络一气，平日严加防范，有事互相缉捕，并一面清查各
户，取具甲牌长切结，以绝盗源。他若验契、禁烟各事，每逢一

① 原文如此，疑应为二十八号。

村，详加晓谕，责令各圩长分别催禁。下午五时由该镇起程，八时回署。

三月份

四号 午前二时由署起程赴坛城集。该集在蒙西北边境，距城五十里，距涡境八里，距宿境五里，向为盗匪出没之区。知事邀同宿县牛知事到坛城集商议会哨办法，并勘验傅家庄被抢情形。七时侦探该集左右有著名帮匪于小访、母玉林二名，屡年抢劫，案积如山，当即派人密拿，未得捕获。

是日午后五时，由坛城集赴板桥镇，查察有无烟苗及督催验契各事。

五号 在板桥镇团防分局提讯拿获盗匪应继文、王九安二犯，据供直认抢劫戴家庄各处不讳，当即法办，以寒匪胆而快人心。午后四时由该镇起程，七时回署。

九号 午前七时出巡东路，抵双涧集镇，赴移村集，召齐各绅董筹议地方一切要政，并亲加调查有无私种烟苗。午后八时回署。

十七号 午前五时出巡西南路一带，侦得孟匪踪迹。由乐土集镇至楚村乡，由楚村乡至三义集。是晚在该集东北十里李家庄查获孟匪窝主李三一名，起出快枪三杆、来复枪二杆、军帽一顶、军靴一只；并一面传该村圩长刘敬斋等面谕，如有通匪或为匪者，应即密查报告，以凭会办而绝乱源。

十八号 早，在三义集提讯李三。据称实与孟兆贵通情来往、住宿不记次数。当将该犯验明正身，依法正法。罪状宣传，人人称快。午前十一时由三义集到高隍镇①。该镇距城五十里，设有团防分局一处，团勇八十名，分集驻扎，经费困绌，实难支

---

① 该镇现已划归利辛县。

持。比时召集各村圩长开会筹议，按照村之大小，酌定月缴团防捐若干，并责成该局从新组织，以昭撙节而求实效。

是日午后七时由高隍镇赴董家集调查一节，并与陆军高帮统①在该集商议清乡、剿匪各事。十时仍回高隍镇。

十九号 午前五时由高隍镇赴三义集，当面严谕各圩长，并具十家连环保结。午前十时由三义集至乐土镇。该镇在城之正南，距城三十里，设有团防分局一处。比时传集各村圩长议定团防经费，与各乡镇办法相同。该局团勇三十名，亦饬令详加淘汰，总期款不虚糜，兵皆可用，使地方平靖而已。午后三时由乐土镇起程，七时半回署。

二十一号 午前九时据乐土镇团防分局报称，孟兆贵纠伙窜至该镇西北八里杨家庄。知事立即邀同驻蒙陆军田帮带②亲自督队前往。十一时半直抵该处，冲锋猛进，枪弹如雨。孟匪占住地势，几难捕击。相持四点钟之久，仍奋勇向前，将匪等全数击毙，并获枪弹。知事帽被击落，幸未受伤。午后七时回署。

十八号③ 午前七时出巡小涧镇一带。据密探报告，著名帮匪丁在川前因破城抢劫，逃逸未回，现又潜匿在家。立即派员密拿，仍未捕获。十时由小涧镇赴驼涧村吴家庄勘验吴姓被匪抢掠情形。由吴家庄至傅家庄，查明圩长傅荆山素昔通匪，伊之同院胞弟傅云山并本庄傅德光、傅四水、傅狗屎等均系积年盗匪，抢劫多次，多应指控有案。该圩长为一村人民之表率，竟敢与匪通气，隐匿不报，比将该圩长带至小涧镇团防分局讯办，一面将该

---

① 即高世读，安徽亳州人，字书田，时任倪嗣冲武卫右军帮统（团长）。1924 年任皖北镇守使，1926 年任安徽省省长，1953 年病逝。
② 名为田升爵。
③ 原文如此，疑应为二十八号。

圩长斥革，一面派勇护送收押，再行拟办。午后七时由小涧镇起程，十时回署。

四月份

十五号　上午七时由署起程赴北路板桥镇。适闻距该镇十五里陈家浅子地方有著名帮匪、屡拿未获之陈思寅，现又潜回家中，联络帮徒，图谋不轨。立即亲身率队前往查拿，仍未得获。复在邻庄详细侦探，查获帮匪徒谢羊一名，派队押解回署，听候讯办。是晚回宿板桥镇团防局。

十六号　上午六时由板桥镇起程赴乌衣集，查获私种烟苗王凤言一名。虽未满二十株①，究属有违法律，立即依律究办，以儆效尤。乌衣集至赵家集，据闻有宿县民妇张氏私开烟馆，窝留帮匪，迅即拿办，供认属实。念其妇弱，交地保驱逐出境。下午由赵家集至许町集。该处一带均与宿县边境毗连，向为盗匪出没之区。幸板桥镇团防局李绅殿珍每日督勇巡逻，宵小绝迹，地面安宁，询之土人无不称颂。

十七号　上午五时由许町集至张家集，由张家集至唐家集，调查有无烟苗，并督催验契一切事宜。下午六时回署。

二十一号　晨四时由署起程赴小涧镇。距该镇十五里江西营子吴家庄于二十号夜间被匪抢去牲口，并击毙匪人一名。立即前往勘验，属实。惟查该处与涡阳连境，相隔不及二里，察其匪迹，确由涡境窜入。除派人密拿外，并一面咨请涡阳县知事协缉。午后八时回署。

二十三号　奉令准因公晋省。下午三时由署起程，经过蒙境板桥镇赵家集至宿县车站。迨至五月七号回署。

───────────────

① 按照当时安徽省禁烟规定，私种烟苗二十株者即应枪毙，并将所种地亩充公。

五月份

十六号　上午七时由署起程，至南路乐土镇陈仙桥、楚村铺、大兴集、界沟集，经过凤台，抵寿州晋谒镇守使①，面禀团防情形并治盗办法。

二十号　由寿回署。

二十四号　上午八时由署起程，至西路牛王铺，距城三十里。该镇西北翟家庄被匪抢去牛、驴及衣物数件。比时查勘并派干勇追寻，查至涡阳高芦集，寻获牛一头；贼匪隐匿该集左右。复又咨请涡阳知事派勇协拿。午后七时回署。

（本文系安徽省教育厅科研项目"近代皖北毒品及禁毒史研究"（编号：2008sk396）阶段性成果，阜阳师范学院皖北文化研究中心资助。）

---

① 　即倪毓棻，时任皖北镇守使，为倪嗣冲的三弟。

冷口战役经过纪要

古为明 整理

编者按：1933 年的长城抗战中，国民党陆军第三十二军（军长商震）一三九师（师长黄光华）在冷口阻击日军，浴血搏杀，牺牲惨烈。其战斗经过，虽已有多方史书记录，但三十二军当年自编的《陆军第三十二军抗日纪念册》（非卖品），并未见有研究者征引。该书有军长商震和副军长兼参谋长吕济的题词及照片多幅，其中《冷口战役经过纪要》部分，按日记录兵力部署与战斗经过甚详，今整理刊出，以为研究者参考。

此次抗日战役中，我军团之任务系对滦东正面，而长城之线本属友军防区。当热河失陷之际，正本军完成滦河工事之时，方拟集结全军，进出于汤河之线，乃冷口要隘，警报忽传，分兵抵御，自属急务。此冷口战役之所由来也。兹将全役作战经过，逐日情形，详记于次。

第一 开战前敌我形势概要

三月四日 三月初，热河战况频传失利。至本（四）日午后四时许，敌之一部约二百余名，汽车七八辆，唐克车二三辆，突入冷口，并以一部进占建昌营沿口两侧，积极构筑工事，窥其企图，似有坚守之意。

本军得冷口失陷之报告后，以此口不仅直接威胁本军团侧背，且关系平津安危，宜乘其兵力薄弱之际，一举而击破之。当时八四、一四一、一三九三师，正在滦河右岸任各庄、瓦龙山之线构筑阵地。骑兵第四师，担任滦河下游会里镇、勒柳河支撑点之构筑，及海面之警戒；一四二师在古冶附近，为军团预备队。乃急令第一三九师兼程前进，驱逐该敌。其命令要旨如左：

第一三九师（欠补充第一团）附山炮一连、工兵一排，即刻驰赴迁安以北地区，迅速驱逐该敌而占领之为要。

五日　第一三九师奉令后即集结部队，于本日上午八时由滦县出发，向建昌营急进，当晚九时到达迁安及其以北地区。黄师长之报告要旨如左：

一、职师蒋团，酉刻抵迁安北侧附近，其余在迁安附近宿营。

二、卢龙以北二十里附近，发现少数敌人，已派兵前往驱逐矣。又据探报，冷口之敌有增加模样。

六日　本早黄师长报告云：冷口之敌已增加至五六百名，共有汽车五六十辆，昨夜以来，在冷口两侧面高地构筑工事，一部进据建昌营，其哨兵已到龙虎山附近。蒋团正向该地区搜索前进中。

午时，黄师到达高各庄、兰若院附近，敌哨鸣枪数发，即向建昌营退去。蒋团为前卫，当令第一营向建昌营攻击前进。敌略形抵抗，即向冷口退去。当晚蒋团占领该地，林团亦到达建昌营南侧面地区。

黄师长拟于明日拂晓开始攻击冷口，当晚决定部署，以蒋团攻击之。

第二　规复冷口战斗经过概要

七日　六时三十分，蒋团向冷口开始攻击。敌见我来势勇猛，兵力众多，其主力先行退去。蒋团第一营首将敌人驱逐，并占领该口两侧之高地，余敌仓惶北窜。蒋团第三营出口追击，当晚到达萧家营子附近，并于各要点构筑工事，以期坚守。

八日　本日知第一三九师克复冷口后，臆料敌重视该口，必再来反攻，同时更奉军分会电令，即着该师扼守冷口及其附近之刘家口、河冷口、白羊峪口一带。于是军部遂与黄师长命令要旨如左：

一、该师应坚固扼守冷口及其附近之刘家口、白羊峪各口，迅速完成各部工事为要。

二、补充第一团即日开到迁安以北地区，归还建制。

三、高部郭团及野炮第一营（欠一连）附山炮一连，即日开赴迁安，归黄师长指挥。

该师奉令后，即按照要旨，积极作防御诸设备。惟山多岩石，且材料缺乏，极感困难，乃决心在口外作机动防御，遣派便衣队于萧家营以北，严密搜索。旋又奉军分会电令，其要旨为冷口防务，须延至城子岭一带。于是遂令黄师长酌派一部前往太平寨一带警戒。

第三　冷口第一次战斗经过概要

十六日至十八日　连日以来，屡接都山方面开到多数敌人之报告。据云：系日军第六师团之第四十五联队，并有韩、蒙、伪各队。大丈子附近，亦开到敌人骑兵数百名，其飞机活动甚力，臆料该敌不日将来进犯。

十九日　我林团所派之便衣警戒队，与敌骑约五六十名，在土石门附近遭遇。排长马振英率部奋勇猛击，毙敌二十余名，敌遂退去，当晚即在土石门以北，严加警戒。

二十日　本早，敌骑百余名，与我土石门之警戒部队对峙，枪声继续，敌未进攻。

二十一日　本日下午二时，敌步炮连合之敌约六七百名，由黄土坡附近相继南进。便衣队马排长振英率部竭力抗战，迟滞敌之前进，激战约二小时，毙敌数十名，我方伤亡士兵十三名，马排长亦同时殉国。该队遂撤回萧家营子附近。

二十二日　本早，黄土坡之敌进至萧家营子附近，遂与我前进部队林团发生冲突。我炮兵既发现敌人位置，随即开始射击。此时敌炮位虽未判明，但按其炮弹景况，总不下十余门之多，双方炮战甚烈。旋见敌步兵渐向萧家营子及其东侧高地文丈子之线展开，我林团遂开始射击，敌亦逐渐接进，情况遂现紧张。

十二时许，双方步兵火力更渐炽盛，山神庙南侧发现唐克车二辆，掩护其步兵逐次跃进，其主力似在山神庙方面。

下午一时许，敌因前进过猛，伤亡颇重，火力一时被我压倒，战况渐趋沉寂。下午五时，山神庙方面敌人逐渐增加，复起而向我进攻，其炮火益猛，马道沟北侧高地，全为炮火所笼罩。防守该地之陈营，一时大受损害。敌更利用该高地之死角，节节接近。经我守兵几次肉搏，以伤亡过重，遂被其占领。陈营长预知该高地形势不利，乃先将预备队展开于该地之后方腹部，见敌占领岭顶，乃历起冲锋，杀声震野，卒仍将敌人击退。不久，敌又集中炮火，增加新锐部队，续来反攻，该高地又落敌手。

下午十时许，林团长以高地得失二次，乃将预备队尽数加入阵地，全线反攻。激战终夜，该高地失而复得者又二次。敌唐克车二辆，被我炮兵击毁。

黄师长得知该方战况后，乃决心派队由两翼出击，包围敌人而歼灭之，遂作左之处置：

一、令郭团戴营，由灶王庙经樱桃园，向敌右翼包围。

二、令蒋团李营，经二道河高里铺，向敌左翼包围。

三、令林团俟戴、李两营成包围形势时，全线反攻。

戴、李两营于晚十一时开始动作，预定拂晓前到达高里铺、樱桃园之线。

　　二十三日　李营拂晓前到达高里铺附近，遇敌之警戒部队，当即驱逐之，继向高里铺北方高地攻击。拂晓后，又以一连迂回该敌之左侧。该高地之敌约二百余人，经一度激战，其势不支，纷向萧家营东侧溃退。李营当即占领之，并继向敌人左翼包围。同时，戴营因山路崎岖，早八时许，又受敌机防〔妨〕害，晚四时方到樱桃园以北，继则驱逐该地敌人，到达文丈子一带，与敌激战。此时，黄师长认为我方已成包围形势，若能勇敢出击，必收歼灭之效，乃令前进部队全线移转攻势，激战终日。

　　本日，敌之飞机积极活动，以三架或四架编队，轮流向我阵地及冷口建昌营一带反复轰炸，一带村庄，残破无余。

　　军部鉴于前方战况渐趋紧张，乃令第一四一师（欠一团）即日开赴迁安东侧之谌新庄一带地区，集结待命，总指挥亦由开平赴建昌营督战。

　　二十四日　我前线部队于天明后继续反攻，敌藉其自动火器，极力应战，我方终受其火力所压制，不得进展。直至黄昏，双方伤亡甚重，情况稍见沉寂。我方乘机略事整顿，准备续战。

　　二十五日　敌经昨日之打击，气势颓丧，本日亦未进犯，只飞机十数架，于我阵地上空往复飞翔，并掷弹数十枚，我方并无损害。夜晚，林团张营长克巽亲率奋勇队二百余人，绕袭萧家营子敌主力背后，混战约三小时，毙敌甚众。张营长奋勇直冲，深入敌阵，身中数弹，即时殉国。余部伤亡过半，仍继续冲杀。敌遂不支，遂向萧家营子以北退却。

　　二十六日　适值大风雨，双方皆未动作，敌飞机亦未活动。入夜，我方曾数度夜袭，亦未进展。

　　二十七日至二十八日　敌连合步炮飞机，数度来犯，均未得利，遂退回。

　　二十九日　早二时，有敌百余名，进窥我山神庙阵地。我守兵迎头痛击，敌几全歼，掳获武器甚多，并由敌死尸中，检出重要文书多件。

三十日至四月四日 敌受此次重创后，气势渐敛，每日以飞机十数架，向我阵地侦察及轰炸。我方乘此沉寂期间，积极坚固阵地，阻绝前方道路，完成诸种设备，准备与敌再战。

第四 冷口第二次战斗经过概要

五日至八日 据确报：敌以长城各口先后占领，惟冷口尚在我军手中，该口居长城之凹部，占领后，不但直接威胁滦东，即以西各口附近之我军，势必后退，故敌对冷口，志在必得。乃连日来积极准备，雇用民夫，赶修道路，忙运弹药及给养，并由后防调集新锐部队之第六师团为主力，及喜峰口、古北口对此次长城作战有经验之部队，以百数十辆之汽车，往返运输，以图再举。我方早察觉其企图，一面严密警戒，一面积极准备，以便随时应战。

九日 午时顷，萧家营子、刘家口、白羊峪口各阵地同时发现敌人，各约五六百名，节节前进。下午一时顷，冷口及刘家口之敌，渐次增加，利用山地之起伏，迫近我阵地。同时萧家营子后方高地之敌炮，约三十余门，向我阵地集中射击。于是白羊峪口以东，全入于激战状态，双方伤亡迭出。直至日暮，马道沟及东蚂蚁滩两地之敌，被我林、李两团逆袭击退，枪炮声稍见沉默。

樱桃园东北方高地及白黎川一带，为我郭团戴营之正面，该营下午一时与千余名之敌接触后，激战至黄昏，因受敌炮火之集中射击，伤亡甚夥。入夜以来，敌增加至二千余名，以纵队死冲，战斗之烈，为从来所无。双方相持约五小时，敌久不得逞，乃利用烟幕弹，掩护其步兵冲锋。我守兵奋勇肉搏，直至拂晓。拂晓后，敌更以榴霰弹及烟幕弹，贯注白黎山鞍部，该处守兵遂全部牺牲，白黎山鞍部，随即陷落。敌由此侵入石梯子一带，并另以一部绕东半壁山北侧，断我戴营归路。我方急派步兵二连前往增援，时正抵山下，猛行逆袭，终以仰攻不便，为敌之自动火器所拒止。樱桃园东侧面高地，及白黎山西侧高地之我军，与敌混战既久，伤亡殆尽，敌更增加新锐部队，三面夹攻，遂致不守。同时，董家口方面（友军防区）窜入之敌，亦积极向太平寨方面窜扰。

十日　黎明，白羊峪亘四十二口全线数十里间，同时发现敌之小战斗群，约二百余组，连合炮兵飞机，齐来猛攻。马道沟正面及右翼刘家口、徐流口前方，被我战败之敌，亦起而续战。于是蜿蜒六七十里之战线，遂全笼罩于硝烟弹雨之中，自晨至暮，迄未稍懈，敌我伤亡，均极惨重。董家口方面窜入之敌，乘我方面苦战之际，屡屡增加至千余名，并向我左翼威胁，遂急令在胡家庄之高师张团（师预备队），前往驱逐。此时，黄、高两师全部加入第一线，军部乃急令留置古冶为军团预备队之一四二师，及前往应援界岭口缪师之八四师，抽派一部，兼程急进至建昌营一带地区，准备应援黄、高二师。

入夜，敌复以五六百名，由樱桃园向我马道沟阵地左侧背冲击。当时，黄师长以林团预备队尽数增加第一线，乃急由守冷口之蒋团，抽派步兵二连，前往增援，于马道沟阵地下抱榆槐南北之线展开，对威胁左翼之敌猛攻。终以敌居高临下，我方伤亡过半，马道沟阵地仍感不安，下午一时遂撤至张丈子抱榆槐之预定阵地线。

马道沟阵地移动后，燕窝沟口遂感暴露，敌窥破弱点，由该高地之西侧，乘机猛攻，我郭团高营，竭力抵御。敌以不得手，乃将兵力西转，由北面贯注炮火，遂将正北之凸角占领，更由破口向左右席卷扩大。此时我炮兵急对该凸角集中射击，敌我全部歼灭。该凸角部，寂无生人者约半小时。

敌既由燕窝沟突入，薛文子抱榆槐之前进阵地已失其效力。

夜十二时，黄师长遂令撤回，更作左处置：

一、令林团第一营，由老君台以东，第二营由老君台以南，胡团张营由老君台以西，对由燕窝沟口突入之敌包围攻击，努力恢复燕窝沟口。

二、令林团第三营为师预备队。

十一日　午前二时，各营开始攻击，力图恢复燕窝沟口。于是该高地转得转失，前后共七次之多。因敌居高临下，且自动火器猛烈，我方官长多奋不顾身，勇往直冲，官长伤亡殆尽，士兵伤亡过半，继续保持原阵地，而陷于苦战状态。

午前四时，敌新锐部队逐渐增加，沿长城向东西侧席卷包围，极力扩张战果。我守冷口左侧之蒋团王营，被困于第四炮楼一带；林团陈营，协同内外夹击，伤亡殆尽。敌陷于疲惫，王营遂得脱重围，该炮楼复落敌手。同时，由燕窝沟口向西席卷之敌，已占领龙王庙。当燕窝沟口紧急之际，刘家口方面东蚂蚁滩之敌，亦向我阵地猛攻。我官兵奋勇应战，昼以继夜，双方均不得进展，遂成对峙之局。

第五　阵地变换

十一日　午前八时，由董家口窜入之敌，迭向我方进展，虽经张团努力驱逐，终以敌势浩大，致该团陷于重围，我左侧背遂感受威胁。同时，白羊峪以西各小口，及龙王庙渗入之敌，逐渐增加，节节进逼，我守兵虽屡与肉搏，力图恢复，终未得手。于是冷口以西之阵地后方，到处发现敌之小部队，枪声四起，炮火满天，全战场悉陷于混沌状态中。前进增援之李师，因火车出轨，致迟行程；八四师之一部，犹在途中。全般形势，愈演愈恶，虽经竭力牺牲，终难挽回战局，不得已，遂决定撤至东西晒甲山、兰若院、北山之线，略事整顿，再行反攻。军部乃下左之命令要旨：

一、本军为整理战线计，应即刻撤至上下换甲套、东西晒甲山、蟒山、兰若院、北山之既设阵地，相机恢复冷口。

二、一三九师于上下换甲套、东西晒甲山之线，占领阵地。

三、八四师（欠一团）于西晒甲山上阶地、蟒山之线，占领阵地。

四、一四一师于兰若院、北山、杨团堡之线，占领阵地。

五、野炮兵营主力，于相庄附近，占领阵地，对上下左右能充分射击为要。

六、一四二师为军预备队，位置于徐家崖、谢庄一带地区。

午前十时，各部队正依照命令向指定位置转进，适天气清〔晴〕朗，敌以十数架飞机参加地上作战，反复轰炸，致队伍不得集结于所指定之位置，亦未得停步，遂直撤至滦河右岸。

第六　战斗成绩

三次战斗，敌遗弃战场之死尸共约七八百具。据土人目击，死者约在一千五百左右，伤者约一千五六百，官长十数名，内校官一。拾获敌之枪械、辎重、文件甚夥。我方官兵死亡共约千余名，伤二千余。

第七　敌之兵力及队号

一、规复冷口之役，由检获敌人文件中，查知为川原部之米山支队，兵力约一营，附山炮二门，唐克车二辆，装甲汽车四十余辆。该车乃普通之载重汽车，只发动机部用铁板遮盖，并携有木质折叠之搭板，遇深沟时，以之横架壕之两侧面通过之。上乘士兵一班，为冲锋部队。

二、冷口第一次作战时，由敌之死尸中，检出符号数面，知冷口之敌，确为第六师团第三十六旅团第四十五联队迎大佐所部，及第十师团所辖中村混成旅之冈村四十联队之一部，与谷口炮兵第十联队，并有鲜、蒙、伪之连合部队，其兵力共约三四千左右。

三、冷口第二次战斗时，除前记之部队外，另由赤峰调来第六师团之松田、高田两旅团，计步兵十三联队鹫津，四十七联队常冈，二十三联队志道，并骑兵第六联【队】神代各部，及此次在长城作战有经验之第三十一联队早川所部，及服部旅团之一部参加作战，以外尚有韩、蒙、伪连合军，其兵力共约二万余名。

日报叙述之冷口战役

冷口之役，我军牺牲极惨，敌亦损失甚巨。兹将日本大阪《朝日新闻》及东京《日日新闻》当时之所记载，节译于下，以见我忠勇之将士，为国捐躯，已获有相当之代价云。

冷口商震军顽强抵抗（四月二日朝日）
似内有蒋介石干部之指挥
敌之行动巧妙

（锦州三十一日专电）集结主力于长城冷口之商震军，对迎支队（按：迎支队系第六师团之四十五联队）之进攻，依旧顽强抵抗中。三十一日午前十一点，我重爆击机之河野机，经锦州飞行场，冒尘埃出发，在冷口之上空，加以猛烈之爆击，藉以协助迎支队之迂回攻击，直至午后二点方归。据其报告称，该敌防御我空军之轰炸法，至为巧妙，其阵地利用天险，在机中亦不能判断敌人之所在，似有蒋介石多数干部在内指挥之模样。盖自空中所见之敌之部伍及动作，颇有堂堂皇皇之气概。刻我迎支队与敌之主力间仅相隔一千米达，时常互以炮击。查敌军有多我数倍之兵力，且利用天险，至为巧妙，预料不久当有激战发生。再，敌方恐遭我空军之轰炸，其兵力之移动，及粮秣弹药之输送，几全在夜间行之，白昼殆不见其任何行动也。

冷口大激战 （四月十五日朝日）
山海关十二日由崎特派员发

　　本月七日来，华军受何应钦之命，调动大军至滦东，首拟以商震军夺回石门寨、界岭口等长城线。因是九日夜来，阪本（按：阪本系第六师团长阪本政右卫门所统率之第六师团全部）部队正面之冷口方面，形势亦逐渐恶化，计自十日拂晓起，至十二日晚间止，激战三日，洵为讨伐热河以来最激烈之战事也。其结果皇军遂将长城线突破，进至滦河左岸之线。

　　缘商震军约数万之众，奉何应钦之命，集结于冷口附近，及十日拂晓，皇军已决计以强袭突破冷口之南门，遂于九日夜间，于明月之下，从事掘凿散兵壕，整种种之备战。十日午前五点左右，天光甫曙，开激战之初步，我方在○○处待机中之空军，亦于飞沙走石中，向敌阵飞去，协助轰炸。此时，敌之坚固阵地，虽已受我空军及炮弹轰击，崩坏无余，然仍勇敢应战，向我袭击者，前后有八九次之多，终因尸积如山，遂不得不向后退矣。当日激战至薄暮之际，仍未奏效。于是我军遂深信白昼冲锋之不利，遂毅然采取夜袭之策，照明弹照耀彼我之阵地，较昼间尚属清晰，自午后九点起，集结于流河口及其东方破坏口前之我军勇士，在敌阵之下，开始强行夜袭，喊声震天，咸踏战友之死尸上，突入关门之敌阵中。此时敌之手榴弹有如雨下，且挥其大刀应战，因是我军之伤亡者亦层出不穷。其中最称壮烈者，莫如驰登关门东方破坏之宫崎少佐，所率之部队中，有大迫中尉以下之多数死伤者。查大迫中尉之阵亡，实有足以震惊鬼神之处者。当时站立部队之先头，著其白色之衣服，首入敌阵，挥刀乱砍，以援助友军之前进，遂受无数敌弹之打击，忽倒地不起，然仍一度起立，挥其军刀，终被刺死于敌阵中。其时随中尉前进之友军，亦突入长城，进迫望楼之迫击炮阵地处。敌方援兵仍继续增加，因有不能一鼓而下之势。皇军遂占据长城线之一角，数次进攻，均未达到目的而退回。在此进退维谷之间，天光已曙。十一日又经我空军猛烈之轰炸，加以威胁之结果，遂使望楼上之重迫击炮阵地瓦解，终至于根本动摇。又经我军各方总攻之结果，遂使顽强敌军，不得不向后退，当日午后三点将冷口关门完全占据矣。现败退之敌，向滦河右岸退却中。

冷口名誉战死之遗骸回国 （四月二十七日大连无线电）
越替少佐上原大尉等二百零四名

皇军在长城各次之战，以冷口一战，其牺牲为最大。在冷口名誉战死之越替少佐、上原大尉等二百零四名之忠勇将士遗骸，本日由大连经海道为极可悲之凯旋回国。

相隔仅五米突 （五月四日朝日）
壮烈之手榴弹战，占据冷口关门甲斐崎少尉谈

四月十日于冷口长城争夺战，冲入敌阵，树立殊勋之甲斐崎少尉，【受】中华军手榴弹，两脚受伤，一时曾有阵亡之传说。该甲斐崎少尉，目下在奉天卫戍医院正在疗治两大腿盲管枪伤，抚其强壮之腕而谈曰：

传说余之战死，想系○兵○队长○○中尉之误。当时乃异常之激战。十日拂晓，开始活动，徐徐进迫至城壁之下。在此改换轻装后，率部下十一名，利用死角，出敌之不意，先跃上城壁上，与据坚固望楼之敌，相隔仅五米突，演其猛烈之手榴弹战，遂被敌之手榴弹所伤，而部下遂亦有六名负伤者，卒得以占据该望楼。余所属之中队，自中队长以下军官全部战死矣。余之伤不甚要紧，精神如此甚好，拟再过二三星期后，再赴前线。

七　尾　言

我们这次伟大悲壮的抗日战争，是我们中华民族生存的一个绝大的表现。虽因受了国内"赤匪"的煎迫与威胁，在挥泪忍痛之中与彼倭寇签订停战协定暂行休止，然而死难先烈的血斑与爱国志士的怒吼，却无形的不时缭绕在我们的眼帘，回旋于我们的耳际了。这不容忘去的惨痛，和不能磨灭的创痕，难道不应该留个纪念作为民族生存斗争的史迹吗？这点理由就是本军刊集这本册子的意义。

因为筹备出版的匆促，与搜集材料的不周，及有价值的纪念品在行军转战间的遗散，在这里所得刊载的，实是极有限的一部。可是我们在这个薄薄的册子里，却亦可以瞧见了革命军人壮烈的牺牲，发觉到爱国民众输将的热诚，认清了蛮暴的倭寇的残酷，而震撼着我们后死者的良知，使我们觉悟到今后应如何奋发图强的必要了。

在激烈的冷口争夺的苦战中，本军死伤的官兵竟达二三千人之众，追忆起来，真不由得不使我们哀心垂泪。对于殉国者悲壮的人生结幕的遗影，不能把它全部搜集了来刊载在这个册子上，实在亦是件极大的憾事，但是我们纪念他们的一点微忱总算是表明了一些了。

军人，尤其是被压迫的国家的军人，对于御侮反帝国主义的斗争乃属分内应有的职责。我们绝不是想用这来表现本军对于国家民族的牺牲与贡献的勋耀，而是要藉著血肉造成的纪念品，来激发后死的同志，警惕昏迷的同胞，在与敌人的最后结算中，踏着先烈的血迹，继续奋斗，收复国土，以雪国耻，跻我中华民族独立自由于世界。

王世杰日记选（1939 年）

晓 苇 整理

一月元日　今日午后三时半，中央党部在国府礼堂召集中央执委委员谈话会，讨论汪先生二十九日通电事。蒋先生主席。开会后旋即声明改开中央执行委员会常务会议。会议时张继、覃振、吴敬恒、孙科、方觉慧、狄膺、焦易堂、刘文岛、冯玉祥、邹鲁诸委员及林主席均主张执行党纪开除党籍，或更通缉以彰国法；孔庸之委员主张设法令其赴欧。蒋先生表示谓：拟先以私人名义去电劝告，或由中央决议予以儆告，对于通缉则认为无意义。讨论历两小时余。但发言者仍主开除党籍。于是蒋先生以举手法征询大家意见。于是到会六十八人，举手者六十四人。吴敬恒委员谓本党现采总裁制，故监委会开会与否，无关闳要。蒋先生因宣告：现只好照大家意思办理；至于私人之调解，只好另行设法。

会后余语罗志希云：汪先生事，如不召开会议，则蒋先生处置之法尽有多种，现经召集会议，则在一般人心目中问题的中心，便是和或战，至少在党内无数党员、党外的共产党人、前敌的将士，将由此以断定本党对于和战问题，是否一致。假使当时不通过请求制裁者之提议（或通过而有不少的反对票），则外间必认本党内部显有主战、主和两大派，其影响极大。今日在会议时，大家对于汪先生之攻击，实多不实不尽之词，与泄怨之语。惟既经召集会议，则为中央抗战国策之稳定计，只好接受执行党纪者之请求。

一月二日　今日中央发表撤销汪先生职权与党籍之决议，同时并发表对外、对内之声明各一件。对外声明之末段有"最后为揭破敌人造谣中伤之诡计，并击破其破坏国内团结之阴谋，更望汪先生早日痊愈，重返中央，与吾人携手前进，共同争取抗战之最后胜利"等语。对内声明亦有"望汪先生翻然悔悟，重反抗战队伍，则于民族国家，仍属可喜"等语。共产党之《新华日报》将以上诸语均略去未登。

一月三日　美国政府于十二月三十一日致一复牒于日本政府，重申美国决不能承认单方变更条约之行为，同时表示美国愿依正常外交谈判与自由承认之方式修改条约。盖明示美国愿以国际会议之方式解决中日冲【突】与日美纠纷。美上院外交委员会委员长毕德门同时发表谈话，谓美政府对日当采取经济报复手段。足见日美关系行将发生重大变化。

陈君布雷今日来谈国民参政会议长继任人选，询问戴季陶是否相宜，余力称曰否。

一月四日　周佛海自昆明偕汪先生赴河内后，迄未返渝，闻有函辞中央宣传部职务。

胡适之来电，谓前接予电后，已电汪先生请其勿公开主和。适之在开战前极力反对战事，近一年来则力主"苦撑"，反对妥协。

一月五日　美国总统昨致国会通牒，主张美国应拥护宗教自由（当系指德国国社党压迫犹太人而言）、民主政治与国际信义三事，并谓对于一切侵略者，应予以"有效"的抗议。美日之冲突或将从此增长。

日首相近卫辞职，平沼骐一郎于今日继任日首相。

日昨国民参政会在渝参政员集会，褚辅成、沈钧儒等主张对汪先生艳电表示反对，左舜生、黄炎培、刘伯闵等则认无表示之必要。最后决定推副议长张伯苓咨请蒋先生酌定。

　　一月六日　今日何部长应钦在国民参政会驻会委员会报告军事，有数事极值注意：一、我军伤亡总数截至现在约一百十一万人。二、我空军自开战迄今，飞行员之伤亡约七百人（开战时我飞行员之驾驶驱逐机者，今已无一生存或健在）。三、我军用飞机为敌毁者约四百八十架，因失事而损伤或毁坏者约八百架，共计约一千二百余架，约当开战时吾国原有飞机总数之六倍。四、吾国兵额较开战时现尚增多（现时共约二百五十余万人，开战时共约一百七十余万人）。五、一年半以来，新征兵额以出自广西者为最多（四十九万人）；次为河南（四十五万人）；次为湖南（四十一万人）。四川虽人众，截至现在尚只出了二十七万人。六、我国军队现有之武器较诸开战时，在数量上及素质上均优胜。

　　一月七日　参事室向蒋先生所提关于国联行政院开会之说帖，已送外交部参照。

　　中央宣传部昨日对于各报之秘密指示，有停止"讨汪肃奸"之一项。

　　一月八日　中央党部以总裁名义分询各中央委员有无子弟服兵役，并督促各中委以身作则，率先送其子弟服役。余日前对此事曾提一节略，中央因发此函。余之子嗣均未达兵役年龄，但侄辈则已有服兵役者。

　　一月九日　陈诚及白崇禧等将领通电反汪，并主张通缉。各电已在报端披露。其他将领亦续有相同之电发表。

　　一月十日　昨日及今日为蒋先生草拟关于西南、西北生产建设等案，将提出本月二十日行将集会之中央执行委员会全体会议。

　　一月十一日　日前余所拟之"中委及简任以上官吏之子弟率先服兵役议【案】"，今日经蒋先生移送国防最高会议。当会议时，孔庸之院长被推为临时主席（蒋先生未到）。孔及林主席子超均反对，未及通过。按照现行兵役法，凡应服现役之青年（即二十岁至二十五岁者），如曾在高中以上学校毕业或在官公机关服务，即可免服现役或缓服现役。以此之故，一切达官显宦与富有资产之人，其子弟实际上便可免除现役或缓服现役，以此等子弟实际上大率具有以上资格也。民间怨愤已渐起。

一月十二日　国联行政院将于一月十六日开会。余曾主张由外交部对于列国对华经济援助一事提出具体方案，外交部终究只提一空洞的要求，使人闷闷。

一月十三日　今晨晤陈布雷。据云，关于国民参政会议长人选，张季鸾曾推荐蔡子民先生及邵力子，蒋先生颇慎重，有意自行兼代。余告以我能否辞脱参政会秘书长，陈云，恐辞脱时将复以他职（如中央宣传部）加诸吾身。

午后国民参政会开驻会委员会常会，蒋先生出席。黄炎培参政员请早定议长人选，并早定下次大会日期。

一月十四日　今午在蒋先生①举行参事室每周会谈，余力促外交部向国联提出请求财政经济援助具体方案，众赞同，惟外部出席人意态消极，使人忧忿。张岳军语予，蒋先生有实行"大本营"制（将行政院各部甚或其他院会划归军事机关直辖），以解目前人事与机构之困难，但尚无具体方案。此次中央执行委员会全体会议（一月二十日开幕）或将有所决定。

一月十五日　敌机今日大举袭渝，市区及郊外均掷多弹，死伤甚众。此为敌机大举袭渝市区之第一次。

近日欧洲局势之重要关键，为英首相张伯伦、外相哈立法克斯之访问慕梭里尼。张氏等昨已离罗马，结果似不甚佳，西班牙战争及地中海等问题似均无即时解决之望。

一月十六日　英国政府于前日（十四日）致日本照会，以

---

①　原文有脱漏。

为美国照会之声援。英照会反对日本以单方行动废弃或变更"九国公约"。照会中对于近卫十二月廿二日声明，斥其一面宣示将尊重中国主权领土，一面要求驻兵，显然矛盾。惟该照会声言，英国愿依谈判会议方式以考虑九国公约的修改。

今日午后中国国联同志会招待中外新闻界及教育界人士，余出席演说，促国联行政院对日执行其迭次决议案。因国联行政院今日在日内瓦开会。

一月十七日　共产党前曾决议，可加入国民党，但仍保留共党党籍。据闻蒋先生已向共产党周恩来、陈绍禹等表示，反对此种跨党办法，大概五中全会不致接受共党提议。

一月十八日　五中全会将开幕，中央机构有修改说。有人主张设大本营以容纳行政院及各部会。余今晨对蒋先生言，此时不宜削减机构，缘日方方谓我渐成"地方政权"，我不宜为不必要之变更，授敌人以宣传之口实。

一月十九日　今日午后中央执行委员会常会，推定蒋先生为国民参政会议长。自汪先生去职后，党中所谓"左倾"者及共产党人，颇希冀孙哲生或邵力子继其议长任；相反者则议及张岳军，蒋先生不欲为左右袒，故自兼。

一月廿日　今日午后中央监察委员会开会，余因事未出席。张溥泉等复议及通缉汪先生。王亮畴起立发言，谓汪先生近有电来请发护照赴欧，蒋先生嘱即照发，倘通缉则护照便不能发矣。众默然。又参政员原定今明日发宣言，反对汪先生艳电，今日午后蒋先生来一电话，嘱予设法打销，意谓彼甫任议长，参政员于此时发宣言殊不便。

一月廿一日　今晨八时，中央执行委员会全体会议在国民政府礼堂举行开幕。

国联行政院对于中国请求，今日仅为极空洞之决议。盖我外交部始终未提出关于经济财政之具体方案。

一月廿二日　国民参政会秘书处今日通告各参政员，于二月十日以前集渝，以便召开第三次大会。

美国国会提出议案将于关岛设防，此事亦系威胁日本。英国政府透出消息，将以三百万镑协助国民政府维持法币价格。

一月廿三日　今日何应钦部长在中央全会报告，自战事发生迄去年十二月止，我向国外购置军械之款约国币七万万元，就中由苏俄供给者价达三万万元有余。财政部对于此款数字，从未为确切之报告。

一月廿四日　中央宣传部部长人选待决定，中央议及余名。余今日与陈布雷言，务请其告蒋先生代为力辞。

国民参政会副秘书长彭浩徐坚辞，余今日商请蒋先生约周炳琳君继任。蒋已允，第未审周若何耳。

中央党部组织部报告，本党党员额共一，七三一，二二一人，内中尚有军队士兵一，〇九八，一四五人，故普通党员不过六十余万人。

一月廿五日　今日中央执行委员会全体会议开会时，冯玉祥委员向大会宣读一私人来函，指述胡适之在美国对人谈话，倾向于失败主义与和议。外交部王部长对于胡适之去年十一月间演词中有所辩明。孔庸之云：彼亦接有与冯委员所述报告相同之报告，正在查询中。事后余以此事显有挟嫌捏造之痕迹致一书面于蒋先生，请其纠正。

一月廿六日　全体会议续开会，蒋先生有长篇演说。其对于共产党问题，表示我党不再采取武力摧残或斗争之手段，但须以严正之态度处之，共产党有不当之行为当纠正指责之。吾党尤不可重蹈民十五、十六年之覆辙，有任何人利用共产党，且决不能接受共产党及最近所提跨党之办法。其对于汪先生离渝事，疑系前意大利大使挑拨离间之结果。蒋先生谓：意大利大使前曾代日本奔走和议，并要求汪先生与近卫文磨通信；某国大使（似指英大使）并曾有密告致彼，略谓意大使在港声称，已得一业经汪先生赞同之书面，列举媾和条件，而该条件竟为近卫所拒绝云云。

一月廿七日　前日全会续开会时，梁寒操、邵力子等反对行政院政务处处长蒋廷黻之言论（谓蒋有称赞李鸿章、袁世凯诸人外交之言论及祖德之论调）。冯焕章于前日根据私人报告，在会场指责胡适之在美言论之不当（指其有"失败主义"之倾向），并另有函致蒋先生，请其撤回胡适之。

一月廿八日　前晨余致一书面于蒋先生，力言胡适之近来态度极坚定，对于战事力主苦撑，后蒋先生曾自行密查。现蒋于此事已极明了，并悉前此不适之报告为六河沟煤矿公司经理李祖绅所散。李为王正廷所用之人，故蒋先生闻悉后甚愤恨。

布雷为余言，蒋先生欲余兼任中央宣传部职务，余坚辞。

一月廿九日　郭复初来电谓，孙哲生有电致彼，略谓有据报郭在英国对人谈话，主张和议云云。余意此种谣传恐与攻讦胡适之之报告同一来源，拟即将郭电送蒋先生阅。

五中全会各议案于今日上午结束。蒋先生于结束前力促各中央委员及党员今后应多负介绍新党员入党之责。

一月卅日　今晨晤石蘅青先生，劝其担任鄂省临时参议会议长。

一月卅一日　午晤陈辞修主席，请其敦促石蘅青为鄂省临时参议会议长。

吴佩孚有被敌人及伪组织拥出任绥靖委员会主任之说。

二月一日　今日周枚荪自滇来渝，余劝其勉任参政会副秘书长。

二月二日　美总统罗斯福表示，将力助英法，并闻彼对国会、军事委员会委员言，美国国防不能以大西洋为界，而须以法国为界。

　　昨晚余接胡适之来电，谓美国对外政策之最大关键，在事实之演变与政治领袖，不在民意。

　　二月三日　此次中央全会对于政治机构之改变，只是将原来之国防最高会议改为国防最高委员会。此会不设副主席，为统一党政军之指挥机关，代行中央政治委员会职权。因为如此，原来中央政治委员会主席问题与原来国防最高会议副主席问题（该两席原均由汪先生担任）均可不讨论。实际上国防最高委员会之构成与职权，与原来国防最高会议初无甚大之差别。

　　二月四日　日本议会中近已有主张在东京召集国际会议，以谋远东问题之解决者。今午参事室同人及外交部王部长等在蒋先生处商谈此事，群认我方对于将来此种或可早日召开之会议应为必要之一切准备。外部拟即着手搜集一切资料。

　　二月五日　自罗斯福日前向议会、军委会委员谈话表示将援助英法后，欧洲战机似已顿减。希特拉前日发表演说，态度较前已渐软弱。

　　二月六日　国民参政会定于本月十二日开第三次大会，但为避免敌人在会期中以空军来渝骚扰，日期不在报端公布，仅以书面密告各参政员。

　　二月七日　近来重庆方面政治、军事消息，往往迅即为敌人所悉，甚或见诸敌方广播。参政会驻会委员会月前约何敬之作军事报告，内容甚密，亦为敌方探悉其大要，足见敌人在渝有重要人为之间谍。

　　二月九日　近十数日，敌机惨炸万县、贵阳等处未设防之城市，伤亡惨重，各以千计。

　　二月十日　敌军在海南岛登陆。

　　二月十一日　敌方在海南岛登陆。我方以缺乏海军之故，在该岛仅留有两团兵驻守，维持治安，并无抵抗之准备。

　　今日政府发表谈话，指敌军此举，为日军在太平洋海上之

"九一八"。

二月十二日　国民参政会第三次大会于今晨举行开幕礼。副议长张伯苓之演说，颇为参政员所不满。

二月十三日　参政员胡景伊等拟提"肃清在位汉奸"案，意在攻击倾向与日方妥协之人（据说以张岳军、陈立夫为目标），但议长劝其勿提出，事遂寝。

二月十四日　英法两政府向日方诘问占领海南岛用意，闻日方表示无永久占领意。

二月十五日　四川匪患甚普遍，有土匪（劫财绑票之匪）与教匪（以反抗税捐及兵役与崇信若干种迷信结合之匪）两大类。四川参政员张澜、邵从恩等力陈清匪之必要，并力陈军队不能剿匪之原因。此事几为今日后方建设之根本问题。

二月十六日　参政员胡景伊拟有提案一件，名为"肃清在任之汉奸"案，其意在反对同情于汪精卫先生和议主张之人，而尤注意张岳军与陈立夫两人。此案经蒋先生告以不必提，遂未提出。共产党参政员董必武等原亦拟有惩汪案，今日亦致信于予，谓应否提出，仍听议长蒋先生裁定。因此该案亦取消。

二月十七日　今日午后参政会集会时，褚辅成、林祖涵等主张宣言解释"抗战到底"一语之意义，并主张认定九一八以前状态之恢复为抗战终止之期。此与蒋先生日前在五中全会（主张以七七事变以前状态之恢复为抗战中止之时）殊不一致。

二月十八日　今日午后参政会继续开会，蒋先生离开主席位，以政府代表资格发言，申述"抗战到底"一词之意义不可明白宣示之理由。全场获一深刻印象。余对褚、林等提案所谓拟之决议文（仅表示应继续抗战，对于抗战到底之意义未加解释），① 遂获全体一致通过。

---

①　此处有脱漏。

二月十九日　共产党在陕甘宁边区组设边区政府，不照中央法令行使政权，近日国民党党部人反对甚力。参政会前后接到反对电不下数十起。因此，共产党在此次参政会大会提议扩充民权案，亦颇受国民党员之反对。

二月廿日　今晨张伯苓先生以副议长资格代为参政会会议主席。张先生于政治情形不甚了了，复不甚接受他人之协助，会场秩序几致不能维持。事后张先生对予言，不愿续任副会长。

二月廿一日　国民参政会三次大会于今晨休会。蒋先生致休会词，希望抗战终止之时，民主制度之基础已获奠定。午后林主席以茶会招待参政员。

参政会议决组设川康建设期成会，并组川康视察团。

二月廿二日　参政会此次集会，参政员所提各案，与现时政治有重大关联者为：周鲠生等所提"确立民治法治基础案"，傅孟真等所提"公务员回避法"（暗责孔院长引用亲属），罗钧任等所提"反对以权位为酬庸之具案"，为具有批评性。

二月廿三日　近日京沪伪组织中高级人员如陈箓（伪外交部长）及李国杰等在沪相继因刺毙命。敌方又对沪租界威胁甚力。

二月廿七日　今晨往南温泉，因中央党部在该地举办党政训练班。受训之人有各省厅长以及各大学训育主任。蒋先生近年极重视此种短期训练。余意此种训练行之于各军高中级军官较易生效，行之于中等以上学校人员，则单纯之讲演方式，颇不易生效，且易引起反感。

二月廿八日　近两日来，中央所办党报，对于国民参政会中倡导民治主义各案，表示反对。

三月一日　教育部召集第三届全国教育会议，于今晨行开幕礼。予亦参加。

三月二日　武汉大学少数教员于随学校迁乐山后，行为不检

（赌博酗酒），被人告发。予今日力请王抚五校长以整率学校风纪自任，勿稍苟且。抚五为人太和缓，寡决断，周鲠生、杨端六近来甚不满。

三月三日　国民参政会组织川康建设视察团，团员名单余于昨日拟就，经议长蒋先生决定，于今日发表。以李璜、黄炎培为正副团长。

三月四日　近一月来，日本言论无复主持继续进攻者。日本军部似亦已决定设法收束对华战事。我方游击队伍（即在敌人后方作战者）近已由二十九万人激增至五十一万人（据张岳军在参政会驻会委员会报告）。

三月五日　德华及小孩于今晨往乐山。重庆天气渐好，敌人对重庆或将大肆轰炸。

三月六日　近日政府召集中等以上学校校长及训育人员谈话及全国教育会议，均劝参加人员加入国民党。惟此种劝请，征类逼迫，愚意仍以采用真正之劝请为是。

三月七日　前线战事较为沉寂者已三阅月。近日敌军在湖北天门、锺祥一带采取攻势，战事较烈。

三月八日　美国前国务卿致函纽约报纸，主张美国应以其海军力援助英法。足见美国孤立主义渐为美国民主、共和两党领袖人物所共不满。

三月九日　英国政府决定由英国汇丰及麦加利两银行借款五百万镑（由英政府担保）作为稳定中国法币之用。此事表示英政府援华抗日之意态渐趋坚决。

三月十日　今日往南温泉中央党政训练班讲“最近国际形势”（受训人员有各省厅长及各党部委员与各大学训育主任）。

今日为余生日，予于晚间接到小儿来信，始复忆及。

王亮畴（外交部长）于前日对美国合众社记者发表谈话，表示英美诸国应召集“九国公约”会议，以谋中日战事之和平解决；倘会议不幸失败则当对日实施经济报复。

三月十一日　四川为今后支持战事之主力，然地方政治迄无进步。惟省内军阀之力已渐消灭，中央如有余力整顿地方政治，此为最好时机。地方之匪患尚炽（报匪患者闻有六十县），烟禁亦懈（报种烟者闻尚有三十县）。

国民参政会川康建设视察团今日集会，准备出发，余向蒋先生提议以李璜、黄炎培为正副团长，以张澜、高惜冰、莫德惠、胡景伊等为组长，均经决定。

三月十二日　今晨乘中国航空公司飞机"成都号"由渝飞昆明。飞机上升高度大都在四千公尺以上，约历三小时即到达。晚晤滇省政府主席龙云。此君系卫士出身，甚机警，亦通达，长滇省已十余年。

三月十三日　今晨中央研究院评议会在云南大学开年会，议长蔡孑民先生因体弱留港未到，余被推代为主席。下午续开大会。

三月十四日　今晨评议会续开会，至午闭会。会中对于现时迁留西南之学术教育机关如何在西南创立一个永久学术研究基础，颇多讨论。晚应龙主席筵宴，备极富丽。国难时期如斯盛宴，食之不安。

三月十五日　今日偕李润章游昆明附近安宁县之温泉及西山。温泉之风景较北平之汤山与南京之汤山为美；西山有茂木滇池，亦远胜北平之西山。寺庙等建筑物亦足相称。

三月十六日　德军复于前日开入捷克境，旋即占据其京城，欧洲局势从【此】呈混乱状态。

三月十七日　午前往游昆明附近之黑龙潭，有古梅、古柏多株，相传为宋梅、宋柏。潭为清初明遗民薛大观（尔望）先生全家死难处。

三月十八日　午后二时由昆明乘机返渝，午后四时半即到达。

三月十九日　今日与周枚荪谈论国家前途。枚荪云，蒋先生之苦干至可佩，惟蒋先生于其工作之继承至今尚无打算，殊可虑。余亦觉奠定一种政制，需要甚长之时间，蒋先生如不及早着手为民治制度逐渐立下基础，前途确属可危。

三月廿日　苏联及美国均不承认德国吞并捷克之举为合法。英法均召其驻德大使回国述职。欧局正酝酿大变化。

三月廿一日　美国政府主张修改中立法，但因美国孤立派之势力仍不小。政府派毕德门氏闻提有中立法修正案，但其内容仍无侵略者与被侵略者之别，于我仍不利。余昨致电胡适之大使，促其设法斡旋。

三月廿二日　汪精卫先生寓居河内，有青年数人于日深夜往行刺，曾仲鸣夫妇受重伤，闻已于今日午后不治而逝。闻汪未受伤。

三月廿三日　德国进占捷克后，续以压力加诸立陶宛，复于今日由立国取得半麦尔市。欧洲局势益严重。余今日晤王亮畴，请其托苏俄向英法接洽，以英法援华与于必要时执行国联对日制裁案，为苏俄参加欧洲方面军事行动之条件。

三月廿四日　敌军渡修河，由永修进攻南昌甚烈。南昌甚危。

三月廿五日　美国国会修改中立法问题，予于今晨参事室开星期会谈时促请蒋先生及王亮畴酌量发表谈话，表示我们的痛苦与希望。亮畴迟疑。

三月廿六日　重庆雾季将于每年清明节后中止。政府近日正设法促市内机关与民众向市外迁徙，以防敌机于雾季终止后滥肆轰炸之危险。余今晨赴郊外化龙桥察勘参政会迁移地点。

今日午后阅《宋史》载王旦与寇准为相时，两人器度之异。吾国宰辅历来以器度为重。王旦之待寇莱公，其器度恢宏，允为超越常人，足为后人楷范。

三月廿七日　意相慕梭里尼发表演说，对法国要求解决杜尼斯、苏伊士运河及基卜蒂（东非洲法属地）三问题。欧局仍极不定。

南昌闻已于今日复被敌军攻入。

三月廿八日　南昌于今日午后被敌军占领。

余于今日致一书面于蒋先生，述说去年粤汉陷落后英国政府拟改变态度，美国政府中一部分人亦有同样趋向，嗣以罗斯福态度坚定，始获维持英美既定国策。现在欧局又极不定，美国舆论庞杂，在未来两月间，我方军事不可有重大挫折，否则外交上或将发生极不良影响。

三月廿九日　近日德国因虑英苏联合包围德国计划之成立，闻已密向日本提议军事同盟，并闻日内阁态度不一致。

三月卅日　今日下午余参加国防最高委员会常会，徐永昌（军令部部长）报告，我已发令对敌总攻（平汉路方面、陇海路方面、山西方面、广东方面及浙皖方面）。

王亮畴报告，法允援英国例贷款于我，但数目以一百万镑为限。

三月卅一日　今日孔庸之在参政会驻会委员会报告，谓政府已决定发行新公债十二万万元，就中六万万元为军需公债，指定政府若干种税收为发行基金；又六万万元为建设公债，以所拟办之事业收入为基金。

孙哲生已于日前赴莫斯科，商洽中苏间问题。

四月一日　英国首相张伯伦发表宣言，谓波兰领土如被他国侵犯而波兰决定抵抗时，英国决以全力援助之。并谓法国亦已授权于英政府宣示同样态度。此为对德国之严重警告。民主阵线或可由是而形成。

余今日密请蒋先生督促外交当局向法国政府密洽中法两国在

越南军事合作之办法（日方如侵越南或侵暹罗犯越南，我方助越南以兵力，但法方须预备大量军火储存越南，以接济我方），蒋先生亦大体同意，并云已与法使有所接洽。

四月二日　日本占领斯巴特莱群岛（在安南之东南及吕宋之西）。

汪精卫先生又为文送往香港报纸发表，对于曾仲鸣之死表示愧痛，并申述其所以主张和平之理由。意谓前年十二月，德使陶德曼所提之和平条件，既经蒋先生认为非亡国条件，可作讨论基础，何以近卫宣言不能作为和议基础。日前《南华日报》明指曾案主使为"渝执政"，此间党部有主张径向香港法院起诉以制裁该报者。汪先生发表之文字中，并未言及该案有无主使人。据一般观察，该案大半出自情感激越之华侨。亦有疑为出自共产党者，但予意共产党干部，于此时想亦不致采取此种举措。

四月三日　近日阅《宋史》，觉王安石见解超越，意志坚定，诚不可及，其用人与待人则缺乏政治天才。当时正人君子之不合作，半由于正人君子之守旧，半由于安石不善处友，尤不善于用人。

四月四日　关于中法军事合作问题（安南方面），予于今日已拟一具体方案送蒋先生。

四月五日　今日《大公报》及《新华日报》（共产党）载，汪精卫先生已与平沼订有密约，先由日本迅速占领长沙、宜昌、西安等地，再由汪出组政府，并谓汪已受日本活动费数百万元。但政府报纸未登此项消息。

四月六日　中央举办党政训练班，招集各省厅长、县长及党务干部人员参加。蒋先生促予任总教官。此事与余之性情兴趣及才力均不合，予拟辞。

四月七日　日本政府否认《大公报》等所传"汪、平沼协定"；汪先生之左右，闻在港亦已否认。

今日何应钦部长在国民参政会驻会委员会报告，谓我军已在各处反攻，大概尚须一二星期始能悉其战果，并谓我军反攻之最大困难，为炮队之不足。孙哲生赴俄，即为接洽购炮等事。

四月八日　余与张忠绂君拟就现时外交方略一件，对于国联制裁日本案及请英、美、法、俄等国发表反对远东侵略行为宣言等事，有具体之建议。蒋先生今日将该件送王亮畴进行办理。

四月九日　我方此次军事反攻，已渐著战果。江西之高安及广东之三水等处闻已克复。

今晨偕周枚荪往游歌乐山。

四月十日　意大利军队于七日开始攻占阿尔比利亚，于今日即已控制其全部领土。欧洲局势益紧。

四月十一日　吴稚晖先生于今日发表长文，责骂汪精卫先生。蒋先生对于汪先生最近发表文字，迄今尚未公开任何表示。

四月十二日　今日午后在中央政治委员会开审查会，审查"人民团体组织纲领草案"及"妨害抗战治罪法草案"。

四月十三日　今日何应钦部长在国防最高委员会报告，谓此次我军各路反攻，均有小胜，且使敌军到处受牵制，不能自由调动军队为集中之反攻。

四月十四日　今午蒋先生约参政会驻会委员谈话。沈钧儒、许德珩、董必武等要求惩办汪先生；胡石青、孔庚等则谓是非是一问题，利害是一问题，如实行国法上之惩处，在利害上言是否合适，尚可研究。蒋先生未作决定的表示。

四月十五日　我军近两周实行反攻，曾两度攻入开封，一度恢复高安，今日又克复增城，即外报亦有对我之战斗能力渐抱乐观者，敌方宣传则谓我之反攻完全失败。

四月十六日　美国罗斯福总统昨致书于希特拉及墨梭里尼，询其能否保证欧洲和平至少十年，并无条件的参加国际和平会议。此项表示，系以对德义为限，众信罗氏对于远东必别有规画。

今晚在蒋先生处晚餐，孔庸之报告，谓美使馆代办裴克向彼说，罗斯福有一函致蒋先生，将由美使馆代办亲递。此函或会有重要性。

四月十七日　我军近日反攻，显然有相当效果。广州增城被我克复，广州渐被我军包围。外人对我之言论与印象，较诸十余日前南昌失守时显又好转。

中央党政训练班第二期今晨在重庆城外浮图关开学。

四月十八日　吴稚晖先生在党政训练班讲"总理行谊"，谓孙中山先生极严正而无道学气，极贵重而无贵族气，学问渊博而无名士气，富于革命性而无英雄气。

四月十九日　东京《朝日新闻》载有美总统将向日本提议召集太平洋会议，解决东西纠纷局面。同时美国将舰队悉调太平洋，美国国会正考虑对日经济报复办法。

四月廿日　胡适之来电谓，曾晤罗斯福总统，对于《朝日新闻》所传，罗氏指为捏造。

英首相在下院答议员问，谓英政府当考虑中国加入反侵略集团问题。郭复初近日对此事活动颇力。

四月廿一日　杭立武君自香港返，谓汪精卫先生有向港督请求保护说。蒋先生接到报告，谓日人已以二百万元助汪。余对此项报告认为不可信。近日蒋先生已发表答记者问，责骂汪先生（但未明白指出其名）。如汪先生复赴港有所活动，政府必发缉办命令。

四月廿二日　英大使卡尔自平、津、沪等处返渝。彼对王亮畴外长言，喜多及土肥原等日方重要分子，均主张结束战事，并主张华南、华中方面之日军可先撤退，华北日军暂缓撤退，将来亦可恢复七七事变以前之状态，内蒙则须有特别办法。我政府因近日日方到处造谣谓我求和甚切，故对英使所报告，未予讨论。

四月廿三日 我军反攻,续克新会(粤)及高安(赣)。

四月廿四日 今日共张岳军、雷殷、王先强诸君商讨县各级自治组织问题及县以下党部工作。此事为本期中央党政训练班主要讲题。

四月廿五日 近来日本报纸公开主张请英美等国调停中日战事(四月份东洋经济新报即如此主张)。

四月廿六日 今晨在外交宾馆晤英使,彼云对日施行经济报复一事,英国一时似尚不易实行。

四月廿七日 今晨余在党政训练班讲最近国际形势。午后国防最高委员会常会,讨论共产党管辖之"陕甘宁边区"撤销问题。近来本党党部及陕甘地方政府,反对共产党继续分割该地域甚力,其理由则为完成统一,防止赤化;共产党则谓此项区域为前岁庐山会议蒋先生所承划归共产党治理之区域。此事颇严重,今日会中决定先由党政军各最高机关共拟撤销方案,再约共产党协商。会中并已预定最后裁制办法。

四月廿八日 今日午后开法制、经济、财政各专门委员会,审查应付沦陷区域内敌人吸收物资及破坏法币办法。

午后四时,余出席中英文化协会干事会,英大使亦出席,讨论与英国交换教授及与香港大学联络诸事。

四月廿九日 我军近日反攻南昌,已逼近市郊。崇阳白霓硚敌军有被我军攻退之讯。

希特拉日昨发表演说,对美总统和平呼吁之电极尽奚落之能事,并宣布废弃英德海军协定及德波互不侵犯协定。

四月卅日 今日蒋先生召集参事室会谈,余提议我政府应立即为一切必要之布置,以备欧战之爆发。缘欧战爆发,则军用品与供军械制造用之原料品购买与运输,必均极度困难。

五月一日 邵逸周君自乐山来渝,谓王抚五校长因循苟且,与周鲠生、陈通伯、杨端六诸人均不睦,周、陈、杨均在辞职中。六年前余离武汉大学时，原拟推荐周鲠生继任，张皓白以王为教务长，周为教授，谓宜推荐王抚五，予不得已允之。抚五为人甚好，然优柔寡断，胸襟亦不豁达，此其难也。

五月二日　阅《容斋随笔》，中有解释日月食道理一则（容斋五荣斋〔笔〕"月非望而食"），与近代科学关于月蚀、日蚀之说明颇多符合，且云"月本无光，受日为明"，尤为正确。洪容斋为南宋人，其时代尚在欧洲人发明地动说以前。

五月二日[①]　敌机于今日午滥炸重庆市区，余之办公室邻近区域落弹甚多，伤亡甚众。

五月三日　敌机自一月十五日轰炸重庆以后，两月未再来。今日又有敌机三十余架袭击重庆市区，滥肆轰炸，伤亡约二千人。

五月四日　今日敌机续炸重庆市区，掷燃烧弹甚众，延烧房屋甚众。余居参政会办公房屋内，督同员工抢护，几彻夜未眠。英德等领事馆均被炸毁。伤亡至少在三四千以上。

五月五日　晨间火仍烈，迄晚始扑灭。市民纷纷离城。全市顿成死寂状态。

五月六日　我军近日续攻南昌，前日已抵城外，几将全城夺回。

蒋先生命令全市党政军各机关将所有汽车输送难民离渝市。

五月七日　重庆各报馆被毁者众。近三日来各报均停刊，仅联合出一单张。

晚间二时，敌机乘月色袭渝，但未及袭入。

五月八日　连日天气陡热，温度高至华氏八十余度。市区因敌机轰炸被难者之死身尚多未掘出掩埋，市中行人多带卫生口罩。

----

① 原文如此。

欧局又混沌。德义成立政治军事同盟，但其内容如何，外间究未能尽悉。彼此军事之协援，似仍附有重要条件。英苏协定之谈判，似仍有重大障碍。苏联外长李维诺夫已因此事解职。

五月九日 重庆市区，略露恢复趋势。

敌人造谣谓我政府将迁成都。

五月十日 最近，美国合众社拍发新闻电，颇不慎，其记者将被外交部驱逐，其助理王公达已被逮。予因该社在美国新闻界极有势力，因请蒋先生及王亮畴宽予处置。

五月十一日 本月三四两日敌机滥炸重庆结果，据市府连日调查，被灾之户达七千余家，死亡者达三千余人，伤亡共达五千余人。英领使馆中弹，法领馆中三弹，领馆中之华人伤亡甚众。

据何部长应钦报告，四月间我军之反攻，仍只就各线调遣三分一或四分一之军队向敌进攻，其目的只在牵制敌军行动，遏制敌军向长沙、宜昌等地进攻之企图。经过一个月之时间，此种目的可谓已经达到。我军在各地克复之县达三十七县之多（中有六七县旋克旋失）。敌军士气，据前线报告确较从前堕落。从前敌兵均以与阵地共存亡自誓，虽战至仅余数人，等死不降，近则颇有跪而求命者。

我军目前最大之困难为由国外至国内之运输问题。

五月十二日 敌机二十余架于今日黄昏时袭击重庆。此次伤亡较少，敌机被我高射炮击落三架。

五月十三日 近日敌以重兵在枣阳一带围攻汤恩伯等军队，形势危急，襄樊紧张。现闻汤等所领十数师已渐出险。

五月十四日 晚晤香港大学副校长史诺斯君。彼谓香港已准备于日军攻击香港时可独自撑持六十日，以待地中海及新加坡之增援。

五月十五日 党政训练班第二期学员于今晨举行毕业典礼。近四星期来，蒋先生之时间，至少一半用于此项训练，其不惮劳苦之状，令人感动。

午后余致一电于王抚五校长，促其信任各院长及教育长（鲩生），谋校务之改进。

五月十六日　今日晚间在生生花园开中英文化协会，英使卡尔及中英会员到者五六十人。余以极简单之晚餐饷之。盖连日渝市被轰炸，已无良好之公共会所或餐馆可利用。然到会者兴致仍极好。

五月十七日　日军围攻汤恩伯等军之举，因我孙连仲军自南阳赶到增援，已告失败，襄樊之形势似渐稳。日军于数日前占领鼓浪屿，意在威胁上海公共租界。

五月十八日　鄂北战事有转机，敌军在随县、枣阳之间受挫颇重。

五月十九日　今日余致一节略于蒋先生，力陈不可与德义两国重谋接近（近来日本有不愿加入德义军事同盟之非正式表示，政府中人遂又有主张我应与德义重谋接近者）。盖强国不顾立场，已属害多利少；困弱如吾国，岂可轻弃立场耶。

五月廿日　今午余向蒋先生建议，以非公式之形式，致一私函于罗斯福总统，密商"九国公约"及中日战事前途诸问题。蒋先生赞同，并谓可派专人携往。

五月廿一日　鄂北近半月以来之战事，敌军死伤之众，似尚超过台儿庄失败之时；我方死亡为数闻亦约略相等。

鼓浪屿日军上岸者已大部撤退，系受美、英、法联合压迫之结果。

五月廿二日　中法间友谊近来较有进步，盖法政府自海南岛被日军占领后，对日已不复过分顾忌也。本月十二日，敌机轰炸重庆时，法军事顾问九人适抵重庆。

上海公共租界及法租界近日受日本压迫，取缔报纸登载反日言论及蒋先生演词，已将美人所办华文报《大美报》停刊，该报正要求美政府抗止；并闻沪上反日分子被工部局密捕者已有多人。

五月廿三日　今日晚九时，蒋先生约往研究中法军事协定草案，该草案系由杨耿光自巴黎拍来。

德义军事同盟于日昨在柏林签字。按其公表之文字，两国中有任何一国与他国作战时，其他一国应以武力援助之。而所谓作战，并未曾明定为防御战事。此真所谓"攻守同盟"。外间群称该约尚有未经公表之密件或密款。

五月廿四日　国联行政院于前昨两日集会，对于我国设立调整委员会实施盟约第十六条制裁之请求，因英法不赞同，未予通过。

五月廿五日　鄂北最近战事，我方转危为安，且予敌以重创，实出孙连仲之及时应援，与张自忠率队渡襄河突袭敌军后路之故。张自忠之战绩颇出一般人之预料。

今日午后六时余，敌机二十余架袭渝，其轰炸目标仍为城区。

五月廿六日　今日午后国民参政会开常会，陈辞修新自前线返渝，出席报告，对于军事前途颇乐观。盖自四月反攻，我军颇得手以后，士兵自信心陡然增强也。

五月廿七日　中法军事协定事，蒋先生已照前日余所签呈意见，训示杨使。

近日盛传汪精卫先生曾赴日，并由日返沪，将出面领导和平运动。真相若何，殊不可知。中宣部昨已密令各报"声讨"。

五月廿八日　今晚陈辞修约湖北同乡聚餐，商鄂省政府改组事。辞修近来兼职太多，颇受批评。

五月廿九日　近一星期来，敌海军加强其封锁中国海岸之手段，竟对英、法、德诸国商船实行搜检。此事如敌方坚持，可引起英美诸国之报复。

内子自嘉定来渝。

五月卅日 宋子文密电蒋先生及孔庸之，主张对于出口货物，除桐油、茶叶、矿产而外，免于结算外汇，借以对抗敌人在沦陷区域争取物价之政策。孔颇反对。

五月卅一日 今日午后，中央开法制、财政两专门委员会会议，审议周鲠生等在参政会所提司法改革案（其内容主张司法经费由国库负担），余为主席。会议结果赞同原案。

六月一日 今日午后晤太平洋学会代表卡德（carter）氏及美记者 Hersey。卡氏谓中日战事结束之期尚远，因日本已陷于无法转圜之地。

六月二日 英、法、苏互助协定谈判，因苏联态度之坚决，又生波折，但一般仍信协定可以成立。日本陆军方面颇主加入德义同盟，以抗英、法、苏，但其老首相（平沼）及海军军人，则不主参加欧洲斗争。

六月三日 近阅洪迈《容斋随笔》，于其所记"月非望而食"一则中，言日食、月食之理，与今人之观念略同。并谓"月本无光，受日为明"，亦符其理。洪氏为南宋人，其立说尚在欧西地动说以前，足见中国往昔历学之进步。

六月四日 中央党政训练班第三期于今晨在重庆浮图关开学。受训者为各省专员、县长及国内外党部干部工作人员。予仍任总教育职。

六月五日 严立三君来商鄂省临时参议会事，余力主以石蘅青任议长。

六月六日 闻日政府各巨头日昨会议，对于是否加入德义同盟问题已有决定，但内容如何未悉。

六月七日 今日阅杜镛致中央党部密报，汪精卫先生已于前月离海防，先往海南岛，由海南岛赴沪，并于抵沪后已赴日本，现仍返抵上海，将再往北平。偕行者为日人影佐及周佛海、高宗武、梅思平等。其活动仍为组织政府。

今日午后六时，敌机拟袭重庆未果。我机起飞警戒，有一架因机器发生障碍，堕毁于国民政府府址，府中员工伤亡二十余人。

六月八日　上海汇丰银行，因我外汇平准基金委员会停止照黑市市价卖外汇，今日停止以八辨士又四分之一出售英镑，法币之价大跌。基金委员会之意似在降低法币外汇价格，以促进出口，且在对抗日伪以日伪不兑换券套取法币。

今日午后国防最高委员会议决通缉汪精卫先生，吴稚晖、冯玉祥、邹鲁诸委员发言赞同，无讨论。

六月九日　今日午后开参政会驻会委员会，张部长嘉璈出席报告，谓滇缅铁路或将停修；滇缅公路在雨季时维持极易；今后运输仍将大部倚赖滇越铁路，该路自今年九月起可扩充其每月运输量约一倍，军火仍可以从安南运入，惟安南政府认为不可公开耳。

今日晚七时，敌机二十余架袭重庆，闻被我击落三架。予仍寓城内国民参政会会址，附近街区中弹又甚多，但因市民近来向外疏散者多，且附近辟有火巷不少，此次空袭之损害遂大减，伤亡者闻仅九人。

六月十日　蒋先生有任施肇基为驻苏俄大使之意，予颇觉施非其才，惟觅妥人确亦不易。

日本军人在天津对英租界压迫益紧，限令租界当局移交刺程锡庚之嫌疑犯，并声称如不按期交出，即封锁英租界。

六月十一日　今日午后七时余，敌机二十七架袭重庆，在大溪沟上清寺一带（国民政府及中央党部等机关所在地）投多弹，但损失不大。闻敌机有两架被击落。同时成都亦被敌机轰炸，华西大学被炸。

六月十二日　天津日本军事当局逼迫天津英租界引渡刺程锡

庚之犯人四人，并声言如不得到完满解决，即封锁英租界。

六月十三日　四川烟禁至今犹松懈。据参政会视察团团员之报告，各县县政府及行政督察专员大都暗中经营土膏局生意，此为烟禁不严及地方官吏贪污之普遍原因。

六月十四日　日本天津军事当局对英租界实行封锁，除食物外，概不准入界内。英政府事前曾提出交付公断之议，日军人未同意。

六月十五日　今日蒋先生交议对美续商棉麦借款案暨外汇维持案。此项案件，孔、宋间颇有争执。

六月十六日　敌军封锁天津英租界事，引起英国方面之重大反抗。英人有主张采取经济报复手段者。

六月十七日　关于英国天津租界事，余今日在蒋先生星期会谈席上，请外交部电嘱胡适之大使密商美国政府，劝英国勿轻让步。

近日盛传北平伪组织主要分子王克敏辞职，日人拟请汪先生赴平组织伪联邦政府，确否不得而知。

六月十八日　法国大使 Cosme①自沪返渝，对我外交部王部长言，谓将继续磋商中法间“远东军事合作”问题。

六月十九日　日前中央政治学校开校务委员会会议，蒋先生主席。陈果夫主张改教授聘任为任命，并停止招收女生。罗志希谓，任命制度实行，校长将无辞退教员之自由，进退之权将移于政府机关之科长、司长，其弊甚大。大学如不招收女生，人将谓中政校步希特拉之后尘，欲将一切女子送入厨房去。本党如欲与共产党争青年，此种办法亦不合适云云。

六月廿日　今晨七时在党政训练班讲国际形势。

六月廿一日　今日余拟一节略致蒋先生，请其嘱外部向英美

---

①　Henri Cosme，法国驻华大使戈思默。

表示，我愿提议续开"九国公约"公议，商定共同维护"九国公约"办法，兼以解决津英租界案。

六月廿二日　日军在汕头登陆，并占领汕头。

财政部为防止上海方面资金外逃、新旧法币外汇价率起见，命令上海各中国银行限制储款人取款数额；但储款人如将资金移入后方，则不受限制。

六月廿三日　前皖教育厅杨厅长廉于日昨被处死刑。杨之为人，行为不检，缺乏修养，为人所公认；至有无贪污确证，外间不无怀疑。其于皖省教育，数年之间确亦多所整顿。死刑之判决与执行，余事前不及闻知，否则余必郑重再请执法者周密之考虑。今晨闻讯，不胜惊叹。

六月廿四日　蒋先生欲以施肇基使俄，余力言其不能胜任，然亦未能提出替代之人。

六月廿五日　杨廉已被处死刑，系因其私行不检，且兼为教育厅厅长及青年团团员。蒋先生因此怒甚（何雪竹有信告我）。

六月廿六日　自五月下旬迄今，日本飞机与苏俄外蒙飞机曾不断的在贝尔湖附近之伪满外蒙边境互斗，参加之机据报载，双方往往在一百架以上。双方损失均不小。其初此事仅见于日方报告，今则苏俄亦已正式宣告此事。惟此事究由何方挑衅，迄今不明。

六月廿七日　颜骏人、施植之均已由沪抵港，约余及朱骝先往晤。余告以暂未能往。晚间与王亮畴细商一切。亮畴亦觉施不宜于使俄。介公有意将顾维钧调俄，以施使法。

六月廿八日　今日与蒋先生续谈与罗斯福总统直接通讯，商中日战事之解决问题。

六月廿九日　外间盛传汪先生已抵天津，谋组联邦政府于南京。闻之令人慨叹不止。

六月卅日　今午由渝乘飞机赴香港，讵起飞后飞机摩托发生故障，重庆又有空袭警报，飞机因折往成都降落。降落后，余约市长杨全宇导往华西大学及川大新校址参观，并游望江楼（唐诗妓薛涛故居）及武侯祠。

七月一日　晨十一时半复由成都起飞，晚八时抵香港，寓香港饭店。予别香港已十五年矣。

七月二日　晨晤颜骏人及施植之，商外交问题。颜允于出席太平洋学会会议时，为蒋先生代携一函致罗斯福。

午后六时晤宋子文。余询以香港防御工事状况，据云英政府有令，令港督于战事发生时先自行支持六十日。

七月三日　欧局紧张，德政府图但泽益急。

昨晚晤顾孟余，据云汪先生此次行动，陈璧君负大部分责任。

今日午后晤蔡孑民先生，余力劝其迁居云南昆明郊外。

七月四日　今午晤许静仁，据云日本对华特务工作，近日改由影佐、大迫与和知三军人共同组织"最高研究会"任之。和知为汪先生顾问，即其监视者。

午后与杨佩芝游行九龙新界五十余英里，沿途见英运车不少。

七月五日　今晨复晤宋子文。彼对于孔先生及其左右徐可亭等极不满。

七月六日　近数日来，敌军复在外蒙与满洲边境坎尔坎河一带与俄蒙（外蒙）军发生陆战及空战，其动机迄今不甚明了，或谓敌方将借此以探俄军防御力与空军战斗力。

自广州遭敌攻袭以来，粤中旧家所藏古书画颇多流入香港者，惜余此行甚匆促，不及设法觅览，尤无力收购。

七月七日　晨二时半自港乘欧亚飞机启行，四时三刻抵桂林，七时半抵渝。返寓时始知七月五日晚，余之寓所门前及周围已中四弹，房窗及大门多被震毁。

　　下午出席参政会驻会委员会常会，何敬之报告，我整军计划第一期工作，已于六月十五日完竣，被整理之师约九十师左右；第二期整理工作已开始。

　　七月八日　午间向蒋先生报告在港与颜、施两君接洽经过。

　　七月九日　汪先生在沪作公开广播讲演，谓抗战必亡，此为蒋先生所走之路，欲求中国复兴必须得日本谅解，此为彼所走之路。此为失败主义的诡辩。

　　七月十日　苏俄领袖斯丹林闻正召集重要会议，商讨对付日本在蒙边发动军事问题。孙哲生在莫斯哥与俄商借款，日前闻已大有成就，此与最近一月以来日本侵攻外蒙似不无关系。英、法、苏军事协定谈判亦或因是而可速结。

　　七月十一日　今晨晤陈辞修，据云白健生对胡适之极不满，前此中央全会时攻击胡适之最力者非冯焕章，而实为白健生。余意民国二十五年夏粤桂称兵与冬间西安事变时，适之曾为文切责健生等；健生之反对，出自此等嫌怨，则其为人未免狭刻可畏。

　　七月十二日　今日王亮畴将其所拟致罗斯福之函稿（代蒋先生拟）见示。余与张子缨细商累日，多所更易。

　　七月十三日　今晨蒋先生告予，谓顾少川应允调往苏俄，驻法大使究以何人为当。蒋先生颇属意魏道明。予告以俞鸿钧（前上海市长）亦可供考虑。蒋先生以为然。

　　七月十四日　汪先生在沪对华侨作广播讲演，谓我军之游击队无异于“流寇”。外报亦讥责其无耻。据各方报告，汪先生虽多此〔次〕联结敌伪，王克敏等仍反对汪先生出组中央政府。

　　七月十五日　关于外汇问题，今晨余在参事室星期会谈席上，主张财政部应考虑在沪审查外汇售给办法。

　　七月十六日　今晚蒋先生约余谈三民主义青年团事，欲余任该团书记长（该团原由蒋先生任团长，陈诚任书记长朱家骅代），余未应允。

七月十七日　今晨蒋先生复坚嘱余勉任青年团书记长，余答以自去年一月余离教育部，自觉对于青年训练工作无领导能力，仍未应允。

青年团在过去一年间，诸事大半由康泽等主持；其训练方法，大都蹈袭共产党及秘密会社之故智，社会颇不信任。蒋先生今晚曾向团中干部人员痛加指责，并严令改正。

七月十八日　法币因外汇基金枯竭，不能维持其汇率，沪市法币跌至六辨士以下。情势极严重。今午余请蒋先生电召宋子文等来渝，研究一种最后维持办法。但财部作事迟钝，恐不能有及时补救手段。

七月十九日　英日东京谈判，今仍继续举行，前途如何，中英人士均焦虑。

七月二十日　法币大跌价，沪市场极紊乱，日人乘机推行伪华兴银行钞票。今日孔庸之出席国防最高会议，对此事未提任何办法，予极焦急。上海、香港方面盛传孔将去职，宋子文将继任，此种传说实代表英方希望。

七月二十一日　余今晨赴黄山（重庆对岸）晤蒋先生，告以法币问题之严重性，并主张在上海实施黑市场外汇售给审核办法，一面向英表示此种政策，请其贷款。蒋先生颇赞同。晚间余即拟就一办法，蒋先生允于明晨约孔庸之等商定。

七月二十二日　日前美国合众通讯社电传胡适之将因病去职，政府拟以颜惠庆继任等语。外部立即予以否认。余电适之谓：王亮畴是受过英国绅士式教育的人，由此一事足见英国绅士教育未可厚非。

七月二十三日　关于法币外汇汇率之维持，孔庸之主张不在上海出售外汇，只在重庆出售。蒋先生亦倾向赞同。实则此种办法，纯为放弃法币稳定政策。近日孔庸之在行政院会议、在他处，均称法币风潮发生之责任在宋子文而不在孔本人。

孔约宋等来渝商议，宋遂拒绝。

七月二十四日　上海市场法币价跌至四辨士左右，然财部仍未定有任何切实办法。

晚七时，敌机二十余架袭渝。予在求精中学防空洞，洞外河干中弹数枚。

七月二十五日　英日东京谈判之初步协定，经英政府发表。英代办对人言，协定中并无"战争"或"中立"字样。但实际上协定文义与承认战争状态与英守中立无异。此项谈判之影响颇可虑。

七月二十六日　昨日财政部次长徐堪为余言，孔庸之极糊涂，不明法币问题之严重，并谓孔近扬言宋子文不敢来渝，系惧政府扣留，以此孔、宋间愈不能合作。

余今晨请蒋先生电莫斯哥，催其早日成立英、法、苏协定，以遏阻英日妥协之趋势。（此电未发，七、卅日补记。）

七月二十七日　余与王亮畴代蒋先生拟定致罗斯福函（将由颜惠庆于八月间启程由欧赴美面递），内容要点有三：一、对日实施经济报复，务望本年年内美国能采取切实行动（倘有必要先行续召"九国公约"会议，然后实施）；二、对华续予援助；三、万一欧战爆发，希望美国能设法拉住英法，使不与日本妥协。

美国国务部于昨晚宣告决定废止一九一一年日美商约。此事可与日本及日英东京谈判一打击。

今日予拟一对记者谈话，就英国政府近年在公文书中或国联决议中所接受宣示之对华政策，作一扼要之叙述，冀促英人之注意。但系用周鲠生名义发表。

七月二十八日　关于法币价格维持问题，今日蒋先生已致一长电于郭大使，向英接洽一千万镑借款，并声明将限制进口并采取适当之审查办法，以防敌人套取、资本逃亡等事。大致即参事室所主张。

七月二十九日 我国舆论主张英国中止东京谈判。英国外长密告郭大使，英国驻华大使密电蒋先生，均保证不变更其根本政策，亦不接受日本关于禁用法币与移交津租界中国政府现金之要求。

七月卅日 雪儿年甫十六，坚欲投考大学。此儿意志甚强，宛类成年之男。予拟令其习医。

七月卅一日 今晚晤罗吉士（Rogers）。罗氏代表英国政府参加法币外汇平准基金之管理。彼对孔庸之极不满，谓其作事不肯负责，认事不明，处事不决，并谓法币前途极可虑。

晚八时余，敌机趁此月圆之夕袭渝。

八月一日 蒋先生拟组织一个"四行联合库"，以控制中、中、交、农四行，而自任主席。因孔庸之近来实际上不能指挥各该行。予与张岳军中午对该案详加研究，予意与其设置此种联合库，不如专设一管理币制或金融之委员会，俾法币事有负专责之人，不致像过去数周，孔、宋相互诿过。至于负此项专责之人选，究以宋子文较为适宜。予拟向蒋先生切言之。

八月二日 今晨余将日昨所记之意见向蒋先生提出，蒋先生对宋子文之态度较若干日前似稍好。

斯丹林有亲笔函致蒋先生，谓英苏谈判如获结果，则远东国家不能继续加入反侵略阵线，并云正在进行此种步骤。

晚十一时，敌机袭渝。德华及小孩们今日适从嘉定迁回重庆。

八月三日 近十余日来，敌军续向晋东南太行山一带对我施行所谓"扫荡战"。我军先撤退若干县镇，以避敌军重武器之攻击，俟敌深入，则对敌施行夹攻。因此敌军计划近三五日来又被我军粉碎。卫立煌从鄂北调往该处指挥。

晚一时，敌机又有两批袭渝。

八月四日　今日午后参政会开常会，白健生出席报告，大意说谓：军事状况今后可稳定，今后抗战之主要问题为政治战（指伪组织等问题而言）与经济战（指法币言）。参政员张澜谓：财政如此一塌糊涂，倘无更动，如何与敌人作经济战。

夜半月明如昼，敌机又袭渝。予及内子等所避入之防空洞，因附近中弹，复受震动。

八月五日　日本军阀及其代表人白鸟敏夫（日驻义大使）与大岛（日驻德大使）近日又鼓吹加入德义军事同盟。

午后参政会川康建设视察团开会，视察员对于烟毒、匪患两事之报告，令人闻而股栗。

八月六日　今日为星期日，余未出外，在家阅中西报纸及杂志。

八月七日　雪儿今日赴沙坪坝投考大学。

波兰颁动员令，欧局又紧张。

八月八日　胡适之有电报告谓：美国政府对参加外汇平准基金事，非有议会授权，不能有何行动。

沪市法币价又跌至四辨士以下，但孔庸之对此事仍无政策，只是对人指摘宋子文，使人闷极。

八月九日　今日予对路透社发表一个谈话，大意谓：日人占领区内之反英运动，纯属日人伪造。如英国政府中人继续援华之宣言能以具体行动表现，则近日中国人士因东京谈判而生之疑惑，可完全祛除，中英友谊且或因是而加强。

八月十日　今晨往南温泉青年夏令营，对学生讲国际形势。

八月十一日　英政府对东京谈判因法币等经济问题，已停搁十日；对刺程（锡庚）凶犯四人今日闻已决定引渡。

午后与白健生、陈辞修谈法币问题，彼等均对孔庸之极表不满，并深感财政前途之危机，将向蒋先生有所陈述。（去岁南岳会议时，白健生曾主张以宋代孔。）

八月十二日　四川主席王缵绪缺乏政治能力，与四川军人不睦。近日四川军人一面调其军队暗中包围成都，一面电请中央撤王。今日蒋先生宴川康视察团参政员，张澜（川参政员）即席请蒋先生迅速撤王。蒋先生已派贺国光、何成濬前往成都处理。

八月十三日　今晨参事室本党区分部成立，余往监誓。午后在家阅书。

八月十四日　刺杀程锡庚之人为二十岁左右之青年数人，闻系南开学生，拟向英政府机关自首。津英租界被捕之四人并非当日行刺之人。

八月十五日　汪精卫作种种广播，劝粤方我军弃战请和，使人闻而痛恨。

八月十六日　今日午后晤新自欧洲来渝之前国联卫生处主任拉西曼氏（波兰人）。彼深以日本行将封锁安南海港为虑。予屡以此事促我政府为必要之外交及军事布置，惟我外交当局及行政院之活动殊不够。

八月十七日　王亮畴向国防最高委员会报告谓：英政府允即签定三百万镑之信用借款合同，但严请我方守秘密，至少务避免宣传。其意盖不欲激怒敌方也。

八月十八日　近日敌方盛传我政府将发行新货币，放弃法币。此种传说，实因孔庸之对外任意表示意见所致。孔今日被迫始对敌方宣传予以否认。

八月十九日　今日上午敌机大批（初报为八十架）入川，所炸者为内江、嘉定等未设防城市，并未入渝。

晚间闻嘉定被炸甚惨，武汉大学学生、教职员之安全使人悬念甚极。

八月二十日　闻昨日敌机炸嘉定时武大已中弹，但详情仍不明，已去电详询，迄无复音。

英日东京谈判有决裂形势，因英方对于经济问题，声明非召集"九国公约"签字国会商，不能讨论。

八月二十一日 嘉定武汉大学被炸，教职员住宅被毁者二十余家，其家属有伤亡者，但教职员幸无伤亡。学生死者七人，伤者未详。该地毫无军事设备，亦无任何防空设备。敌人于轰炸前一日，造为重庆政府拟迁嘉定之谣，随即以敌机多架滥炸，诚为卑怯残暴之极。

八月二十二日 柏林官方忽宣布苏俄与德国已商定互不侵犯公约，将于明日派外交部长赴莫斯科签字。今午予往黄山与蒋先生细论此事之影响。

八月二十三日 德俄将订互不侵犯条约事，为世界各国政府所不及料。或谓斯丹林之撤换外长李维诺夫即为对德问题。

晚间，日机二十余架袭渝，但因我方防御颇力，未入市区。

八月二十四日 德外长日昨飞抵莫斯科，下午即已与苏俄外交委员会委员长莫托洛夫签定互不侵犯条约。此种意外之变化似将促成希特拉对波兰进攻计画之实现。英法均猛烈备战。

午后在范庄晤见印人尼赫鲁（Nehru）。

八月二十五日 欧洲形势与一九一四年七月大战爆发前相似。英法政府均宣言将援助波兰，希特拉得苏德协定之助，益倾向于用武。今午蒋先生约诸人商讨外交，予力主我方万不可乐观，尤不可变更立场，与德谋亲善。

八月二十六日 美总统罗斯福氏向意王提议，望其出任调解，以维欧洲和平；一面并向德、波建议，依直接谈判仲裁或和解途径解决争端。

在上海、香港之日人，对英态度骤变。英日妥协之空气渐盛。

八月二十七日 今晨偕陈布雷、王亮畴、张岳军往黄山，与蒋先生磋商应付欧洲新局势之方案。余意英政府或出面调停中日战争，故请蒋先生预定应付方针。

八月二十八日　欧洲和平又露一线曙光。希特拉与张伯伦（英首相）及达拉第（法总理）间均有信使往返。但大势仍极险，以彼此立场不易接近。

晚间，敌机二十七架袭渝，被我击落一架。

八月二十九日　日内阁改组，由阿部信行任首相，并暂兼外相，畑俊六任陆军省大臣。日内阁政策似将缓和英、美、法。

八月卅日　晚间，日机四次袭渝近郊，我无重大损失。今日致电郭复初，请其注意联络英国有于欧战爆发后入阁希望之要人邱吉尔、艾登、辛克莱等。

八月卅一日　沪海关决定自九月一日起收伪华兴钞票，并对法币照市价折扣。此举为英人缓和日人之手段，至为可虑。财部对法币迄未决定办法，使人愤忧。

九月一日　希特拉宣布但泽归德，并进攻波兰。欧战开始。英法将即援波。

晚间，日机分四批袭渝近郊。

九月二日　今晨往黄山，与蒋先生商对欧战方针。在座之亮畴、岳军、庸之、骝先等均主中立。蒋先生则主对德宣战，以期先发制人，遏止日本对英之妥协。予大体上亦赞其议。惟德苏协定规定，苏俄不得援助与德交战之国家，则其国对德宣战后，苏联对华之物资援助，是否受影响，颇成问题，故仍主再作一番考虑然后决定。

九月三日　今日午前十一时余，英国务总理向国民宣示，英德间已入战争状态。此即英国对德宣战之表示。午后法总理亦作同样表示，法德间遂亦入战争状态。

晚间在王亮畴宅商应付欧战方针，亮畴意见与余颇不合。

晚间，敌机大批袭渝，被我击落两架。

九月四日　晨起赴黄山，复与蒋先生商外交方针。蒋先生仍倾向于对德宣战。予仍主要求国联制裁侵略，借以表明我之立场。

九月五日　今午后与蒋先生及王亮畴、张岳军等在黄山商外交方针。蒋先生已同意余之主张。余并主张召回我驻德大使，蒋、王亦同意。

九月六日　意大利于日昨由慕梭里尼宣告对欧战暂守中立，意谓意大利一星期前方努力于和平，德国辄决定诉诸战争，因之意无援德义务。一般论者早有意国重复卖友之推测，今果然。

余于今晨复向蒋先生面催速即召回我驻德大使，蒋先生应允。

九月七日　盛传日本与苏联正开谈判，商订互不侵犯条约，并解决满蒙边境冲突，但是否确实不可知。

王亮畴经蒋先生之催促，已去电柏林中国使馆召陈介（大使）回国述职。

九月八日　关于应付欧战事，王亮畴力主不必即有表示，尤反对为显明之表示；张岳军、朱骝先等亦均不主作显明表示；孔庸之并于今日复令王亮畴电柏林中国使馆，取消召回陈使之电令（此事蒋先生事前未知）。余于今晚向王等力斥其态度之不定，举措之失当。

九月九日　今日国民参政会第四次大会在重庆大学开幕。蒋先生在开会词中表示：我方对于欧战，应赞助被侵略之波兰，尊重国联盟约义务。（但此开会词尚未对外发表。）

德军逼近波京。法军正向德国西方国防线进攻。

九月十日　顾维钧致外部电，谓法外部次长称苏联将向英、法、德作武装调停，如英法不允，则放弃中立，加入德方作战云云。顾恐苏联此举，促成英法对日之妥协，正向法苏间作疏解工作。

九月十一日　参政会此次集会，参政员中对孔庸之院长多表不满。此实目前最为一般人注意问题。

九月十二日　参政会中无党派的参政员以及青年党左舜生等、国家社会民主党张君劢等，均提案要求结束党治。

九月十三日　蒋先生赞成提前召集国民大会，颁布宪政。予认为此种步骤实际上未必有利于民治之发展。

九月十四日　参政员傅斯年等四十人，将向大会动议，请政府重行考虑财政部部长及行政院院长人选，盖即对孔庸之表示不信任。孔庸之于今日持一自沪来电出示若干参政员，电中指参政员中有受汪精卫指使者，参政员中对孔益不满。

九月十五日　苏联对英、法、德、波之战事，态度愈不明，王亮畴、张岳军等愈促蒋先生对欧战勿表示态度。

九月十六日　苏联与日本成立停战协定，对诺蒙坎边境冲突将从事划界。此事一般认为苏日妥协之先声。

九月十七日　苏联军队侵入波兰，举世惊骇。

九月十八日　国民参政会于今日午后闭会。所通过之案，以川康建设方案、请求召集国民大会制定宪法案为最要。对于政府财政报告之审查报告，亦甚有力。

九月十九日　今日午前，蒋先生约集李宗仁、孔庸之、王亮畴、白崇禧等十余人商讨外交政策。余力主我们不可变更立场或放弃英、法、美诸国之友谊。蒋先生亦赞同。

九月二十日　孙哲生自莫斯科来电，谓苏俄贸易部部长米科扬代述斯坦林对蒋先生询问之答复如下：一、苏联将继续接济中国，请勿疑虑；二、满蒙边界停战协定与去岁张高峰停战协定同，无政治条件；三、日苏间尚未商谈互不侵犯条约事，外间所传日苏妥协消息均属无根；四、苏联不欲与英法敌对，但英法如对苏军进入波境之事不能谅解，苏联已准备应付；五、苏军入波系保卫少数民族，至今后波兰之领土如何变更，当由波境人民定之。

九月二十一日　汪精卫在沪发表声明，盛赞王克敏与梁鸿志之功，并谓将请党外贤智之士参加其所拟设立之中央政治委员会，以实现"和平"与"宪政"云云。日人制造伪中央政权之举将即实现。

九月二十二日　十九日，高安被敌攻占，长沙受威胁。连日经蒋先生督令前线指挥罗卓英等反攻，高安闻已于今日克复。

中苏航空线将即通航，蒋先生拟派贺耀组赴苏俄，持亲笔函致史坦林及伏罗希诺夫（军事委员会主席），为友好之聘问，并请其注重苏军在满蒙边境牵制日本军力之一事。（稿由参事室拟。）

九月二十三日　敌军在洞庭湖附近猛攻，图占长沙之意甚显。

近日物价飞涨，财政及经济两部毫未设法补救，为状殊险。

九月二十四日　日本政府自阿部信行组阁后，对欧战采所谓"不干涉"政策，其用意在促使英法对华亦不干涉日本之行动。因此，日本得竭全力以谋中日战事之结束。此种政策显于我不利，法政府尤软弱，已露对日妥协之趋向。

九月二十五日　洞庭湖附近战事益烈。今日询诸陈辞修，据云放弃长沙为军事上久经预定之计划。

九月二十六日　今午晤贺耀组，据云俄国军事顾问对于长沙战事颇主张坚守，意以为列国对中日战事现值决定新策之时，我方不可有败仗。但我军事机关仍决定放弃长沙。晚间蒋先生却又命令陈辞修赴湘指挥，并令我军于放弃长沙后立即施行大规模反攻。

九月二十七日　顾少川来电（致蒋先生）谓：法外部颇望中日议和。意法方有联日以抗俄。

九月二十八日　德国谋与苏联结合，德外交部长里宾罗甫①赴莫斯科。

―――――――――

① 又译里宾特洛甫。

今晨国防最高委员会开会，予主张于双十节由政府声明，凡承认伪组织者，我将视为非友好行为。（意大利驻沪使领人员近日与敌伪勾结愈力。）

九月二十九日　王亮畴昨对美合众社发表谈话，希望美总统罗斯福出任中日战事调停之责。此事对内对外均引起不良印象。事前并未与蒋先生及他人商量，甚怪。

九月三十日　今晨蒋先生自南川返渝，闻悉王亮畴发表谈话事，甚愤闷，当即促其补发声明，矫正外间观念。

十月一日　敌军逼近长沙，我守军亦反攻。

今晨党政训练班第四期（受训者为各省教育行政人员）举行开学典礼。予任教育委员会主任委员，殊非所愿。

近四日来月色虽不甚佳，但敌机每夜均来渝市附近空袭一次或数次。今晚自十一时起直至天明，重庆均在警报中。

周鲠生、钱端生两君将出席太平洋会议，蒋先生嘱其留美半年，相机协助外交活动。

十月二日　敌军攻长沙，因我军之反攻，似受挫折。苏联政府与德政府近发表公报，主张停战，但英政府反对。

敌机夜袭四川，渝市彻晚在警报中。

十月三日　我空军于今日袭击汉口机场，敌机被炸毁者，据公报达五十余架。晚间敌机袭重庆，但我无大损失。

十月四日　我军长沙方面之反攻，竟获大捷，其重要性不减于台儿庄之役。敌军攻长沙者闻达十万人之众，海空两军并为之协援，然竟失败，其伤亡数闻在三万人左右。负指挥责任者为薛岳、陈诚等。

晚间重庆续有空袭，但我无大损失。

十月五日　美海、空军开向海威夷及菲律宾者颇多，敌政府颇不安。

湘阴克复。今晚陈辞修自岳麓山以电话告余，谓平江日内亦可望克复，敌军损失惨重。

十月六日 平江克复。湘北之战，敌军已完全失败。

今日国民参政会驻会委员会开会，王亮畴出席报告，委员中于其日前对合众社发表之谈话，颇多责难。亦有以胡适之"四不主义"询王外长者。

十月七日 日昨希特拉在国会演说，主张与英法结束战事。德半官方并表示，愿接受罗斯福之调停。

陈辞修来电话，谓我军在湘北已恢复九月十二日日军进攻长沙以前之位置，惟修水因王陵基守御不力为敌所占，尚待规复。

十月八日 半年以来，敌攻鄂北，而有随枣之挫；敌攻晋东南，而有太行中条山脉之迭次失败；敌攻高安，旋得施失；今兹又有湘北之失败。我后方人心，因而稳定，法币也略有起色。湘北之役，我军事当局原预定先放弃长沙而后反攻，今则长沙未被攻占，而敌已被击退，当地指挥长官薛岳之能战，实为主因。

十月九日 今日撰成"最近国际形势"演稿一篇。余认定欧战最后胜利将属于英法，否则中国将受其害。

十月十日 余对苏联共产党领袖斯坦林素日颇抱希望，但自德苏协定后，予对之不只绝望，抑且厌恶。近来《新华日报》（中国共产党）表示拥护斯坦林在东欧所行之种种威胁□国政策，亦使人对中国共产党人绝望。

我军昨晚克复修水，湘北、鄂南形势已完全回复九月十三日以前状况。

十月十一日 敌人原拟于双十节在南京成立伪中央组织，近据中外通讯社消息，此事在最近仍难实现。

我军续向岳阳、通城进迫。敌人为粉饰起见，近日曾以重兵进攻广东之中山县城，但占领后于今日又撤去。

十月十二日 苏联近日威逼波罗的海诸国，迫其割地或许其驻兵。

据何应钦在最高国防委员会报告，我方原定于九月在各地反攻，以长沙之战，敌先发动，遂未照预定计划及时发动。现湘北战事将告段落，我军现正续施原定之反攻计划。

十月十三日　今日草成陆军军官佐休养金条例。蒋先生欲实施休养金办法，以安置四川旧军人。

十月十四日　英首相张伯伦于昨日发表演说，不接受希特拉主和之表示。

苏联近日对波罗的海三四国施行威胁，已在各国取得海军根据地，现在续向土耳其与芬兰施行胁迫。其乘机渔利之心，昭然若揭。

十月十五日　我轰炸机二十余架于昨午飞汉口敌机场轰炸。闻场中敌机有百余架，被炸毁者甚多。除六架外，余均不及起飞。我机在沙洋附近与敌驱逐机作战，亦损失一架，又飞返万县时有一机受伤被迫降落。此为近来我空军对敌空军之第二次大反攻。据何敬之言，赴汉之空军人员中俄各半。据何敬之言，我航空学校招收合格学生近来往往不易足额。我现时航空人员之为外籍者，占半数以上。

十月十六日　今晨应行政院约，作纪念周报告，题为“今后国际形势与中国抗战关系”。

晚在外交宾馆宴英使卡尔。

十月十七日　今午与英使卡尔详谈缅甸方面交通问题及中国法币维持等事。卡尔询问外间所传国民政府有意言和，究竟有无根据。余谓：政府认目前非言和之时，蒋先生意中日战事之结束应俟至欧战结束之时。

十月十八日　四川省政府之风潮，近虽因蒋先生自兼省主席稍见缓和，然无知自私之四川旧军人仍图挣扎。蒋先生昨自成都返渝，似仍未能解决一切。

十月十九日　日昨孔庸之又对合众社记者发表谈话，被外人视为意在请罗斯福出任中日战事之调停。蒋先生闻悉甚为不满。

胡适之来电谓，正与美政府接洽七千五百万美金之借款，似有希望。

十月二十日　昨晚电胡适之，请其转告颜骏人，于晤罗斯福时，只照蒋先生原函所列诸事与之商谈，勿言及调停。

十月廿一日　近日日本同盟社等通讯机关，造作种种谣传，谓中国受苏联之逼促，将加入德苏路线，意在离间中英、中美、中法间之感情。余今日请蒋先生密约英使卡尔一谈，给以中国决不背弃英法之密诺。

美国驻日大使格鲁（Grew）在东京发表演说，指责日本甚力。

十月廿二日　昨晚晤李君璜，商川康建设方案实施时之督导问题。蒋先生将请参政员及川省参议员参加此次督导工作，予因与李君商定办法。

十月廿三日　今日午后参加国防最高委员会审查会，审查国民参政会最近通过各案。

十月廿四日　寓居上海之庞莱臣氏，为现时中国历代名画之最大收藏者（著有《虚斋名画录》）。余今日与罗志希谈及，欲以公家之力购其全部收藏，以免他日为外人所得。志希亦赞同，将设法与之谈商。

十月廿五日　国民参政会川康建设期成会将增加员额，扩大工作范围。余今日与李璜等拟定办法，将以多数参政员分驻各地督导建设及改革工作。

十月廿六日　近日法政府谋缓日本以对俄，我安南方面又生障碍。

日人近日迭造和平谣言，意在扰乱我方人心，抑或有意安慰其本国厌战之心理。

十月廿七日　蒋先生将赴南岳召集将领会议，前晚约集孔、王等晤谈，对于外交问题，嘱孔、王等勿向美国表示盼其出面调停之意。外部情报司对于和议今日发表辟谣之谈话。

十月廿八日　今晨在浮图关与段书诒、王东原等商党政训练班下期功课等事。

十月廿九日　日外务省有与美英两国驻日大使开谈判说。日方舆论近日又对美示威，外务省发言人须磨亦复如是。

十月卅日　接颜惠庆自印度孟买来函，谓印度领袖 Nehru 自重庆返印后，力主中印联合。（颜本取道赴美，代表蒋先生晤罗斯福，以欧战发生，迟滞印度至三星期久。）

十月卅一日　今晨党政训练班第四期举行毕业礼，其新入党者并举行宣誓。予于监督时致词，大意谓：本党过去的力量只在主义的伟大与领袖的伟大，党员的力量并不宏厚。

十一月一日　昨日苏俄外交委员会委员长莫洛托夫在苏联议会发表演说，指英法为侵略者，语次上侵及美国。此等言词恐不独使英美人士闻而齿冷，吾国今后如何自处亦大成问题。

晚间予与张子缨商议中国今后对苏政策及美国如对日实施经济制裁，日本是否对华宣战，暨宣战后我海外接济有何方法维持。

十一月二日　今晨乘机由渝飞成都。午后在李璜家参加川康建设期成会常务会议，四川耆宿邵从恩、张澜等俱到。

十一月三日　今晨继续参加会议，议定四川建设应先从恢复地方治安与禁烟、禁毒等消极工作入手。

午后游杜工部草堂及青羊宫，均为成都之名胜。

晚应邓锡侯、王缵绪、刘文辉、潘文华之宴。川军人大都能说、能肆应，但尔虞我诈，不能推诚相与，故此次蒋先生特请四川绅耆及参政会与省议会之有宿望者出而监督其行动。

十一月四日　四日前苏联外交委员长莫洛托夫在国会演说之全文，已见华文报。词中无一语涉及中国，并表示愿与日本谋国

交之彻底改善。苏联对日外交政策或有大变。近来苏联对华极示
冷落，中苏新订商约迄未经苏联批准，中苏空中通航协定亦迄未
能付诸实施。

今午敌轰炸机五十四架分两批袭击成都附近机场。

晚晤航空委员会周至柔，谓敌机被击落三架，我驱逐机有两
架被毁。

十一月五日　川康建设期成会常务会议议决于本年年底取消
收买及发卖烟土机关，托予返蓉请蒋先生决行。

十一月六日　今日午后游灌县参观中国最古之水利工程
（战国秦时李冰在灌县凿口，引岷江水灌溉成都平原）。

十一月七日　今晨自成都乘机返渝。阅颜骏人等自美来电，
报告谒晤罗斯福经过。

晚在蒋先生寓商讨对苏俄政策。当经商定：（一）蒋先生于
明日接见苏大使时，告以勿与日本妥协，以阻美国援华之气；
（二）蒋先生于明日接见英使时，告以中国希望英苏国交不破
裂；万一破裂，中国决不放弃英国友谊。

十一月八日　昨今两日予曾两次电胡适之及颜骏人，告以政
府对苏外交之政策。

近闻敌军将珞珈山武汉大学校址内森林全毁，并毁其房屋不
少，不胜伤痛。该校校址在十一年前只是一片荒山，今则诸山恰
已成林（林木多为予手植），复为敌军故意毁坏，异日复兴工作
无论如何将需要甚长之时间。

十一月九日　孙哲生近有电致蒋先生，对苏俄亦愤愤。

十一月十日　昨晚应政治部募捐寒衣队之约，往国泰观平
剧。予不观平剧已数年于兹。

入冬天气多雾，渝市空袭之危险渐减，市面又稍繁荣。

十一月十一日　今晨晤张治中，据云两月前，陈辞修、白健
生等原拟联名请蒋先生兼行政院院长，意在对孔表示不满，因程

潜不主张用书面条陈，遂作罢。

十一月十二日　六中全会于今晨九时在国民政府礼堂举行开幕典礼。

十一月十三日　陈光甫自美有电来，谓美财政部将于两星期后决定对华继续贷款办法。

苏联驻华大使潘友新接政府电，向蒋先生表示两点：（一）对华政策不变；（二）苏俄日前对日表示愿意改善邦交，意在使日本对美强硬，引起日美冲突。其所言是否可信，殊属疑问。

十一月十四日　英法撤退华北驻军之一部，意在缓和日本。

据陈辞修言，湘北之战，当敌军迫近长沙时，白崇禧曾于一日之内数次以电话命令薛岳：尽极短时限内将军队撤退株州〔洲〕以南。薛认为事实不可能，未执行。蒋先生复有自长沙反攻之决定，薛遂反攻，造成胜利。军事之不可测如此。

十一月十五日　今日午后，中央监察委员会开全体会议。党部机构之无力而不健全，殆以监察委员会为最。陈璧君、褚民谊等监察，今日被议决开除党籍。

十一月十六日　敌军自北海附近登陆，似有威胁南宁及桂越交通意向。

今日上午，蒋先生在六中全会主张调整行政机构，在行政院增设若干部，并拟将党部之社会部等部改隶行政院，以为宪政实施时之一种准备。当由会决定组织委员会审查。晚间，予在孔庸之宅参加审查。孔谓彼意行政院长宜改请蒋先生复任云云，似感不安。

十一月十七日　今日午后，国民参政会驻会委员会开会，左舜生、杭立武、黄炎培等对于苏俄外交政策，向王亮畴提出质问。在座有共产党秦邦宪等。

我驻比大使钱泰有报告谓，苏俄驻比大使对彼表示，如中国愿以与日经济合作为日本撤兵之交换条件，苏俄愿试为调人。此种表示，如代表苏俄当局之态度，则苏俄政策显欲中止中日战争。

颜惠庆来电，谓美俄邦交日趋恶化。

陈光甫有电报告，谓美财政部表示，两星期后或可决定对华贷款办法。

十一月十八日　今晨蒋先生对予言，谓将接受孔庸之辞职（行政院院长职及财政部部长职），自兼行政院院长；并坚嘱予任中央宣传部部长，予力辞。

十一月十九日　敌军在北海方面之进攻，颇有迅速发展。钦县、防城俱被侵占一部分，南宁受威胁。此次敌军进攻之顺利，似由桂林行营方面之军事布置缺欠周密。

十一月廿日　中央执行委员会全会于今午闭幕。决定由蒋先生兼任行政院院长，孔庸之副之。

予被任为宣传部部长，仍拟辞。

十一月廿一日　苏俄与日本决定磋订商约。此事关系颇大。据伦敦情报，苏俄如加入德国与英国作战，英国将以中止对华援助与对日贷款等条件，谋与日本妥协以抗俄。

十一月廿二日　今日午后，蒋先生作一函致顾孟余，促其来渝，似欲孟余加入行政院。

十一月廿三日　外交部王部长亮畴对战事颇悲观，近甚消极，欲辞外长。今午蒋先生询余意见，余谓外长此时不宜更动，因恐更动仍未必能得人也。

十一月廿四日　何敬之为余言，日军已自满洲方面密调两师参加粤桂进攻战事，盖日苏间妥协空气为之也。南宁方面已发现敌军三师一旅，兵额之巨，实出意外，南宁有不易守御之势。蒋先生昨日亦云，最近三月将为军事、外交严重关头。

十一月廿五日　今午蒋先生在午餐席上表示，行政院各部人选拟均不更动。余殊以为虑，因谓今后最大危机恐在财政、经济，盼蒋先生注意。因在座人众，余遂不便直说财政部人选须更动。

十一月廿六日　南宁陷落。

晚与罗隆基等谈国民大会召集问题。予对宪政之实施仍力主渐进，以杜作伪之弊。

十一月廿七日　孟余日昨来电谓将来渝。

近一周来，德国对英开始其磁性水电之攻击，英国大受威胁。

十一月廿八日　今午与宋子文详谈。彼云，彼拒绝担任财政部部长，系因蒋先生不肯解除孔庸之所任中央银行总裁之职。又法币发行总额，至本年九月已达三十六万万元（七七事变发生时为十四万万元），故宋对于财政前途亦极疑虑。

十一月廿九日　今日中央训练团党政班第五期开学，至各地学员三百余人。

晚与陈辞修商谈救济鄂省中学学生事。

十一月卅日　苏联对芬兰作战，轰炸芬兰京城。

十二月一日　余于今晨赴宣传部就事。余告部中同事，欲提高宣传工作之效能，当先提高宣传机关之信用，因以言语诚实、情绪热烈、度量宽宏、计划绵密四事相勖。惟余同时声明，余之担任此部工作，只是暂时。（余于昨晚以书面致蒋先生，谓只拟充任一二个月。）

十二月二日　宣传部事甚繁杂，余身任数事，不能专注，甚以为苦。

十二月三日　《中央日报》社长程沧波，坚向余辞社长。此君素无胆，也颇乏责任心，如得妥人，余甚愿易之。

十二月四日　晚间，余对芬兰向国联申诉事，力促蒋先生及王外长之注意，以此事之对象为苏联也。

　　蒋先生派贺耀组赴莫斯哥，有亲笔函致斯丹林。余近觉中苏关系之维持益趋困难。盖我决不能纯以实际主义为立场也。

　　十二月五日　今日事冗，晚失眠。

　　十二月六日　今日在蒋先生处商我政府对国联处理苏芬战事之态度，有主张我可不派代表出席者。余谓：必须派代表出席，至不得已时，或可放弃投票，然亦不宜轻用此种手段，以刺激世界之舆论，尤其美国舆论。

　　十二月七日　今晨国防最高委员会讨论苏芬战争与我国应取之态度时，何敬之极言苏俄助我抗战，贷款三次共达二万五千万美金，我不可在国联投票，反对苏俄。冯玉祥甚至谓美国心理不必顾忌，美国只是"败绩主义"者。张溥泉、戴季陶之态度与冯、何相反。何敬之之言尚是从利害着眼，是否正确，尚是另一问题。冯氏则显然盲目的附和苏俄。

　　十二月八日　顾孟余自港来渝。蒋先生告我欲其留渝，借以影响外间对汪之观感。据孟余言，陈璧君对伪组织事已趋消极。

　　十二月九日　国联行政院今日集会，讨论苏芬战事。余已商请蒋先生电胡大使，密向美政府说明我之处境，并谓我如参加对苏谴责，苏日之妥协易于成立，其结果将增加远东和平之威胁。

　　十二月十日　关于汪组伪政府事，近据各方报告，汪对日提出条件，有被日本摒弃之说。

　　十二月十一日　蒋先生就行政院院长职，但实际上将由孔庸之代理。

　　十二月十二日　昨与中宣部及政治部同人详商今后宣传工作之整个计划。

　　十二月十三日　晚应英国使馆之宴，并晤英宣传部远东特派员 Scott 氏。

　　十二月十四日　今日午后在中央党部参加招待缅甸访华团。团中缅人尚不能予吾以特殊印象，惟团中印度君极言亡国为奴之惨，词长而情挚，令予感动。① 君并要求入国民党。

十二月十五日　国联大会议决开除苏联会籍，中国及斯堪丁、纳菲亚三国、波罗的海三国与保加利亚，均放弃投票。其意非袒苏，盖惧其报复也。

十二月十六日　郑亦同自沪返渝。据云上海法租界巡捕房对我方在沪工作人员多所勒索，状至可恨。

十二月十七日　今日为星期日，午后在家看小女儿写信，慰劳前线兵士。

十二月十八日　晚应驻渝外国记者之宴，到八十余人。席间作短短英文演词。

十二月十九日　今日午后与缅甸访华团宇巴伦等开谈话会，商中缅文化协会组织事。

电胡适之、颜骏人，促向美政府商借款事。

十二月二十日　中央社社长萧同兹来商该社发展计画。

十二月二十一日　胡适之来电谓：美总统罗斯福氏允再贷我以信用借款，但现款借贷则无法办到（按现款借贷须国会通过）。对安南运输事，美总统亦已代向法总理说话，促其予我以便利。

十二月二十二日　电颜骏人，请其往访美国孤立派要人波拉范登堡等。因对日禁运问题，不久即将在美国会讨论。

十二月二十三日　近日我军在桂南反攻，已将南宁以北之敌人围困。

十二月二十四日　桂南战事突生意外变化，敌军有于前日突以一个军攻占龙城之讯。日前与某英国武官谈我军作战之最大弱点，在无空军侦探敌军之行动，而敌军则已能侦悉我军之一切移动，于此益信。

---

① 原文如此。

十二月二十五日 敌军冲入龙州与镇南关后，因我军于邕龙公路之中途截击其后部主力，旋即由该地撤退。我方由安南输入之物品，早经重行移入安南境内，故所受损失不大。

十二月二十六日 我军此次桂南之反攻，已使用空军，但空军往往误往指定以外之地点轰炸。

十二月二十七日 今晚约张君劢、左舜生、章伯钧等参政员与叶楚伧、张岳军等晚餐，商讨宪政实施问题。近日党外人士与党部人员对于此事已有龃龉。

十二月二十八日 敌军近日向广东、广西增援，广东翁源等处吃紧。

十二月二十九日 据何敬之在参政会常会报告，阎锡山所部之新军，至少有九团近已叛变，因之，山西方面我军对敌军之攻击大受影响。此种新军，多系共产党分子，此次叛变系受共党指使。此为中日战事以来之第一大变。

十二月卅日 共产党朱德、彭德怀、贺龙等军人，于二十五日发一通电（明码）致蒋委员长、林主席及各团体，攻击政府。大意谓：国家领土已大半沦陷，政府却与共产党争陕北等处二十三县。

今晨，蒋先生约何敬之、徐永昌、张岳军及余商谈，并对何等指示处置方针。

十二月卅一日 日昨美国纽约《泰晤士报》记者 Durbin 氏来访问，询余对于明年的感想。余谓中日战事有无大转变，大半要看美国态度。

晚间，左舜生、秦邦宪等来谈日美商约及太平洋学会会议事。（据外电，太平洋学会会议时，中国出席会员有谓中日媾和条件至少须恢复十八省领土主权之话。）

工业问题座谈会纪要
（1944 年 4 月 15 日）

励东升 整理

说明： 抗战后期，后方工业发展陷入困难局面，尤以民营工业为甚。为挽救危机，全国工业协会、迁川工厂联合会等五工业团体，于 1943 年 11 月至 1944 年 1 月连续举行四次工业问题座谈会，讨论面临的困难，提出各项应对举措。中国工业经济研究所将会议形成的文件编印成《工业问题座谈会纪要》，共编四辑，1944 年 4 月又合编成《工业问题座谈纪要合辑》，作为《工业问题丛刊》第 1 号印行，封面标注"密件"二字。该纪要是了解和研究抗战时期后方工业发展情形的极为重要的资料，当时印行极少，现整理刊出，以为研究参考。

工业界当前之困难

十一月三日下午二时，全国工业协会、迁川工厂联合会、国货厂商联合会、西南实业协会及战时生产促进会等五工业团体，假座国货厂商联合会，举行工业问题座谈会，到钢铁、机器、酒精、炼油、小型棉纺各工业及航业等业同业代表及专家人士六十余人，由潘仰山先生主席。依本所所拟座谈纲目，先由各业代表报告各业当前困难，由本所记录如后。

（1）钢铁工业

重庆区钢铁工业同业公会共有会员工厂二十二家，未加入公会者仅有二家。二十二家会员工厂中制铁工厂凡十八家，制钢工厂凡四家，目下以经营困难，几全部陷于停顿。计十八家制铁厂中停炉者达十四家，余三家勉强支持；四家制钢厂中，有一家完全停顿，其余三家虽勉强开炉，亦几难乎为继。所以致此之由，主要实因于：

（一）销路停滞　钢铁工业，原赖机器、交通器材、军需器材等项工业为之销纳，战时需要，应尤庞大。美国今日产钢一万二千万吨，尚感不敷。目前国内金融紧缩，各项建设事业均趋停顿，兵工器材，以大部藉外国之供给，所需国内自产钢铁，为数至微。故每年后方产钢一万余吨，产铁二万余吨，政府既不设法收购，民间自更无法销纳，因而各厂虽尽量减低产量，犹感销售不脱。存货凝结，遂致资金无从周转，营业困难。最近同业会吁请政府施行钢铁统购统销，以期彻底解决，惟主管官署深以兹事体大，尚未表示可否。

（二）资金不敷　钢铁工业，设备繁多，需有巨资投下，已毋容述。而如煤焦、矿砂及石灰等项原料，分布零星广远，须赖运输为之集中，致各厂须经常积存足供三个月至四个月消耗之原料，如此呆搁资金亦属至剧。加以工资及其他费用之开耗，约计五吨炉设备之铁产，每吨须摊流动资金三〇，〇〇〇元，每月出产一百五十吨，即需四，五〇〇，〇〇〇元，设以四个月周转计算，每设五吨炉一座，即须经常有一八，〇〇〇，〇〇〇元之流动资金，始足应付。制钢之情形，尤有过于此。计每月产钢一百吨之厂家，每月需流动资金八，〇〇〇，〇〇〇元，每四个月即需三二，〇〇〇，〇〇〇元。小厂冶铁，当地设炉取材，无庸远地输送原料，同样以铁一吨销售于重庆市，大厂须负担七吨原料（以每吨灰口铁须耗煤焦三吨，矿砂三吨及石灰一吨计）之运输费用，而小厂则仅须运输成品一吨，相距甚殊。故资金需要，尤以大厂较小厂为烈。大生产成本费用较低于小生产之法则，在今日钢铁工业中，实已呈反常现象矣。

政府二十亿之工矿贷款，于钢铁业之定额为五亿，比例数不算太小，惟就中公营钢铁厂规定贷款达二亿七千万，所余二亿三千万以供民营厂家，其中中国兴业公司一家又占去一亿七八千万，确贷与民营厂者仅不足五千万而已，如平均分配各厂，每厂约不过二百万元，无济于事，殊属显而易见。

（2）机器工业

重庆（包括江、巴）机器厂参加同业公会者凡三百六十五家，各厂工作人数（包括技工、小工及艺徒）约在二万人以上。规模完备者较鲜，其中大型工厂最多不过十分之一，中型者不过十分之二，余均为小型。各厂车床数量达一万三千部巨。

抗战之初，后方机器工业在业务上并未感觉重大困难，各厂产品均属供不应求，订货亦常应接不暇，营业日益开展，工作日趋紧张，同业竞争亦绝无仅有，故利润尚优。但此种黄金时期，至今已成陈迹。今则机械成品滞销，订制预货者寥寥，价格率多减低至无利可图之程度，资金枯竭，亦至极度。至本年六月为止，三百六十余家中已有四十二家宣告停业。最近该业同业公会举行全体机器厂调查，尚未完成。就江北一区调查结果，计该区三十二家中停业者达十六家，其余处于半停顿状态中者更占最大多数，勉强维持生产者仅有一二家而已。江北一区如此，全重庆区情形亦可概观。总之机器工业，业已陷入于危机中。

（一）引起目前机器工业危机之直接原因，当为订货减少迁川初期，各厂纷纷承包兵工器材零件之制造，当时以物价剧烈之上涨，各厂转因承包而受严重之损失。今日则各厂无不苦于无件承包，无主订货。例如各厂不乏专为酒精、炼油、纺织等工业制配零件、修理机械者，但后方酒精业以限于原料困难及价格不利种种关系，致逐渐萎缩；纺织业受原料缺乏限制，无法扩充；炼油业则以车辆行驶严受限制，需要较少，成本又高，难于发展。凡此皆足使机器工业随之凋落，难于自救。近且兵工署各厂能力增强，各种工具工作机等均能自行供应，于是机器工业，又失去一大顾主。

（二）资金缺乏　各厂出品，动须数月之久，过去有五六万流动资金已甚活动，以物价高涨之故，所需流动资金随之膨涨〔胀〕。各厂迭经播迁，原有之流动资金大致悉已用罄，而工业贷款，为数寥寥。且工贷手续办理纷繁，机器厂以小型为多，或以会计制度未备，或以智识程度不足，实际能沾惠工贷者尤难普遍，以致资金周转欠灵，业务停顿。

以上二端，约为今日机器工业陷入危机之主因。过去原料供应之欠调，曾为机器工业之一致命伤。卅一年春间，兵工署在渝市圈购五金材料总值达六千万元以上，民营厂所需小工具及钢料，几被搜罗殆尽。湖北三斗坪一线，兵工署且派有专员优先收购，其他公私各厂，只得拾其弃馀，且影响商人前往抢运。一时原料问题，至形迫切。今则以机器厂方在滞销停工状态中，原料问题之严重性虽仍存在，但对于各厂之打击，其程度自已不如过去之甚。又挖工亦为过去机器业之一严重问题，今则二万技工同有失业危险，挖工现象，亦几随而消灭矣。

（3）酒精工业及炼油工业

重庆（及其附近）有酒精厂三十七单位，每月产量达六十万加仑。此项生产，以后方液体燃料需过于供，又受统制关系，全部产品为交通、军政两部所收购，故酒精业尚不感销路之困难。惟所受限价及原料、资金之痛苦，亦有使本业难于支持之势。

（一）原料与成品价格失调　目前酒精厂所用原料，为糖与酒。糖酒原料之甘蔗与高粱，逐年产量有减少趋势，致酒精原料涨价较速。以二十八年价格为基价，计高粱涨价一六七倍，酒涨一八四倍，甘蔗与糖价上涨之情形亦相似。糖酒复有专卖关系，政府征收专卖利益及高率税款，且亦复受官价限制，购买不易，若搜购黑市原料，价格之昂，尤属不堪负担。同时酒精价格，虽有政府与同业代表双方核议，而限于人数悬殊，同业要求，不易发生实效。收购机关则限于固定预算，实不欲价格上涨，遂致历次所订官价，莫不与成本比率失调，或则价格略见上提，而原料价之提高尤烈。亦以二十八年为基期，则酒精涨价，仅有一百二十五倍而已，以视高粱与酒价之涨率，相距甚遥。酒精价格既与厂家不利，但厂家负担税款，比率亦高。以目下情形而论，每加仑酒精约需成本三百元，而其中税款负担，几达三分之一，税额与二十八年相较，倍数为一六九，较之酒精价格倍数亦见超出。

（二）资金不足 以原料价格陡涨及各种生产费用膨涨〔胀〕关系，各厂流动资金，不敷甚巨。照民营酒精厂现时产量，计应需政府贷款三万万余元，且延长期限，始足应付。而事实上酒精业受政府融资之惠者，为数殊微。且民间贸易，多以现金交割，酒精之主雇为政府，以受预算及各机关特殊情形之限制，常有货款延不付现而货不得不准时交足之现象。货款虽可延不支付，而对于税捐，则须按时缴纳，势同垫支，因此种种情形，酒精业在政府厉行增产之明令下，虽赔累亏负，仍不能不忍痛支持，所需资金，不外仰赖于高利贷放。为状之窘，不言而喻。

酒精业处在此种困难中，计三十七个单位曾经停业，停而易主复业者二单位，时停时开者一单位。此外有出卖牌照者三四单位，亦有放弃牌照而出让者。酒精业经营之困难，于此可见。

至于炼油工业，亦以限价过低，不敷成本为当前最大困难。约计以桐油提炼汽油每加仑须成本六百余元，而油价限为四百余元，相差达二百元之巨。且炼油工厂设备，远较酒精业为繁巨，所需资金，遂亦远在酒精业之上。炼油业今日所处境况，艰苦程度，实或超酒精业而过之。

（4）小型棉纺工业

整个棉纺工业，今日实处于两种共同危机中，其一，为原棉不足供给；其二，为机件补充困难。就前者言，本季棉花各地收成，均尚良好，惟以统制关系，各厂所需棉花概由管制机关供给。迄今管制机关收购棉花成绩，则令人不无忧惧之感。查政府本年度预计收花七十余万担，今新棉上市已久，按收购程序，此时至少应已由政府收足二十万担，但据悉仅收到四万余担而已。如政府不及时收足，则民间私行贩运或当地零星消耗，愈久愈增加大量收购之困难。万一政府不能大量储存原棉，而厂家又不能自为储备，则明年夏季，或即可能发生严重之原料恐慌，此其一。至于抗战六年于兹，各厂原有设备，补充甚难，且有若干必须输自外国之器材，如钢丝布等件，一方面旧有者均将破敝，一方面则为无从购置。此种威胁，各厂大致感受相同。

就小型纱厂而言，目前后方约有十二三家，小者设有小型纺纱一套，不过一百数十锭；大者设有十数套，亦不过二千余锭。规模之小，可以概见。以系小规模生产，成本费用，遂远在大型纱厂之上。就今日情形而言，大型厂每纺造棉纱一包，除原料价格以外，工缴总计约为八千元，而小型纱厂，同样出产棉纱一包，除原料价格以外，工缴竟达二万八千元，各厂犹有高出此数额者。生产效率及成本费用相差如此之巨，一待战事结束，势难与大型厂竞争并存。今战事结束在望，各小型厂实均处在被淘汰之忧惧心理中。而今日花纱布施行管制，政府对于大小型纱厂，未能彻底施行差别待遇，小型纱厂所受影响，亦至深剧。

（5）航业

今日后方航业（包括轮渡）以受票价限制之影响，营业几至难于继持之境地，遑论扩充。以战前为基准，票价增加倍数，不过七十倍，视其他物价之飞涨，盖不可同日而语。如此之结果，不但无造船能力，即原有船舶之修缮，亦感觉困难。战前国内航轮约计一百五十万吨，今日仅存者不过十万吨。战事结束，全国自有吨位，充其量不过三十万吨，即和平到来之日，航力不足，至属显然。今日赶紧添造，事之迫切，不言可喻。惟以航业自身而言，今日欲扩充船只，如政府不加协助，殊有无从谈起之感。

（6）总结：当前工业困难分析

1. 当前困难之列举

根据前列六业报告，列举各业当前困难之点，约有如下各端：

一、资金不足；

二、原料不足；

三、成本与售价失调，即售价相对低落于成本之后（未尽合理之价格统制，为造成此种之主因）；

四、销路停滞；

五、战事接近结束，工业界现存之内外条件，不足以应付和平到来时日可能发生之危机，致经营勇气减少。

基于此种困难，表现于当前工业界者不止为生产之萎缩，而且已形成停工歇业之局部恐慌。问题严重，殊堪注意。

2. 一般性困难及特殊性困难

按上列困难各端，其中尤具有特殊性或特殊意义者，为第四"销路停滞"。盖物资不足，本为抗战以来后方经济之特征，"求过于供"之趋势实为物价高涨之主动力。今日民营钢铁、机器两业，规模设备，尚多欠充，生产数量，微不足计，而产品至于滞销，甚至无从销售，事之反常，至属显然。

至于其他四点，大致一般存在于各业之间，第其程度有深浅之异而已。例如原料不足，不仅小型纱厂感此威胁，酒精、炼油各业亦有同感。钢铁、机器工业所受原料缺乏之痛苦，本亦严重，徒以今日停工减产之故，原料缺乏之困难，遂为销路困难所遮掩耳。又如售价与成本之失调，酒精、炼油各业，固感焦灼，而表现于航业之票价上涨者实亦显见。若就票价与物价变动之比率而论，其失调程度，恐居首位。资金不足，被认为工业界之普遍困难，已不自今日始。今日继续维持生产之各业各厂，资金问题照旧存在，固无疑义；即在停业或准备停业之各厂，如资金上获得特别被助调剂，实亦可以减少各该厂整个困难之程度。至于战后危机，以今日整个经济基础之未臻健全及后方民族工业本身之脆弱，此一阴影之普遍存在，亦复毋容讳言。

3. 困难之成因

形成上列各种困难之成因，首先可追究于工业本身之条件。后方各厂，大多战时草创设立，因陋就简，未尽与技术水准及经营原则相符，以致产品质地难臻优良，而经营亦不易发挥效率。甚至小厂竞立，不相调协；草率出货，尤致降低品质，自毁信誉。危机既来，破绽立见。

惟本身之弱点固为不可讳言，而外在因素，其作用实尤剧大。其一，物价波动过剧，为外在因素之首。物价波动过剧之结果，各种物价水准，失去平衡。自三十年以来，原料价格即相对工业成品价格为超越之上涨，打击生产，迄今略无变异。他如工价粮价之波动，如对工业成品价格为相对之高涨，其结果与原料相对上涨相同。如此足见前列困难三"售价与成本失调"，系以物价波动为成因。更按所谓资金困难，亦皆物价波动过剧之所致。其二，后方原料生产不敷，加以运输机能欠善，亦为外在因素之一。除若干原料如机制五金之类，有赖自外输入，姑不论列。至于后方棉花宜产区域甚广，而产量不足供应棉纺织业！酒精、炼油原料，概为农林产品，随地可产；煤铁矿产，虽形零碎，蕴藏量则无虞匮乏，而何以酒精、炼油、钢铁、机器各工业，俱感原料困难？此为后方原料生产与工业生产失调之证。原料物价之猛涨，亦以此为一要因。加以运输不够充分灵敏，原料问题，遂益严重。其三，管制未尽妥善与政策之未尽明确贯彻，不能不谓为各种外在因素之一。如物价之管制不尽合理，物资管理与原料统制之不够灵活，以至租税制度、信用政策，均未能充分尽扶植生产之责。其四，战事好转，以迄胜利到来之后，国内物价，或将暴跌，而国外货品，或将大量内销，此两种可能性，则为今日工业界人士对于未来问题发生疑惧之因素。如何决定未来之政策，如何确保工业界之免于危亡，藉以祛除今日工业界之疑惧心理，此事之迫切重要，固属无待繁言者。

工业界当前困难解决办法

十一月九日下午二时，全国工业协会、迁川工厂联合会、国货厂商联合会、西南实业协会及战时生产促进会等五团体，假座国货厂商联合会，继续本月三日举行之座谈会，讨论工业界当前困难解决办法。到钢铁业、纺织业、酒精业、炼油业各工业代表及专家三十余人。税务署长张静愚、航政局长王洸亦出席。由当时生产促进会理事程嘉垕主席，各业代表、各专家先后发抒意见，兹由本所依发言之次序分别纪录于后。

渝鑫钢铁厂余名钰氏：上次座谈会提出之资金与销路两大问题，本人以为资金问题在其次，最主要者为销路问题。只要有销路，资金尚可筹措。本市钢铁之销路，以机器业为主，倘各业须用机器，钢铁即有销路。盖本市钢铁产量，原属甚微，只要机器销路不成问题，钢铁业不致发生问题。但现在难再有新开之工厂，因之机器失去销路，而钢铁亦无人过问矣。比如，倘交通部能按照其预定计划修筑贵阳至西安之铁路，铺以三十磅轻轨，则本国钢铁，不但有销路，恐尚不敷应用，此其一。其二，为炼钢技术问题。四川所产之铁含有百分之〇·一三至〇·一七之磷质，此种含磷程度，净除最费工夫。如较此为多，可以设法烧去，在○·○二以下则不致为累。惟此种含磷不多不少之铁，在炼钢之际，如欲净除之，非多用碱性原料不可，致耗费工夫。铁矿本身有缺陷，故不能增多产量。吾人在此艰难状况中，尚能维持技术人员与技工，实已尽最大之努力。现在煤业因钢铁之减产，亦已大受影响。本公司亦有煤矿，重九节后，仅留工人百分之四十，而所产之煤，已足供本钢铁厂之用。

财政部税务署长张静愚：钢铁业之困难，事实显然，如何解决困难，办法要切实际，不抽象，不空想，使主管当局易于接受易于执行而后可。钢铁事业为基本工业，系工业之母。钢铁问题解决，其他工业问题亦随之解决，否则不免轻重倒置。钢铁业不但须救济，而且应提倡。现在钢铁业已到非救济不可之时；救济之道，莫若先解决销路问题。解决销路问题，莫如建筑轻便铁路。一般人观点以为建筑铁路，必须用重轨。须知一用重轨，即须购自国外，是不但目下来源不可能，恐战后若干年内，他国亦未见能大量供应。国内钢铁厂尚无有能产重钢轨者，如必待增加设备制造重轨后再修筑铁路，实属太慢。在目前即宜自力更生，打破依靠外国供给钢轨之观念，采用轻轨，不但解决钢铁之销路，亦可以减轻成本。过去浙赣铁路，亦用轻轨，结果甚好，即其一例。据估计成渝铁路铺设轻轨，每公里约需一千万元，但一年之内，即有收回资本之可能。倘能以官商合股式修筑此路，人民必乐于投资，政府方面，不必另由国库出钱。因钢铁业欠四行之款甚多，政府只须将此项放款收回，充作股金，而钢铁业方面，即可将所提供四行作押之钢铁抵还债务。四行、铁路公司及钢铁业之间，仅费一转帐之劳，毋庸增加国库负担，而路即可筑成。钢铁业应先试制一以十五磅至三十磅钢轨筑路之具体计划，编一切实预算，政府当能赞成。或谓现在筑建之狭轨，战后必须改筑宽轨，未免浪费；但须知此种狭轨，仍有极多区域需要，在战时各种计划均宜从经济上着想，方不致离题太远，不切实用也。

航政局长王洸氏：钢铁无销路，本人认为首先应动员造船。抗战以前，长沙上游仅有轮船六十艘。现行驶于此区域内者已有三百艘，共七万吨。尽管需要仍多，但经营方面，已达饱和点。就各航业公司情况而论，新船已无力建造，修理也大感困难。其原因：一系后方材料缺乏，二因资金不足。修理一船舶，至少需五百至一千万元。长沙区域内行驶船只，被炸损者有三十艘。此三十艘船舶若能从事修建，则于目下川江航运，及战后复员，均有极大帮助。最好由机器业、钢铁业联合承包修理，并请政府先垫款一二亿元，以充资本。如此机器业与钢铁业均有销路，有工可作，则另一方面航运困难亦可解决不少。

本所所长章乃器氏：最近二三月来，我个人感觉，工业问题，已至一新的阶段——由资产增值到资产减值；由虚盈实税而至无税可缴之阶段。此时期困难之解决，不仅是工业界本身问题，且关系整个国民经济及中国工业化问题。蒋委员长在第二次生产会议训词，其中有一点，使吾人特别兴奋，其言曰："战时经济建设与战后经济建设，必须一气呵成，绝对不可有战后重起炉灶思想"。故现有工业基础，不但必须保存，而且须使巩固发展。后方产业家对抗战贡献虽大，但世人仍多以成败论英雄，如一经失败，欲重振旗鼓，实属不易。我国人观察，此种危机，如不速谋挽救，后方工业百分之九十，可能倒在地上！但，中国仍须工业化，曾在抗战中努力的民族产业家倒了，什么人来执行这一个工业化的时代任务呢？我想代之而起者必为三种势力：一为外国资本，二为沦陷区敌伪势力下暴发户所变成的新买办阶级，三为在后方投机取巧囤积居奇而发国难财者。以此三种新兴势力，执行战后工业化任务，实非国家民族之福。解救方案，可分三点言之：

甲、工业界之自谋。（一）工业各单位应有较现在更有力之组织，同业间组织亦应加强。若干小工业可合并，或联营或改为工业合作社。若干公共事业如筑路、修船等，可组织联合企业公司，提出具体计划，要求国家银行和一般社会投资，而且可由国家银行先行承受股票。信能如是，实较救济性质之工贷优良万倍。钢铁业五万万元工贷，只落得银行资金冻结，工厂依然停工！如能用以投资联合企业，倒可能钢铁、机器两业都已救活。（二）统一意志。譬如有主张造轻便铁路者，而同时则有人以为机车不能自造，但事实上轻便铁路之机车，天府公司即能自造。再如造船及制造炸弹问题，意见亦未一致。但，事实终是事实，一经开诚商讨，必可水落石出。又如，液委会与酒精工业间对于物价指数之引用，一以二十六年为基年，一以二十八年为基年，大有出入，必须作更精确之检讨，庶免数字欺人。（三）注意技术与管理之改进，以减轻成本。

乙、政府之救助。（一）方案之提出，不抽象，不空想，需用款项，尤不宜太大，以求易于获得政府允准。（二）基本工业，除请求救济之外，尚须唤起提倡观念。（三）官民彻底合作，政府对各业同业组织必须多加信任，若干登记管制工作，如能交由各业公会办理，而采取监督态度，效果当可更好。（四）对于敷设轻磅铁路及修理船舶二事，应申请政府作为当前扶助工业之中心工作。此外如再生产成本及折旧等问题，以至一般后方工业之保障问题，均应请求政府施行有效办法。

丙、物价之前途如何？如何稳定物价？产业界除解决当前之难题外，当须顾到物价之前途，站在产业界立场而言，物价暴涨暴跌均非所宜。现今外汇与物价脱节过甚，为工业界前途之隐忧。一旦国际交通恢复，此项问题，立感严重。现在之外汇官价仅为战前之六倍，物价已涨至一百八十余倍，即以黑市每美金一元合法币八十元计算，亦仅战前之二十五倍。有人谓目下由空运输入美国钢铁，其成本仅为国产钢铁十分之一，即系以每美金一元合法币二十元计算。此项计算，虽在海岸完全封锁之今日，已足使钢铁、机器两业遭受打击，因有些机关，已实行由空运输入钢铁，而一般社会，亦往往基于此种计算，而降低其企业心也。总之，不论物价如过去之暴涨或如目下之涨跌不一，以至对于将来物价可能暴跌之危惧，均与工业不利。而欲求物价与工业有利，甚至进一步求能由工业生产协助物价之稳定，均须先由稳定币制入手。因此，本人主张目下内运之美金二万万元之黄金，最好能作为稳定币制之用，而采取金块本位制，实为一对国计民生两有裨益之举。其办法，只须由政府宣布每法币十万元可兑换重十两之黄金一条，则黄金之价格，约等于战前之一百倍，亦即目下币值，等于战前百分之一。如是，人心即可安定，物价既不易再度暴涨，亦更不致有暴跌之忧。人民企业心，易于恢复，后方工业，复可免战后崩溃之危险，实于国民经济，大有裨益。而二万万美元之黄金，可以偿付全部发行额而有余，较之战前我国发行总额为十六万万元，按当时汇价，反需五万万美元始能偿付者，其于国库之利益，亦甚巨大；几可谓打了六年仗反赚进三万万美元也。此并非谓政府应打此种算盘，但既于国计民生而有裨益，则人民固愿政府之能赚此巨款也。

　　酒精业代表杨公庶氏：酒精业介于农工之间。原料系农产品，出品为工业品。原料涨价，则制成品自亦应涨，方足以维持成本。酒被视为奢侈品，其税率特高，因而影响酒精之成本。且酒精完全供给政府。提高酒税，固可增加政府之收入；但酒精售价极高，须增加政府之支出。财政部要增加收入，不愿减低酒税；但交通部出高价购进酒精，须增加预算。故增加酒精原料税，结果仍是一手来，一手去，对整个财政而言，实为无意义之举。而最成问题者，即工业用酒与消费用酒不易划分，故仿工业用盐办法，减低酒精原料税，尚有技术上困难。此项困难能解除，酒精原料税可以减低，而仍不致影响国库。

资源委员会曹立瀛氏：首述目前工业危机之渊源与责任，政府、工业界、人民三方面均负有责任。政府方面，计划经济未能实施，战时管制未臻严密。工业界方面，重目前利润，少远大计划。人民方面，以自私发财观念为出发点，助长物价之飞腾，运用游资于商业。补救之道，须注意两点：（一）谋现在困难之渡过。（二）谋战后永久之存在。治本之方法，惟有稳定物价，釜底抽薪，解决物价问题。治标之方法可从三方面讲：

一、政府方面

1. 发展公共工程。

2. 实施计划经济，非但战后，即战时亦须计划。

3. 调整经济管制，使消费与生产得有合理之调整，使限价与成本，得有合理之适应，使有害生产而无益国防民生之制度，有合理之修正。

4. 改变财政政策，勿贪目前税收，贻害生产事业，减少将来税源；勿使生产者与一般消费者负担重捐税，强迫战时暴利者多多出钱。

二、工业界本身方面

1. 合并经营，小厂合并，资产估值。

2. 提高效率，改良技术，减低成本。

3. 发动新企业，期能容纳现有钢铁、机器工业之销路。

（以上三点，盼工业界五团体组织若干委员会，研究并推进之。）

4. 开诚合作。

三、政府与人民之间

1. 官民合作。

2. 国营与民营合作。

3. 金融与实业合作。

总之，工业界当前之困难，正本清源问题，为稳定物价；救济之道，在于自力更生。

（上项发言，曹立瀛氏系代表个人意见。）

中国标准铅笔公司吴羹梅氏：首讲述三〔四〕点：

（一）同业组织之加强，须使工业有独立法定组织。十一中全会通过之工业会法，现在中央设计局起草中，希望新闻界及人民方面推动，早日颁布。

（二）产业管理科学化。

（三）工业利益统一化。

（四）政府不应只对目前利益打算，只顾收入。

对政府提出五点：

（一）治标方案之提出。

（二）经济方案之提出。

（三）战时战后统一委员会之组织。

（四）保障资金。

（五）产业证券市场之设立。

最后税务署长张静愚以书面建议组织全国生产联合会、产业合理化促进委员会、发展钢铁事业设计委员会及联合企业公司等机构。旋决议于会后分别召开小组会议，继续进行讨论事宜。

挽救冶炼机器两业目前危机办法草案

全国工业协会等五工业团体所召集之工业问题座谈会，自十一月三日及九日两次举行，分别进行报告与讨论后，对于工业目前困难情形及解决办法，汇集各方意见，获得初步结论。嗣于十二月二十三日再由五团体召开筑路、造船分组会议，期使前此座谈结果益臻具体。有关主管长官、工业界人士及专家到会者，计有杨承训司长、欧阳仑司长、王洸局长、余名钰先生、马雄冠先

生、叶竹先生、吴龚梅先生、张澍霖先生、马德骥先生、章乃器
先生、程嘉垕先生，暨本所仝人等二十余人。关于筑路问题，杨
承训司长提供详尽之数字与意见。关于修船问题，王洸局长提供
具体之资料与建议。马德骥先生就修理船只技术方面，章乃器先
生就组织联合企业公司方面，提出详尽意见。兹由本所汇编如
后。因有关概算数字，曾经往返磋商，若干材料须设法补充，致
略延稽时日。关于轻便铁道各种概算，承成渝路工程局邓益光局
长协助甚多，特志谢忱。

　　目前后方工业，普遍感受深剧之危机，而冶炼、机器两业为
尤甚，其须亟加救济，无俟深论。惟究应用何种方法，则为甚值
得研究之问题。本年度国家银行工贷，闻仅冶炼一业，已贷出五
万万元，结果足使银行资金沦于冻结，而冶炼业仍不能获救，实
堪惋惜。究其所以然之理，即由于大多数厂家仅图分润较多之工
贷，银行只求应付之妥贴，而对于钢铁用途之开辟，即均未加注
意。结果仓库满盈，贷额完毕，冶炼各厂仍惟有出于停工之一
途。机器业虽由经济部酌予定货，惟数无多，难期普遍，停工减
产者亦已达半数以上。战时有此现象，殊可骇异！查后方交通运
输，极感不足。成渝路路基工程，已完成大半，因钢轨来源断
绝，徒陷停顿。现后方炼钢工厂，已能自制三十三磅之轻轨，机
车现亦可以自制。如能由重庆逐步向西敷设轻轨，先谋市郊通
车，徐图逐段发展，最低限度通至内江，则不但冶炼、机器两业
可得充分工作，且有助于运输者尤大。此外煤矿需要轻便铁道甚
为殷切，如能修筑完成，不但煤炭来源充裕，成本亦可减轻不
少。此项轻轨，战后仍有其作用，由干线移铺支线，固为其出路
之一，即土木工程以及工厂矿山内部之运输，需要亦甚为巨大，
故决无废弃之虞。又，长江区损坏船舶，为数达八十四艘，徒以
各航业公司无款修理，遂致一面乘客拥挤，失事迭见，而另一面

则此八十余艘之船舶任其弃置，甚至力能修理此项船舶之冶炼、机器两业复任其停工，事之矛盾，孰有甚于此者！如能逐步修复，不但战时交通得资调剂，即战后复员亦可稍增速度。上述两项工程之举办，均应启发工矿业者自力更生之情绪，形成通力合作之组织，而由政府加以协助指导，始可求效果之宏远。其办法如次：

一、由政府督促冶炼、机器、航运各业，组织联合企业公司，分任筑造轻便铁道及修理船舶工程。

二、前项两种工程之资本，各为二亿元。

三、前项资本半数，以已由国家银行受押之钢铁拨充，内中押款本息部分转作银行投资，垫头部分，转作押款厂家之投资。

四、所余资本之半数，即二亿元，须为现金，可由国家银行及川康兴业公司先行承受联合企业公司之股票，将来再通过证券市场，转售民间。

五、流通资金不敷之数，由国家银行在明年度工贷项下拨贷。

兹将两项工程概算及其他技术事项分列如后：

第一　筑造渝内段轻便铁道

（甲）一般事项

一、路程

由重庆至内江，为成渝路所经路线之一段，里程凡二八三公里。

二、路基及宽度

此段路基，已完成十之六七，仅需继续筑造其未完成部分。路基宽广二·五公尺。

三、轨重及轨距

轨重每公尺一七公斤（约合每码三三磅），轨距一公尺。

四、修筑所需之时间

预计加工赶造于一年半以内完成。

五、燃料

暂用酒精。

（乙）筑造概算

一、工程实用概计

（一）路基工料

名　　称	数　　量	单价（元）	总价（元）
土　方	1,935,000 立方公尺	70	135,450,000
松　石	1,957,000 立方公尺	200	391,400,000
坚　石	1,207,500 立方公尺	300	362,250,000
御土桥	20,000 立方公尺	900	18,000,000
护　坡	100,000 立方公尺	600	60,000,000
道　路			5,000,000
界址及道叉〔岔〕	283 公里	10,000	2,830,000
铺路基	按 320 公里计	100,000	32,000,000
合　计			1,006,930,000

（二）桥梁工料

名　　称	数　　量	单价（元）	总价（元）
大　桥	630 公尺	300,000	189,000,000
小　桥	20 座	300,000	6,000,000
涵　洞	85 座	100,000	8,500,000
合　计			203,500,000

（三）轨道工料

名　　称	数　　量	单价（元）	总价（元）
轨　枕	450,000 根	150	67,500,000
钢　轨	11,560 公吨	75,000	867,000,000

续表

（三）轨道工料

名　称	数　量	单价（元）	总价（元）
钢轨配料	1,160 公吨	110,000	127,600,000
铺　轨	按 320 公里计	30,000	9,600,000
转辙器	100 公吨	110,000	11,000,000
合　计			1,082,700,000

（四）车　辆

名　称	数　量	单价（元）	总价（元）
机车（用卡车改造）	100 辆	750,000	75,000,000
客货车(十吨)	300 辆	500,000	150,000,000
合　计			225,000,000

（五）站屋机厂电报电话

名　称	数　量	单价（元）	总价（元）
车站及房屋	30 站	500,000	15,000,000
总机器厂	1 所	20,000,000	20,000,000
机　件			30,000,000
电报电话设备	283 公里	30,000	8,490,000
合　计			73,490,000

（六）其他费用

名　称	数　量	单价（元）	总价（元）
薪费及办公费	按 1 年半完工	3,500,000	63,000,000
补桩及补侧横断面	283 公里	20,000	5,660,000
维持费	按 1 年半完工	100,000	1,800,000
训练员工		10,000,000	10,000,000
汇　费			500,000
合　计			80,960,000

总计上列各项目，共需总价二十六亿七千二百五十八万元。
兹将各项所需费用合计数简列如次：

项　　　目	总价（元）
路基工料	1,006,930,000
桥梁工料	203,500,000
轨道工料	1,082,700,000
车　辆	225,000,000
站屋机厂电报电话	73,490,000
其他费用	80,960,000
总　　计	2,672,580,000

二、钢材之需用量

除前项工程费用概计（三）钢轨、配件、转辙器所需钢材
之外，建筑桥梁及建造车辆亦需钢材，其需要总量约近一万四千
公吨，需价款十一亿三千余万元，详如下表：

钢　轨	11,560（公吨）	867,000,000（元）
配　件	1,160（公吨）	127,600,000（元）
转辙器	100（公吨）	11,000,000（元）
钢桥梁	430（公吨）	86,000,000（元）
钢　筋	50（公吨）	3,000,000（元）
车辆、机厂、机件用钢	600（公吨）	36,000,000（元）
总　　计	13,900（公吨）	1,130,600,000（元）

按路线全长二八三公里平均计算，每公里需用轨钢四〇·八
公吨，各种用钢八·三公吨，合共四九·一公吨。

三、各项工程费用之比较

将全部工程费用按照钢铁材料、车辆、路基桥梁及其他等四
项分类，以比较其各项费用之比率，则计钢材费用占全部费用之

百分之四二・三，车辆占百分之八・九，路基桥梁占百分之四
二・○，其他杂项费用包括站屋、电线、电话及维持训练等费用
占百分之六・八，如下表：

钢铁材料	1，130，600，000 元	42.3%
车辆（包括机厂及机件除去钢材价额）	239，000，000 元	8.9%
路基桥梁	1，121，430，000 元	42.0%
基　他	181，550，000 元	6.8%
合　计	2，672，580，000 元	100.0%

（丙）通车后收支概算

一、员工薪费支出

项　目	人数（名）	每名平均薪费（月、元）	总额（年、元）
马厂职员	500	4，500	27，000，000
车站职员	120	3，600	5，184，000
技术职工	400	3，600	17，280，000
普通工役	200	1，800	4，320，000
站　夫	240	1，800	5，184，000
道　班	600	2，300	16，560，000
司　机	80	3，200	3，072，000
闸　夫	160	1，800	3，456，000
警　备	300	1，800	6，480，000
合　计	1，600〔2，600〕	34，052（小数删）	88，536，000

二、燃料支出

按每日二十四列车行驶，每列车每日行驶一五〇公里，每列
车行驶一公里耗酒精六分之□加仑计算，每日耗酒精六〇〇加
仑，全年（三百六十五日）共耗二一九，〇〇〇加仑。酒精每加

仑价格三六〇元，全年酒精价额共七八，八四〇，〇〇〇元。将来改用木炭或天然煤气，此项支出，可望略减。

三、保护、修理、维持各费支出

每一列车每日设须使用滑机油一加仑，机厂、机件及车辆各项修理费及土石方、桥、涵、轨道、房厂等维持费，每月开支各按建造费之百分之一计算，如下表：

项　　目	数量（全年）	单价（元）	总额（年、元）
滑机油	8,760 加仑	1,000	8,760,000
修理费			33,000,000
维持费			157,488,000
合　计			199,248,000

四、其他支出

项　　目	总额（年、元）
办公费	6,000,000
印刷费	6,000,000
杂　费	12,000,000
合　计	24,000,000

总计各项支出，其三亿九千零六十二万四千元，利息与折旧未计在内，简列如次：

员工薪费	88,536,000 元
燃　料	78,840,000 元
保护、修理、维持	199,248,000 元
其　他	24,000,000 元
总　计	390,624,000 元

五、收入

按每日二十四列车行驶，每列车拖三十吨，行驶一百四十一公里，每吨公里照汽车运费酌减收费二十元（按汽车运费吨公里三六——三八元），每月收入六〇，九一二，〇〇〇元，全年收入七三〇，九四四，〇〇〇元。

六、盈余

收支相抵，计盈余三四〇，三二〇，〇〇〇元。若运价再略提高，或提高与汽车运输相等，则盈余数额，犹可高出。

第二　修理长江区损毁轮船

（甲）长江区轮船毁损只数及其吨位

据交通部长江区航政局调查，长江区域内历年来被敌机炸毁伤沉以及久已停航之轮船凡八十四艘，约共五万七千余吨。仅川江部份即占六十五艘，约五万四千五百余吨。详见后表。

（乙）修理船只所需主要钢铁器材及现时之自给状况

一、钢板种类

宽度自 3'—6" 至 5'—6"

长度自 5'—0" 至 24'—6"

厚度自 $\frac{2}{32}"$ 至 $\frac{24}{32}"$

二、角铁种类

宽度自 $1\frac{1}{2}"$ 至 5"

厚度自 $\frac{1}{8}"$ 至 $\frac{7}{8}"$

长度自 28'—0" 至 48'—0"

三、蒸汽管及锅炉给水管（Steam & feed Pipe）

Steel, Solid Drawn, Open-hearth

Nominal Inside Dia. $\frac{1}{2}"$ — 5"

Thickness 0. 109"— 0. 258"

Length 20"

Testing Pressure 1500#/口"

四、水管（Water Pipes）

Lap-welded, Wrought iron

External Dia. 1'— 6"

Thickness 0. 80"— 160"

Length 20'

Testing Pressure $1000^{\text{lds}}/_{口}{}''$

五、元钢条（Mild-steel bars）

Open-hearth

Dia. $\dfrac{1}{4}{}'' - 9''$

Length 20'— 30'

Chemical composition：Carbon . 35—. 45% Manganese . 40—. 45% Surphur . 27—. 50% Phuspherus . 45%

Machanical teat：Tensile $24-32^{\text{tons}}/_{口}{}''$ Elongation 20—27%

六、炉钢管（Boiler Tubes）

Steel, Solid drawn, Open-hearth

External dia	Thickness B. W. G.	Max, Pr. allowed Ibs.	Length
$2\dfrac{1}{2}{}'' - 3'' - 3\dfrac{1}{2}{}''$	11—21 （. 120"— 108"）	300—400	8'— 18'
$1\dfrac{1}{8}{}'' - 1\dfrac{1}{4}{}''$	12—14 （. 180"— . 180"）	450—870	8'— 18'

Chemical Composition：Carbon . 08 – . 18% Manganese . 30 –

. 50% Phosphorus . 04% Svlphur . 045%

Machanical Test：Tensile not more than 24 Tons/口" Elongation netless Than 28% Testing Pressure 1500 Ibs/口"

　　上列各项器材，目前后方冶炼机器业大抵俱能自制，惟其中若干器材，以限于需求数量之微细及制造成本之巨大，致过去尚未巨量生产，或未进行制成。如预定各种器材所需数量，分配各厂分别承制，全部自给，可不成问题。

　　（丙）修理船只所需之费用

　　长江区毁损船只八十四艘，如全部加以修理，所需费用，概计共四亿三千七百三十三万余元，兹将每一只船所需修理费概数分列如后：

机关公司名　称	船　名	总吨数	修理费用概数（元）	备　考
民生实业公司	民　熙	498.60	17, 653, 205	
同　上	民　来	496.83	39, 329, 875	
同　上	民　典	242.46	9, 207, 820	
同　上	民　众	1, 850.00	18, 970, 565	
同　上	民　元	1, 464.00	62, 066, 568	
同　上	民　主	643.52	27, 118, 300	
同　上	民　勤	542.99	12, 591, 356	
国营招商局	江　大	1, 700.00	七艘江轮共计 1 万万元	须打捞
同　上	江　华	3, 692.00		
同　上	建　国	2, 870.00		
同　上	江　顺	4, 327.11		
同　上	江　安	4, 327.11		
同　上	江　新	3, 372.91		
同　上	江　汉	3, 322.15		
同　上	协　庆	570.86	12, 000, 000	

机关公司 名　称	船　名	总吨数	修理费用概数 （元）	备　考
国营招商局	利　济	355.00	2,500,000	
同　上	恒　通	32.38	1,500,000	须打捞
同　上	飞　龙		1,500,000	
三北轮埠公司	龙　安	1,704.00	7,500,000	
同　上	明　兴	2,870.00	9,000,000	
同　上	清　浦	2,054.00	3,500,000	
同　上	凤　浦	1,901.00	18,000,000	
同　上	长　安	1,659.00	10,000,000	
同　上	鸿　贞	554.00	1,500,000	
同　上	长　兴	2,412.28	11,500,000	
同　上	三　北	699.44	4,000,000	
同　上	鸿　元	476.82	2,000,000	
同　上	鸿　亨	504.11	3,000,000	
同　上	鸿　利	555.81	750,000	
同　上	武　康	142.45	1,000,000	
同　上	永　康	141.89	800,000	
同　上	鸿安第八 号铁驳		700,000	
同　上	鸿安第十 号铁驳		850,000	
同　上	鸿安第十 一号铁驳		900,000	
同　上	鸿安第十 五号铁驳		1,900,000	
同　上	鸿安第十 七号铁驳		2,300,000	

机关公司名　称	船　名	总吨数	修理费用概数（元）	备　考
三北轮埠公司	鸿安第十八号铁驳		440,000	
湖北交通事业管理处航务办事处	建　华	138.80	3,000,000	
同　上	建　阳	208.31	3,820,000	
同　上	建　汉	154.26	500,000	
同　上	建　夏	208.69	3,050,000	
同　上	建　武	61.25	2,000,000	
同　上	建　文	134.98	2,000,000	
同　上	建　荆	53.75	1,500,000	
同　上	楚　利	39.50	100,000	
同　上	楚　富	62.72	600,000	
同　上	楚　贞	16.41	800,000	
同　上	楚　亨	15.55	1,000,000	
同　上	楚　贵	29.25	1,200,000	
同　上	忠　孝		400,000	该轮系小型炮艇，俟改装后再行计算吨位
同　上	仁　爱		400,000	同
同　上	二号艇		300,000	同
同　上	十三号艇		300,000	同
同　上	十四号艇		260,000	同

机关公司 名　称	船　名	总吨数	修理费用概数 （元）	备　考
复兴轮船公司	绥　远	133.00	500,000	
同　上	鸿　源	41.00	800,000	
同　上	新国源	56.44	150,000	
大达轮船公司	大　达	1,672.00	5,000,000	
同　上	大　豫	1,445.00	10,000,000	
同　上	大　庆	1,405.00	8,000,000	
重庆轮渡公司	七号渡轮	20.09	1,800,000	
达兴轮船公司	鸿　兴	830.00	9,632,800	
强华实业公司	华　同	649.17	4,971,291	
永昌实业公司	永　宁	94.63	2,000,000	
大通仁记 航业公司	鸿　大	1,372.00	4,000,000	
同　上	正　大	1,521.00	4,000,000	
同　上	仁　和	33.88	150,000	
国营招商局 长沙分局	招商一号	21.46	30,000	
大达轮船公司 湖南分公司	丰　泰	31.60	100,000	
华中航业局	华　康	45.14	250,000	
同　上	华　顺	33.17	105,000	
同　上	华　德	36.81	50,000	
同　上	华　阳	30.49	85,000	
湖南民众轮船 公司	民　生	22.66	100,000	

机关公司名称	船名	总吨数	修理费用概数（元）	备考
罗桂荣等	江永	43.13	120,000	
曹国林	振航	42.07	120,000	
华盛公司	南华	38.36	130,000	
常熟通达轮船公司	嘉利	15.00	100,000	
汉冶萍铁厂	泰安	49.76	80,000	
贾募梅	庆泰	39.58	150,000	
协兴公司	扬子三号	31.38	100,000	
扬子轮船公司	镇宁	64.55	150,000	
同上	江利	67.62	150,000	
和春轮船公司	利湘	135.96	100,000	
总计	八四艘	57,128.000	437,331,780	尚有数艘吨位未详

附记

如修理船舶工程另案办理，则可由政府贷款兴修，并由交通部会同财政、经济两部，四联总处，轮船业同业公会及冶炼机器工业同业公会等团体筹组一长江区轮船监修委员会处理之。其办法如下：

一、凡贷款之收入以及船只毁损情况之调查，修理工程之审核监督以及贷款之偿还办法等项，均由该委员会筹商办理。

二、贷款之利率以不超过年利一分为原则，并于合约内订明在各轮修复航行一年后清还本息。

三、所有捞修工程归机器工业同业公会以最低之估价全部承包，然后再由该会分配各厂承办。

四、各航商应得之贷款，亦由该委员会按照应修工程估计实数，直接交付冶炼机器工业同业公会转给各厂。

动员冶炼机器两业大量制造农业用机具以挽救工业危机并提高农业生产方案

日期：三十三年一月十一日下午二时

地点：国货厂商联合会礼堂

出席者：皮作琼、乔启民、李葆和、陈体荣、黄任之、陈子显、余名钰、马雄冠、叶竹、吴羹梅、庄茂如、章乃器、李世璋、程嘉垕、朱通九、金天锡等三十余人。

主席：章乃器

我国以农立国。此次抗战，我广大农村所贡献之力量至足惊人。举凡军粮民食与多数工业原料，均取给于农村。农民每年出钱出力，纳粮献粮达七千万石，供给兵丁伕役亦不下一千万人。在沦陷区与接近战区，被敌人蹂躏摧残屠杀，受害最深者为农民，因天灾荒欠〔歉〕而受祸殃最大者亦为农民。我国善良农民同胞，对于此次抗战贡献之大，牺牲之多，与其他各界比较，真若天壤。无论何人，从良心深处探索，无不希望国家在战时与战后，均应对我伟大的农民大众有所补偿，方为顺乎人心，合乎天理。现令农民所最感缺乏与需要者，厥为省工省力之各种农业生产与农产加工机具。政府应就农民所贡献于国家之巨额款项中，提拨极小部份，利用目下剩余钢铁材料及机械制造力量，制成各式农具贷放或租借于农民，俾得藉以复兴农业，增加生产，直接便利农民，间接即系增强国力。

本会等召集之"物价与工业问题"座谈会中，对于冶炼、机器两业危机之挽救，曾提出（一）筑路，（二）修船，（三）农具制造，（四）炸弹壳制造等项目。当时曾有一种顾虑，以为目下物价工价太高，如制造农具以为将来之用，诚恐成本太高。但多数意见则认为，因胜利开始，失地恢复，如能即速补充农具，使农时勿失，则国民经济上之收获，当可抵偿任何高价之农具而有余。故对于农具之制造，实不能专就成本打算。

政府对于农具之制造，已予以甚大之注意。若干农业实验机关及过去之农本局，均曾附设农具制造厂。最近设立之中国农业机械公司，尤具规模。惟以我国幅员之大，农民人口之多，益以连年敌人在沦陷区对于农具搜括破坏，无所不用其极，复员时期需要补充农具之数量，已足惊人。而节省农村人力，提高农作效能计，其所须添置之抽水、耕作及农产加工机械，数量亦甚为巨大，此则又非该公司五千万元资本与初期一万万元生产计划所能济事矣。

此次国际粮食会议及救济会议中，我国代表已提出意见，希望友邦能界我大量农业机具、牲畜、籽种等，以为农业复员之用。此种国际援助，自属必需。惟就我国农作实力而言，则高度机械化农具，尚难推行，为适应需用及争取时间计，自行大量制造农业用机具，似尤为切要。且亦惟我国本身能对农业之救济与发展采取积极办法与行动，始能望国际救济之热烈。

目下后方冶炼、机器两业，方在停工减产之中。如能加以动员以制造农业用机具，则（一）目下救济工业，将来可以救济农业，工农两得其利；（二）放出工贷，制成机具后，再作为农贷放出，冶工贷农贷于一炉，资金筹措来源较易；（三）增加农产以为积蓄工业化资本之助，适合我国建国之自然程序。真一举而数善也。

战后我国农业，固须逐渐走向机械化之途径，农村之工业化，亦属必需。盖我国人口，百分之八十五以上，均从事农业，而每人所占耕地不过四亩，不论如何增产，均不足维持较高之生活。故必须在乡村普遍建立轻小工业，然后农民生计方能丰足，文化水准方能提高。如吾人除供给农民以各种人力畜力器具外，并配给若干小型动力与简单农产品加工机械，同时设立服务示范机构，对于当地农民加以组织训练，并代为保管修理，即一处收效，他处争相效尤，农业机械化与乡村工业化之基础，当可同时奠立。

再就救济冶炼、机器两业之各种方案，加以比较，则筑路之动员偏于冶炼，修船偏于冷作〔机器〕，而惟农业机具之制造，动员最为普遍。农业机具包括（一）动力机，（二）抽水机及农作机，（三）农作加工机器，（四）人力兽力农具。故自规模极大之炼钢厂、机器厂以至规模极小之翻砂铜铁作，均可同时动员也。

本方案所需要之资金，数目须较大，据专家估计约为二十万万元，可由农贷工贷项下，各拨出半数充之。

本方案执行之际，须本诸下列各原则：第一，费用必须力求经济，不稍浪费；第二，时间必须力求迅速，以慰工农各界殷切之期望；第三，各项器具机械必须切合农民需要并力求标准化，以便服务而利修配；第四，材料采择与制造精度必须力求优越，以期经久耐用；第五，各地须设服务、训练、示范、修理场站，俾农民每得一套工具与器械，收到多种之效果；第六，农民还本付息之负担，必须力求减轻，至少须使其所得之利益大于所支付之本息。

依据上述原则，谨拟具办法如次：

办法

一、农业器械　由中国农民银行、中国农业机械公司商承农林、经济两部，确定各省所需人力、畜力、机力、新旧式农具与农产品加工机械之种类、数量与分配方法。

二、资金筹拨　由四联总处在工贷农贷项下，筹拨二十万万元，以作订制农业机具及运杂费专款，将来贷放于农民时，采取实物交换制度。农业机具作价以稻谷为标准，例如每套打稻机作稻谷二石之类，以免农民因恐物价涨落过巨，惮于接受。

三、订购原料　钢铁五金原料之订购，由四联总处采购委员会负责向各铁厂洽办，但种类、型式、成分、数量与交货期限、地点及验收等等技术事项，由中国农业机械公司负责协助办理。

四、订购农具　农业机具由经济部工矿调整处负责向各工厂洽办，同时即以前项购到之原料作为贷款之一部分，转帐分给各承造工厂，以节资金。有关各种农具之设计构造、材料品质、制造精度，划一标准，检查验收，与交货期限、地点等等技术问题，由中国农业机械公司负责协助办理。

五、联合承制　为加强工业本身组织，便列〔利〕国家动员并节省人力物力计，应由各工业团体及冶炼机器两业同业公会，负责倡导，组织联合企业公司，承造农业用机具，视参加各厂设备及技术之不同，分配工作，并严订规章，绝对禁止囤积原料，扛工及其他不正当竞争。

六、验收与保管　各承造工厂交货时由四联总处拨交中国农民银行负责验收保管，而由中国农业机械公司协助办理，该项机具，即作为农贷基金之一部。

七、营业方法　为执行贷放农具业务，中国农民银行可在各省设立中国农业机械营业公司，依照农林部所规定之分配数额，将全部农具分别运至各省，经由营业公司照原价加运杂等费，及定额之行政费，转贷于农民。各该公司之董事会，可由各该省建设厅长，及农林水利等机关首长参加，以利进行。

八、示范服务　各省中国农业机械营业公司，除执行销售与贷放农具责任外，须在适中地点，设立示范场并附训练班，召集农民授以使用新式农具之方法，并须常时储备配件以供应农民不时之需，此外并须分设修理厂场代农民修理损坏之机件。总之，该公司须用各种方法，使农民乐于采用新式农具，既经接收之后，须用各种方法，保证农民收获最大效果。

九、还本付息　农业机具之分配，为推广顺利起见，应以低利贷放，分年偿还为原则；最长期间暂定为六年。每年夏季四联总处规定还债稻谷标准价格一次，由各省营业公司向农民照此价格收回，到期放款本息。

十、谷价差额　二十万万元资金，照官价约合稻谷四百万市石，如此款直接由国库拨出，等于国家将征实所得稻谷四百万市石贷还于农民，将来仍照四百万市石收回本息，即无任何差额可言。

附农业机具项目单

根据我国农村实际需要及现有原料设备技术状况，拟具下列五类四十种农业机具。至每种制造若干及如何分区制造，可由中国农业机械公司，商承农林、经济两部决定之。

甲、普通耕作农具

（1）改良开荒犁　　　　　（2）改良步犁

（3）旱作手推中耕器　　　（4）稻田手推中耕器

（5）三齿畜力中耕器　　　（6）播种机

（7）脱拉机　　　　　　　（8）月锄

（9）四齿耙　　　　　　　（10）而字耙

（11）犁头犁面　　　　　（12）锹及板锄

（13）各式镰　　　　　　（14）劈刀

（15）柴镰茅镰

乙、畜牧园艺用具

（16）孵卵器　　（17）保姆器　　（18）阉牛钳

（19）修枝剪　　（20）芽接刀　　（21）切接刀

（22）喷雾器　　（23）喷粉器

丙、农业动力机

（24）水力透平机　　　（25）单缸柴油引擎

（26）单缸煤气引擎

丁、灌溉机具

（27）自动激水器　　　（28）离心力抽水机

戊、农产加工机具

（29）轧花机　　（30）弹花机　　（31）榨油机

（32）碾米机　　（33）砻谷机　　（34）磨粉机

（35）漏筛　　（36）离心制糖机　　（37）草绳机

（38）草袋机　　（39）锯木机　　（40）榨蔗机

基督教信仰与爱国是有关的

司徒桐 口述 赵晓阳 整理

说明：基督教中国青年会在中国近代史上是一个非常重要的青年组织。司徒桐先生的口述，对该会的组织机构、工作内容及方式，基督教与政治的关系，重要的中国干事的工作风格、性格特征都有生动的描述，并表明了基督教与爱国是有关的观点。

时间：2004 年 11 月 22 日下午；11 月 23 日上午
地点：南京市北京西路司徒桐先生家中
访问：赵晓阳，中国社会科学院近代史研究所

司徒桐，原籍广东开平，1911 年出生于朝鲜汉城。1929 年毕业于山东烟台益文商专，在朝鲜汉城北美青年协会办事处任英文速记员。1933 年进入上海青年会任英文速记员，兼管英文档案。1934—1935 年在上海沪江商学院肄业。1946—1948 年由青年会送到美国春田大学学习，获得社会科学学士学位。1949 年在上海青年会举办了中国第一期羽毛球培训班，并与王中成翻译了我国第一部羽毛球竞赛规则。1959 年后在金陵神学院任教，1988 年评为教授。曾参与了大量的神学、体育和外交的翻译工作，并协助江苏省体委外事部门工作，多次担任首席翻译。2008 年 12 月 23 日在南京去世，享年 98 岁。

个人经历

赵：您是怎么知道青年会工作的呢？

司徒：我知道青年会工作和我小时候的经历有关系。我祖籍广东，我父亲是个老华侨，很早就去了朝鲜，做学徒，做沙发，后来做老板，给人家盖房子，搞营造业。他们都很会劳动，头脑很旧的。那时只有朝鲜，还没有韩国。给许多外国人盖房子，也就认识了传教士。

我也是在朝鲜出生的，小的时候就在汉城（今首尔）附近的博爱学校读书，这是个教会学校。我母亲是个乡村妇女，老远从广东来到汉城。我母亲去世后不久，继母就来了，所以我们不住在家里，而是住在铺子里。我很小就失去了母爱。小学读完后，就到烟台的益文中学读书，那是个教会学校，蛮出名的。毕业时我 19 岁。

学校太讲究用英语了。我学会了英语速记，给洋人写信、写稿子，我记下来，然后打字出来。那时这样的本事非常容易找职业。我回到汉城后，人们都说英语速记员挑职业是很容易的，教会肯定会要，青年会也会要。我愿意到青年会工作，那里有健身房和各种文化活动，我喜欢这个东西。那时，在日本帝国主义统治下，朝鲜是很悲惨的。美国基督教青年会在朝鲜做了一点好事情，在那儿开展一些农业方面的活动，改造朝鲜的农业。

赵：青年会做改造农业的工作？

司徒：他们请农业方面的专家去的。一些农业方面的词我都是跟他们学来的，我跟他们全家都很熟的。我在那儿大概干了两年，从 19 岁到 21 岁。

在中国基督教青年会工作的北美青年会①干事到汉城去访

---

① 北美协会（International Committee of Y. M. C. A. in U. S. A. and Canada）：1854 年由美国和加拿大的青年会合并而成，现总部在美国芝加哥。

问，他需要写信，对我说你是中国人吧，想回中国吗？我说当然想啊！日本人统治下的朝鲜，对中国人是很歧视的。万宝山事件中，我还挨了由日本占领当局驱使的朝鲜浪人丢的石头，砸在我头上，上海的《申报》还登过。我就说我要回去，当然回去的，中国是自己的祖国，总能有希望的。他就把我介绍给中国基督教青年会的总干事梁小初①，还有沪江大学的刘湛恩②，还建议我再读点书。

就这样，1933年我就到了上海的青年会工作。住到了青年会的宿舍里，可以参加青年会的晨操班、打篮球、吃饭、听讲演，礼拜天还可以到各地去旅游，我很喜欢。梁小初见我的时候，我是个华侨青年，不大知道太多的礼节，也不会说奉承人的话，但是他很喜欢我，觉得我英语很好。他请我到虹口区新亚饭店去吃饭，陪我吃饭的是后来的三自爱国运动的领导吴耀宗先生③。吴耀宗就住在我家隔壁，我的孩子都是吴耀宗的爱人看病看大的。我当时虽然是个职员，但工资钱拿的还不少。我是个华侨青年，老早就失去母爱，需要群众集体的生活。

赵：所以您很容易接受了青年会像一个家庭一样的生活和工作方式。

---

① 梁小初，初任广东基督教青年会总干事，1935—1947年任青年会全国协会总干事，是青年会第三任中国籍总干事。后赴美国。
② 刘湛恩，先后获芝加哥大学硕士和哥伦比亚大学博士学位。1922年任基督教青年会全国协会干事，从事公民教育运动。1928年任沪江大学首任华人校长。因拒绝出任汪伪政府教育部部长，1938年4月7日，惨遭日伪特务暗杀。
③ 吴耀宗，1920年任北京基督教青年会学校部干事。1924—1927年先后到美国纽约协和神学院和哥伦比亚大学攻读神学和哲学，获神学硕士学位。1950年，与国内基督教领袖联名发表《中国基督教在新中国建设中努力的途径》，即"三自革新宣言"，历任中国基督教三自爱国会主席、全国人大代表、政协常委等。

司徒：这一段在青年会里就像在家里一样。他们为什么看中我呢？因为我什么都愿意做，做一个东西就一定要做好。我没有别的兴趣，我要投身一个东西，能回报我的是感情上的一些需要。美国青年会带来的青年会这一套，当时是个很新的东西，现在当然无所谓了。

赵：那个时候还是很新的，宿舍、电影、体育、演讲、活动都是很新的。

司徒：是的。那些愿意洁身自好的青年一定会很欢迎的。新青年向西方学习，打完球，然后洗澡，到餐厅吃饭，再上班。我跟马约翰①很熟悉的，他的儿子马启伟，后来在北京体育学院工作，我们在美国春田大学②留学时是一班的，还有牟作云③。

我是抗战胜利后青年会第一批送出去上学的，学习社会科学，1946—1948 年在美国。春田大学名为 Springfield College，过去名字是 International YMCA Training College。当时的校长，后来成了世界青年会的总干事，他是青年会的思想库。他生于 1922年，为青年会工作到 2000 年，所以他说 Reliving a Century，是为世纪而解除痛苦。我跟他有比较密切的关系。他对我们中国学生也很好。他在神学上是基督教的自由派，和丁院长④、吴耀宗都很好。

① 马约翰，中国近代体育教育奠基人。
② 春田大学（Springfield College，一译斯普林菲尔德大学），原是北美协会在斯普林菲尔德的 Armory Hill 建立的青年会工作人员培训学校的体育部，至今仍与青年会保持着特殊紧密的关系。
③ 牟作云，新中国篮球事业的开拓者之一。1946 年赴美国春田学院体育系学习。历任西南联大和清华大学讲师、教授，国家体委球类司副司长，中国篮协主席，中国奥委会执委和中华体育总会常委等职。
④ 即金陵神学院院长丁光训。

我现在还与春田大学有联系。我觉得我对不起我的母校，母校对我很好，但我捐钱时我总是捐不起。100美金对我来说也不少了，爱人有病，就我一份薪水。尽管我第二个儿子是广东省江门市的副市长，但也不能靠他们，过得去就行了。

我有两个乐：一个是助人为乐，第二个乐就是对待事物总是乐观的。我现在是金陵神学院的教授，他们总是把人放在第一位的，说我还是很特别的，40多年了没有请过一次假，学生也喜欢我。我现在还在返聘，教授英文社会科学原著精读，一周二节课。

我就在青年会这样的环境中成长起来的。有些人在外面进进出出，又是赌钱、喝酒、抽烟，这些习惯我都没有。所以，在这些方面，还是要肯定青年会的，尤其在那个时代要特别肯定的。青年会比不了共产党，这个不言而喻，但是在那个时代还是应该肯定的。我是致公党党员，致公党里面有个英国的留学生，南京航空学院的一个教授。他跟我说，青年会那时在英国也很好，在英国时，他经常到青年会去。外界一些不良地方我们都不去，都是青年会培养起来的。

基督教与政治

司徒：20世纪20年代，非基督教运动起来了，一般老百姓都起来反对基督教，就像老舍的《茶馆》里写的那样。20世纪50年代，开展基督教三自爱国运动时，吴耀宗也说，难道我们这些就是没有头脑的人吗？我们就是不要脸吗？自己的自我都没有吗？我们当时检查得很厉害。

1956年以后，美国人发现被抗美援朝的中国军队打得一塌糊涂以后，一定要了解这些人是怎么改变的。好，就到印度去。美国人请中国青年会代表团到印度去，因为印度青年会总干事的老婆是美国人。当时去的人有李寿葆①、罗冠宗②和我等6人。

赵：实际上是美国想了解中国人的思想变化，但是那时他们已经进不了中国了。

司徒：我一看台上，都是美国教会的头头嘛。我衡量了一下，这些头头过去我们都是崇拜得不得了，现在他们在讲台上好像对我们也都点头哈腰的，笑容满面的嘛。我的心头思想改变很大，我们过去到底是什么样子的？人家说我们"二鬼子"也没错，这个"二鬼子"是承认了。你说"走狗"也可以，我们"走狗"也做够了，我们要挺起腰杆子来。为什么他们会对我们低头哈腰？你不要忘了，抗美援朝把他们打了。从前他们是耀武扬威的，我们习惯了，作为一个华侨我更有体会。就像原来，我是少年部主任，Richard Copper 是副主任，实际上如果我的意见与他有点不合的时候，他稍微讲一句，我就照他的意见做了，因为他给钱哪。

等我回到房间，原来西安青年会的 Mr. Modge 专门跟着我，他是个很有头脑的人。也不做什么其它的，就是好好招待我。为什么好好招待我？就是希望我想起来过去跟他们一段"很好"的历史啊！他们很厉害的。但是我们成功了。到了我们出发回国的时候，他们的脸难看极了。我也跟他们讲，你们美国教会不是也打起美国旗吗，你们爱你们的国家，我们也爱我们的国家，有

---

① 李寿葆，先后受教育于上海格致公学、沪江大学。1941 年任上海青年会干事，1945 年任南京青年会总干事。1948—1949 年，青年会派其到芝加哥青年会考察并赴佐治威廉大学进修。1954 年任青年会全国协会副总干事，1980—1995 年任青年会总干事。

② 罗冠宗，1943 年毕业于复旦大学政治系。曾任上海市基督教青年会干事、主任干事。1952 年后，任上海市基督教青年会总干事，上海市基督教三自爱国运动委员会主席，中华全国青年联合会副主席，第五、六届全国政协委员，第七届全国政协常委。

什么不对呢？

赵：您觉得 50 年代的基督教三自爱国运动和 20 年代的非基督教运动是不是有一些传承性关系？三自爱国运动的出现是不是跟以前的非基运动、20 年代的基督教本色化运动、基督教本土化运动都有些关系？

司徒：有关系。我去捐款的时候，总是有个外国人的后台，我中学时就觉得外国后台是可以用的，虽然我当时年轻还不明白这些东西。当时有些当官的对学生是乱来的，但是我把这个外国传教士带去，当官的就对我很客气了，许多不正义的事情便会改变过来了。

例如像《茶馆》里说的吧，过去看别人说我们是"二鬼子"，心里很讨厌很反感。但反过来想想，如果是处在受"二鬼子"欺侮的人的位置会怎么想呢？带个外国人去就可以改变了？尽管我们是去捐点钱吧，但那你何必要带个外国人呢？

赵：我现在能理解为什么会产生基督教三自爱国运动，就是说有很多人认为教会跟洋人接触太多了，受外国人经济上的支持，政治上受外国人的控制。到了共产党来的时候，基督徒实际上是更希望教会变成中国人自己的教会。

司徒：对。作为一个中国人，这个根是在这个地方。所谓"根"这个字不光是根的问题，这里头有很多东西，包括你的生活中的一切。我以前从来没有回到我的家乡，等回到家乡时，跟他们吃一顿饭都觉得很有意思。

外国人对中国有一定的歧视。你自己的故国都不要了，都不回来了，愿意一辈子都在外国，我就很难想像会这么做。南京青年会有个女的，通过我的关系到了日本，后来到美国嫁给了外国人。去年到这儿来了，给我过生日。我说你很幸福吗？她说很幸福。我说为什么你决定这样呢？她说我要做移民，外国人真的很爱我呀。可我在国外呆过几十年的，我就生在那个地方，可我还要回来。我觉得与家乡的这些情感能跟外国丈夫说清楚吗？能分享吗？不能够的，我们中国人就是不一样的。

赵：爱国是作为一个中国人的本份，作为一个基督徒，也应该爱教，那么爱教就希望这个教会能变成中国人的教会，虽然基督教三自爱国运动当时引起很大争议，或者说引起很多矛盾。

司徒：那些都是必然的。

赵：在大是大非面前，大家都必须有所选择了。

司徒：对，哪能没有选择呢！西安事变的时候，像我这种过去不大重视政治的人，都觉得蒋介石打内战不抗日怎么能行呢？我们每天都买邹韬奋的《生活》，我们大家都把他写的文章视为我们的精神生活，必须买来看。

赵：在中国教会中，保守派是占主要的。我觉得传统中国是没有太强烈的宗教概念，比如说佛教、道教，在中国也有许多年了，但是信徒没有强烈的认识，觉得我是信佛的就跟你这个不信佛的人不来往，没有这么强烈的排斥感。但是西洋的基督教一传进来就会形成这么坚决的概念和行动，觉得很奇怪。

李[①]：宗教信仰本身就有些凝聚力。最初基督教之所以成为一种宗教，就是认同自己的身份，认同它和犹太教一种分离和分别。当一个人承认他自己是基督徒时，他就必须面对他已选择的耶稣上帝的儿子，选择了对上帝独一无二的精神的认识，这些认同多少会有排他性在里面。从信仰方面可能是这样的。但是从社会生活方面来说，我们应该存有一种开放的心，参与世俗社会生活。

在过去的时代里，如果基督教没有那种排它性的精神，恐怕教会就无法建立。它不强调这个福音的独特性，就没有人来信仰，教会就建立不起来。

赵：若基督徒和非基督徒之间没有一个界限的话，那么你自

---

① 金陵神学院研究生李春来采访时在座。

己也觉得信仰的神不那么纯粹了。

李：在基督教创立的时候，如果什么都能够接受，恐怕也没有办法来突出基督徒那种独特的身份了。

司徒：灵恩派就更厉害了。他们甚至在国际上都说，现实世界上的事情都应该被看作粪土，基督徒还要看到另外一个世界的真理。所以他们批评我们青年会不是基督徒啊，是开展什么社会活动的，是没有信仰的人。

赵：就是因为青年会太注重社会服务工作了，反倒被保守派教会说成是没有信仰了。

青年会工作

赵：您在青年会的哪个部门工作？

司徒：在少年部和体育部。1948年时，我从美国学习回来，学会了羽毛球，就在青年会里办起了训练班，然后就搞全国性比赛。后来又把规则也写好①。我搞少年工作、夏令营会，这里头有很多学问的。孩子呢，有钱的孩子有有钱孩子的毛病，没钱孩子有没钱孩子的毛病。

1948年春，我在贵阳还做过半年的总干事。从美国回来后，总干事要看我学习得如何，派我到贵阳去工作，目的是察看工作能力。俞沛文②是同我一起去美国的，在回来的船上，他就告诉我，未来的希望在延安呢！俞沛文是青年会全国协会干事，派到美国纽约协和神学院③学习的。

我还在西安工作过6年，1941年到1946年。那个时候西安

---

① 为中国第一部羽毛球比赛规则。

② 俞沛文，青年会全国协会干事，解放后任外交部礼宾司司长、驻埃塞俄比亚大使等职。

③ 纽约协和神学院亦是哥伦比亚大学神学院，是美国基督教自由派神学的大本营。

还很穷啊，那时我们都把家留在上海，一个人到西安开展工作，生活非常清苦，那时候抗战，人就有这种意识。当时陈纳德的盟军也在西安，所有的文娱、体育、宴会都要靠青年会帮忙。那时的陕西省主席是祝绍周，他老婆跟我太太是同学。谷正鼎给了我个"盟军慰劳主任"，什么东西我就有权做了，球赛呀、文娱活动呀。我一个破自行车，银行也去，商店也去。年轻嘛，也没有薪水，就给一袋面粉。

我为青年协会拉到过捐款，他们说我有这个能力，捐款是青年会的大问题。那时在西安，大家都觉得盟军都到青年会去，难道不是好机会吗？盟军或其他商人也想利用青年会这么个机构，通过它来发展一些东西，而青年会也通过他们捐些钱来搞自己的活动。还有扶轮社①、联青社，也是这样的。

到了1945年抗战要结束时，我要去开全国会议，我只好打电话向西安慰劳盟军办公室要钱，他说你坐专机吧。我就到机场，上了专机。你晓得有哪两个人？蒋纬国跟他的太太②，他太太的父亲叫石凤翔，是西安青年会的捐助人。

赵：青年会的运作方式是非常爱走上层路线的。

司徒：是爱走上层路线。盟军利用我们，我们也利用他们来出名，来做工作。盟军什么事情都要依靠你，隔不了几天报纸上就有你，外国干事就向总会报告说，这个司徒桐6年来成绩如何如何，结果就派我和俞沛文去美国了，是第一批。

赵：这是协会的一种奖励方式，觉得你做得好就派你去学习。

司徒：是这样的。那时候体力好，也没有想那么多。现在的

---

① 扶轮社，以培养"服务精神"为准则的国际性公益组织，总部位于美国伊利诺伊州的埃文斯顿。
② 即西北富豪之女石静宜。

人都想得很复杂，现在的人又是要这个，又是要那个的。我也觉得很奇怪，你要那么多东西干什么？那时的思想不一样，要抗战，因为是一个华侨，思想上就更容易这么想。

赵：等于青年会给您的职务就是块牌子，到那儿您就随便开展工作吧，您能开展出什么样就开展出什么样。

司徒：对。刘良模①和聂耳一起到傅作义的部队去唱"义勇军进行曲"；吴耀宗反内战时还跟"七君子"在一起。

赵：这么说，青年会对干事的管理很松啊！

司徒：但会有一些思想会提醒你，这个是危险的，这个印象和感觉是有的。

赵：青年会是很活的，也是很会走上层路线的，把上层的钱拿下来，又面向普通民众做一些社会活动。虽然它不是教会，但它毕竟还是要反映一些跟基督教有关的问题。

司徒：青年会最初是从英国十几个人的查经班开始的，对社会上的坏影响起了一个抵制的作用，但力量是很有限的，可也在英国比较保守的时候维持了相当时间，所以发展比较慢。然后在西欧，一直发展到北美，慢慢地一直到现在。青年会不是教会，青年会的会员不仅各宗派都有，非宗教的也有，是本着基督教的精神、服务人群的理念来服务社会的。特别在美国，青年会就是使青年身心健康，让青年对社会、对人有一个很新的看法。美国的青年会，如纽约青年会、波士顿青年会的会所都不豪华，但很舒服，应有尽有。体育方式的有，生活各方面都有。

赵：就是通过一种活动气氛、一种生活方式，让你去接受基督教的观念。

---

①　刘良模，1932 年毕业于沪江大学社会系，任中华基督教青年会全国协会学生干事。1940 年赴美国，先后在克罗兹神学院和费城大学研习神学和社会学。1949 年回国后，任中国基督教三自爱国运动委员会副主席。

司徒：对。我觉得做人第一个应该帮助人。一开始我也不懂这个，我跟梁小初工作时也不是这样子。后来觉得帮助人确实是人生很重要的一点，人家也帮助你呀！

赵：青年会依靠什么吸引青年人呢？实际上是靠社会上比较先进的观念和活动，比如体育、演讲、宿舍之类，当时传统的中国人没有的东西。

司徒：而且这些东西对世界各地的人都是最重要的。青年会开展运动在过去中国社会上很有影响，比如说晏阳初的《千字课》，谁也没有想到会有那么大的影响。

特别在一个动荡的国家，特别是辛亥革命前后的时候，我们中国老打败仗，大家觉得走投无路的时候，都说是要向外国学习，青年会尤其显得有意义。那时正是美国愿在中国做点事情，青年会应运而生。这时我们正年轻，进入青年会觉得真是不错，觉得有信心，有前途。

赵：也就是在这个社会总体很混乱、很迷茫的时候，给一些可以接触到的青年人指出了一个方向。

司徒：对。

青年会的中国干事

司徒：20世纪50年代，基督教会内部开展了控诉运动。我控诉的人是青年会全国协会总干事梁小初，因为别人说梁小初对我不错，但对我也有很多亲美崇美的影响。我是以职员身份参加青年会的，他马上就把我送到干事培训班，这是从来没有过的。他们说我忠实于他，主要是我身上有些亲美崇美的东西。为什么在这么多人中，我一来梁小初就提拔我呢，而且不到三四年就一定要我做干事。后来我又经过在西安的6年工作，抗战后第一批被送到美国学习。

梁小初对人很和气，是很美国化的，对人也不错，软功夫是很会做的，英语很好。我觉得他什么都好，但是有一点，因他在美国上的学，美国是资本主义，与共产主义是水火不相容的，这点很深。你说他反对吧，他也没有反个怎么样。比如说青年会派他们到延安，见了毛主席，他避开不跟毛主席一块照相①。1949年解放前夕，他就利用一个机会离开了中国。离开时，梁小初把涂羽卿②安排做总干事，一去不回了，跟他的世界青年会③在一起了。

他走的时候，他的东西、他儿子的东西都交给我保管。那时候我还不知道，我还在美国。他觉得在中国最信任的还是司徒桐。

赵： 就是说从哪个角度去看一个人，如从共产主义角度去看，他跟共产党水火不容，如果换一个角度，这个人真是又能干，个人品德又好。

司徒： 对的，他的个人品德都很好的。

梁小初非常和蔼，要是做牧师，恐怕是最好的牧师了。要做青年会的领导人的话，也是最好的。梁小初是反对教会里的属灵派，他的神学思想是比较自由的。他毕业于美国范德比尔大学（Vanderbiet University），他和丁光训在宗教上都是一致的。但是对共产党这方面，就不好说了。那你怎么能怪他呢，他在美国爬到最高级，要和总统一起开会的。

但他对共产党也非常宽容，他底下有很多人都是共产党员，

---

① 据当时也到延安的外国干事费吴生（George A. Fitch）的《在华八十年》（My Eighty Years in China，台北1967年版）中所记载，梁小初与毛泽东也照了像。

② 涂羽卿，1914年清华学校毕业后，获得庚子赔款留学美国，先后受教育于麻省理工学院、芝加哥大学，获博士学位。回国后，任东南大学物理系教授、沪江大学物理系主任，1946—1948年任圣约翰大学校长。他从1930年代开始就一直是青年会的董事，1947—1966年任青年会全国协会总干事，第二、三、四届全国政协委员。

③ 即基督教青年会世界协会（World Alliance of the Young Men's Christian Association Society），1878年在瑞士日内瓦设总部，并存在至今。长期以来总干事均由美国人担任。

那时恐怕你说他不知道吧，也不可能的，像俞沛文、李储文①、李寿葆的弟弟李寿琦，多了，他都能容纳，也很欣赏。

赵：他的思想上不大能接受共产主义，但他也能容忍。

司徒：对。上海青年会总干事陆干臣②也是一样容忍，那时"七君子"就在上海青年会里开会，吴耀宗也和他们一起开。

梁小初也是很开明的人。我对他的看法是这样的，这个人从政治上我是摇头的，但是作为一个普通人来讲，很难讲他坏到哪里去。如果从中国的旧道德来讲，他比旧道德还开明些。为什么余日章病了以后，从外国干事、中国干事中考虑让梁小初来做总干事？他有能力呀。他的英语不错，中文也不错，他的思想，特别是在基督教信仰方面是新派的，能够接受许多方面的人，也能被许多方面接受。

赵：我虽然没有见过吴先生，但他的资料比较多。他给我的感觉是，身体好像不太好，也不太爱说话，是比较沉静的那种人，但他的眼睛是很坚定的。

司徒：坚定，坚定。对，对。他和梁小初还是搞得不错的。吴耀宗的思想很坚定，而且有时他的主张不去用嘴来讲，但是他心里头已经决定好了，主意一定，冒死也要做的。他在大是大非问题上是非常坚定的，值得我们学习。

赵：所以说，他这样的人才会成为基督教三自运动的领袖，他认为这个主意是正确的时候，他就不惜牺牲一切也要做。

司徒：确实是这样的人。你要看他作为一个普通朋友能不能有事谈谈呢，那他就不如梁小初。但他做一件事情，领导基督徒

---

① 李储文，1940年毕业于圣约翰大学，任基督教青年会干事。1949年获得耶鲁大学神学院博士学位。先后任上海国际礼拜堂牧师，上海市外事办公室主任。1983年任新华社香港分社副社长、上海市社科联主席等职。

② 陆干臣，毕业于东吴大学，先后任苏州青年会干事和上海青年会干事、总干事。

走上三自道路的时候，他很信任共产党的。他是个思想家，他的思想都蕴藏在他写的东西里面，我很佩服他。

赵：当时吴耀宗先生领导三自运动时，肯定会有很多人反对他。

司徒：对，因为吴耀宗有个缺点，就是比较倔，就是"不就是不，是就是是"。

赵：为什么是吴耀宗发动了三自运动呢，是不是与他的性格有关？

司徒：性格也有关系的。他这个人要说他为名誉而出头，他是绝不会的，当时对教会提出的有关三自运动意见他还在考虑。吴耀宗这个人我们应该相信他，他是爱国爱教的，这是没有问题的。他不是在社会上很活络的人，但是他正义感很强。他爱国超过任何人，连牺牲生活都没有关系。他这个是很特别的，这个我知道，因为他就住在我隔壁。

赵：我看过他写的很多东西，给我的感觉就是他一直不停地思考。

司徒：对，他很厉害。一开始我跟他学英语时，不感觉他怎么样，从英语上看呢觉得比较"板"，没有梁小初的"活"，但是从他中文上的举例你就可以看得出来他的思考了。而且他也很愿意看一些进步的书，这样的人是愿意走在前面的。可外表看他像个书呆子样的，戴个眼镜，早晨一来就拿壶茶。

他和李寿葆这样的人不同，李寿葆我批评他脾气太坏了，他的同学都叫他"老虎"，脾气厉害，而且判断不很准确的，他是很会用才的，但是他的心胸不是那么宽广。

赵：每个人都有两种观点，一种是宗教观点，一种是政治观点。宗教观点是自由派还是保守派，政治上是能接受资本主义的还是能接受共产主义。像吴先生这样的人，政治上能接受共产党，宗教上又比较开放的。

赵：涂羽卿是什么样的人？

司徒：他是个好好先生，人很好也有些学问，但是没有什么政治主张，他不是行政人员。像吴耀宗在政治上那样，他是绝对没有的。在事务上比梁小初差远了，资格太浅了，英语呢有个外国老婆。他有些东西想不到，我们提出来，他也不觉得我们给他提出了什么。

抗战的时候，除了涂羽卿留在上海以外，其他人马都到了重庆或成都。他是大学老师，沪江大学的物理教师，非常热心青年会的工作，一直是青年会的董事。

赵：江文汉①是个什么样的人呢？

司徒：他很能写，人也很聪明，可比起那几个人来讲是个小角色，肚量、人事关系上都没有余日章、梁小初他们那么好。中英文都不错，特别喜欢研究历史，也是个不错的人。但是在有些道德品行上，一些小的地方比较差，跟这几个人在品格上够不到一起。

1934 年我参加庐山会议训练班时，他刚结婚，夫人是女青年会的姚贤惠。青年会的干事和女青年会的干事，因为接触多，许多结为夫妻，如刘良模和陈维姜，俞沛文和顾亦洁，李储文和他的妻子，他们都是搞学生工作的。

赵：余日章很能干，他在青年会做 20 年的总干事，他的本事应该比梁小初还大。

司徒：是的，梁小初是靠着他的美国化的生活方式和工作，而没有什么政治势力。余日章不同了，政治上倾向于美国喜欢的

---

① 江文汉，1930 年毕业于金陵大学历史系，后到青年会全国协会工作。1935 年获得美国宾夕法尼亚大学硕士学位。1930 年代末当选为世界基督教学生同盟副主席。1947 年获得美国哥伦比亚大学博士学位。1949 年后任青年会副总干事。后任上海社会科学院历史研究所特约研究员，上海市政协第五、六届委员等。

那一套，他还是蒋介石和宋美龄的证婚人。余日章不仅在青年会里，他在整个社会上政治能力上都比梁小初强。余日章比梁小初更中国化些。

赵：顾子仁是个什么人？我感觉他很特别。

司徒：你接触的人倒不少。他喜欢穿中国衣服，到外国也都穿中国长袍。他有一套中国的东西，他演讲时讲中国的传统东西很多，也有些学问，吴耀宗他们很看重他。他没有什么特别辉煌，不像晏阳初在国外是很出名的，晏的《千字课》非常有名。

赵：这么说，梁小初总搞些美国化的东西，顾子仁到外国搞些中国东西。

司徒：顾子仁在中国影响不大，影响多在国外，他有一套东西是宣传中国的固有的东西，是和基督教吻合的。但是我没有听到过他的演讲，他在中国不大演讲的。有两个外国人到中国演讲最出名，一个是穆德博士①，一个是艾迪②，这两个人我都碰到过。我还陪同艾迪到东北去考察，我那时还在汉城青年会工作。这两个人在世界青年会里起作用的，影响很大。

赵：艾迪好像不停地演讲？

司徒：是的，他演讲的范围很广，有政治问题，有青年的性问题，什么家庭问题、道德问题都演讲，总是和现实结合起来的。这是青年会的一个特点，结合现实问题。有时也请大学教授、名人来演讲的，胡适也来过。所以青年会的这些演讲在过去

---

① 穆德（John R. Mott），美国人，北美协会总干事。1895 年倡导成立世界基督教学生同盟，1921 年领导组成国际基督教宣教协会，1948 年创立世界基督教协进会。曾 9 次来华。1938 年获得中国绿玉勋章，1946 年获得诺贝尔和平奖。

② 艾迪（Sherwood Eddy），美国青年会干事、布道家。1912 年任世界青年会亚洲部干事。曾 9 次来华，作全国巡回布道。

是很受欢迎的。新的发明啦，教育救国啦，科学救国啦，打出许多口号来。

我们这些人一般都不能和刚才说的几个大人物放在一起，不是一个水平，只能说某个专业人员的哪一方面有些突出。要说到他们几个人的水平那是相当高的，不管是在道德品质上，还是政治水平上都是很高的。

青年会的外国干事

赵：我在您写的资料中看到，侯感恩①与中国人的关系比较好？

司徒：是的。鲍乃德②最不喜欢他了，因为他和中国人太亲密了。鲍乃德是头面人物，他的报告应该是给美国的上层人物看的。如果有危险的话，他应该早一点让美国政府知道。政治变动影响青年会在中国的存在，也影响美国的利益。美国在中国青年会的投资是花了不少力气的。为什么要这样搞，我们那时还不会想到这点。美国思想上侵入到中国是对未来有广阔的影响的。

赵：在工作上，外国干事是不是比中国干事的权力要大些？

司徒：那厉害得多。都比较阴的，不是很露骨的。美国人是很坏的，决策时不是那么好惹的。北京青年会有个干事叫艾德敷③，他有个书记员替他写东西。有一天，雨下得很大，我们这些

---

① 侯感恩（Ralph M. Hogan），美国传教士。1919 年来华，1919—1934 年任基督教青年会干事。

② 鲍乃德（Eugene Barnett），美国传教士。1910 年来华，1912 年到杭州建立青年会，1925—1935 年任青年会全国协会副总干事。回美后任青年会北美协会总干事。

③ 艾德敷（Dwight W. Edwards），美国传教士。1906 年来华，任北京基督教青年会干事，在职 30 余年。曾为华洋义赈会农利股代理总干事。1947 年曾以校董身份参加管理燕京大学。

一般干事不来了也就算了，这个书记员也没有来。这个老头（书记员）是个北京人，说因为天下雨就没来。艾德敷就说，Fish can swim, man can do much more than that. （鱼还会游泳哪，人比它还没有办法吗？）

但他们也不是铁板一块，谢安道①就很好，恐怕没有像他这样好的人。他是成都青年会干事，说一口四川话。每次来上海我们都一起吃饭，讲讲笑话什么的。他的儿子非常进步②，麦卡锡运动时反对进步分子，抓了很多进步分子。

赵：总体说来，他们的权力应该会比中国人的权力大。可能是表面上看起来是很平等的，可决策性的还是他们来定的。

司徒：是的，决策的是像鲍乃德这批人。他难得一笑的，很有本事的。他儿子③小的时候，我还领着他玩游戏呢。但他不会招待我的，我的级别太低了。

我认为青年协会哪里像个中国人的机构，简直像个十足的洋行，到处都用英语，早祷用英语，大小会议用英语，通讯用英语，每年做总结以及对外宣传更不用说，一定要用英语。一言以蔽之，如果过不了英语关，任何人休想在此能够谋生，这很重要。

赵：青年会经费大部分是外国来的？

司徒：全国协会的大部分经费是从外国来的，地方青年会是要自己想办法。那时，地方上的青年会和地方教会差不多，组织

---

① 谢安道（Robert Roy Service），美国传教士。春田大学体育系毕业生。1905—1934 年在青年会服务，任成都青年会总干事，设计了成都地区最早的正式足球场。

② 即谢伟思（John Stewart Service），美国外交官。生于成都，在美国受教育后，1933 年返华。1943 年任中印缅战区美军司令官兼蒋介石参谋长史迪威的政治顾问。1951 年受麦卡锡主义的影响，被停职审查长达 6 年。

③ 即鲍大可（Arthur Doak Barnett），美国三大中国问题专家之一，为中美关系正常化做出过贡献。

上很松散。全国协会和地方城市青年会是协作关系，可以听也可以不听。

赵： 捐款是怎么回事呢？

司徒： 捐款对全国协会来讲，是做出来给人家看的，它差不多百分之七八十都是北美协会捐来的。鲍乃德这批人为什么在那个地方有个特别的办公室，他坐在那儿平时不出来，事实上他是沟通北美协会的，只和余日章、梁小初谈谈就是了。平时跟大家打打招呼，利用我英语好做些事情吧。他跟大家也没有什么接触，他的接触是纯向上面的。

参考文献

1. 司徒桐：《我与基督教青年会》（打印稿）。

《近代史资料》总 121 号

主　　编	李学通
副 主 编	刘　萍
执 行 编 辑	刘　萍
版 式 设 计	刘建光